U0783501

会计信息化教程

主　　编◎任春英　曹艳艳

副主编◎贾　宁　陈淑倩　蔺雪娜

华东师范大学出版社

·上海·

前言

随着信息化时代的发展,企业的会计核算手段正面临着深刻的改革,会计手工核算日趋减少,会计电算化技能在会计实践中的应用越来越广泛。会计信息化是一门集会计学、计算机科学、管理学和信息科学为一体的综合性学科。为了满足企业对应用型人才和职业技能型人才的需求,大多数高等职业院校都加强了会计信息化教学方面的建设。"会计信息化"课程也已经成为高等职业院校财务会计类专业的核心课程。

本教材的编写打破了以往以知识传授为主要特征的传统学科教学模式,以"项目导向、任务驱动"为基础,共设置十个项目:项目一是简述会计信息化基础理论,项目二和项目三介绍了系统管理和基础信息设置的相关内容;项目四至项目九作为主体,具体介绍每个子系统的日常业务及期末处理;项目十是简述报表处理的内容。本书的目的是想通过教学方法的改变来提高学生会计信息化处理的能力,与其他会计实训教材相比,本教材具有如下鲜明的特色:

1. "教"、"学"、"做"、"升"的分层模式

"教"为第一层次,主要由理论课组成,体现"验证式"教学的特点,主要介绍信息化每个模块处理中的原理与方法;"学"为第二层次,主要由实验课组成,认识信息化处理过程中的操作方法和流程;"做"为第三层次,即经过理论课程和技能课程的学习后,结合教材模拟企业资料,亲身体验复杂的工作处理过程,积累实践经验;"升"为第四层次,针对学生的特点,扩展和提升不同层次学生的综合能力。本教材包括任务描述、知识链接、任务实施、拓展提高四大模块,完美实现了"教"、"学"、"做"、"升"四个层次的有机结合。

2. "理论、实践一体化"的编写模式

高等职业教育以就业为导向,重视开展"理论、实践一体化"教学,充分利用教学设施和实训条件,着重对学生知识应用能力和实操能力的培养。教学模式的设计力求做到"理论与实践"相结合,突出理中有实,实中有理,较好地体现了"知识本位向能力本位的转变",实现教学模式的创新。本书依据"项目导向",按工作环

境设置教学任务,很好地体现了"做中学、做中教"的职业教育教学理念。

　　本书由新乡职业技术学院任春英、曹艳艳担任主编,贾宁、陈淑倩、蔺雪娜任副主编,最后由曹艳艳统一校稿。本书适用于高职高专院校会计、会计电算化、审计、财务管理等专业学生使用,也可作为其他院校财会、经管类专业的学习参考资料,亦可作为在职会计人员的培训教材。

　　本书在编写过程中参考了有关专家学者编写的教材和专著,在此向这些作者表示衷心的感谢。

　　鉴于编者认知水平及实践经验有限,书中难免有不足之处,恳请广大读者批评指正。

编　者

目录

项目一　会计信息化基础认知　1
　　任务一　会计信息化基础理论　2
　　任务二　构建会计信息系统　6
　　任务三　熟悉会计软件功能模块　12
　　任务四　熟悉会计信息系统的试运行与转换　15

项目二　系统管理　19
　　任务一　认知系统管理　20
　　任务二　设置操作员并创建账套　21
　　任务三　设置操作员权限　30
　　任务四　账套备份与引入　33

项目三　基础信息设置　37
　　任务一　熟悉用友 ERP－U8 V10.1 企业应用平台　38
　　任务二　设置机构人员信息　39
　　任务三　设置客商信息　43
　　任务四　设置存货信息　47
　　任务五　设置财务信息　51
　　任务六　设置收付结算信息　62
　　任务七　设置单据　65

项目四　总账管理系统　69
　　任务一　认知总账管理系统　70
　　任务二　总账管理系统初始化设置　72
　　任务三　总账管理系统日常业务处理　79
　　任务四　总账管理系统期末处理　93

项目五　应收款管理系统　　　　　　　　　　　　　　　　　　109
　　任务一　认知应收款管理系统　110
　　任务二　应收款管理系统初始化设置　111
　　任务三　应收款管理系统日常业务处理　121
　　任务四　应收款管理系统期末处理　130

项目六　应付款管理系统　　　　　　　　　　　　　　　　　　133
　　任务一　认知应付款管理系统　134
　　任务二　应付款管理系统初始化设置　135
　　任务三　应付款管理系统日常业务处理　140
　　任务四　应付款管理系统期末处理　145

项目七　固定资产管理系统　　　　　　　　　　　　　　　　　149
　　任务一　认知固定资产管理系统　150
　　任务二　固定资产管理系统初始化设置　152
　　任务三　固定资产管理系统日常业务处理　163
　　任务四　固定资产管理系统期末业务处理　172

项目八　薪资管理系统　　　　　　　　　　　　　　　　　　　177
　　任务一　认知薪资管理系统　178
　　任务二　薪资管理系统初始化设置　180
　　任务三　薪资管理系统日常业务处理　190
　　任务四　薪资管理系统期末业务处理　193

项目九　供应链管理系统　　　　　　　　　　　　　　　　　　201
　　任务一　认知供应链管理系统　202
　　任务二　供应链管理系统初始化设置　204
　　任务三　采购管理系统日常业务处理　216
　　任务四　销售管理系统日常业务处理　230
　　任务五　库存管理系统日常业务处理　238
　　任务六　存货核算系统日常业务处理　241
　　任务七　供应链各系统期末处理　243

项目十　UFO 报表管理系统　　　　　　　　　　　　　　　　　249
　　任务一　认知 UFO 报表管理系统　250
　　任务二　UFO 报表管理系统初始化设置　251
　　任务三　UFO 报表数据处理　259

附录　　　　　　　　　　　　　　　　　　　　　　　　　　　269

项目一
会计信息化基础认知

知识目标

1. 认识会计信息化,了解会计信息化的产生及发展。

2. 理解会计信息化的意义。

3. 熟悉会计信息系统的功能结构。

能力目标

1. 能够结合企业实际,判断其适宜采用的会计信息化形式。

2. 能够提供简单的会计信息化实施方案及内部管理制度。

3. 能够做好手工系统与会计信息系统转换前的准备工作。

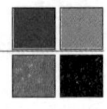

任务一 会计信息化基础理论

一、什么是会计信息化

计算机和网络通信等现代信息化技术的飞速发展是当今时代的主旋律,对各行各业产生着巨大的冲击,为顺应信息化潮流,传统会计实现信息化变革已成为时代发展的迫切需要。会计信息化是会计与信息技术的结合,是将会计信息作为管理信息资源,全面运用计算机、网络和通信为主的信息技术对其进行获取、加工、传输、存储、应用等处理,为企业经营管理、控制决策和经济运行提供充足、实时、全方位的信息。

会计信息化是信息社会对企业财务信息管理提出的一个新要求,是企业会计顺应信息化浪潮所做出的必要举措。它是网络环境下企业领导者获取信息的主要渠道,有助于增强企业的竞争力,提高会计管理决策能力和企业管理水平。

二、会计信息化的产生及发展

从 1946 年世界第一台电子计算机在美国宾夕法尼亚大学诞生开始,计算机应用逐步从科技领域过渡到管理领域。1954 年美国通用电气公司首次利用计算机计算工资,引起了会计处理技术的重大变革,标志着会计电算化时代的到来,由此拉开了世界会计电算化的序幕。会计电算化阶段,主要用计算机技术代替手工记账、算账、报账以及部分代替人脑来完成对会计信息的分析、预测和决策。

进入 20 世纪 90 年代后,企业对会计电算化有了更深的理解和更高的要求,信息技术的进步也为会计电算化的发展提供了更有力的软硬件保障,企业开始将单项会计核算电算化整合扩展为全面电算化,将企业内部的信息孤岛与企业管理连接,实现企业内部以会计核算系统为核心的信息集成化,在企业组织内部实现会计信息和业务信息的一体化,并在两者之间实现无缝对接。在这种形势下,会计电算化已不能满足经济发展的需要,会计信息化正式取代会计电算化成为会计发展的方向。

我国会计信息化起步较晚,但在借鉴和创新双重影响下,其总体发展体现了跳跃性特征。截至目前,我国会计信息化主要经历了以下发展阶段:

1. 起步阶段(1979~1983 年)

我国会计信息化以 1979 年为起点,主要进行理论研究和试点工作。1979 年,财政部拨款给长春第一汽车制造厂,从前联邦德国进口计算机进行会计电算化的试点工作,这是我国第一次在企业管理方面进行大规模信息系统的设计和实施,也是我国电子计算机应用发展史上的一个里程碑。1981 年 8 月,在财政部、原第一机械工业部、中国会计学会的支持下,在长春第一汽车制造厂召开了"财务、会计、成本应用电子计算机专题讨论会",会上正式把"电子计算机在会计中的应用"简称为"会计电算化"。这个阶段的主要特点是:

应用范围极小,只有少数国营企业进行会计电算化工作。业务处理单一,主要是工资核算。计算机专业人才缺乏,尤其是既懂计算机又懂会计的复合型人才奇缺。计算机设备价格昂贵、体积庞大,使用不方便,缺乏中文操作系统,中央处理能力弱,国外财务软件汉化程度不高,外语水平差的人上机难度大。

2. 自我发展阶段(1983～1987年)

1983年下半年,国务院成立了电子振兴领导小组,在全国范围内掀起了计算机应用热潮。这一阶段,社会对会计电算化的需求越来越大,越来越多的单位开始将计算机应用到会计领域。这个阶段的主要特点是:

开展会计电算化的国有大型企业之间缺乏交流、闭门造车,各自开发软件,造成大量的人力、物力、财力的浪费。而且各自开发的软件多为专用软件,通用化程度低,适应性差。业务处理内容有所扩展,由原来的单一工资业务处理扩展到账务处理、固定资产核算、成本核算等多项业务。开始了既懂计算机又懂会计的复合型人才的培养工作。从1984年开始,一些研究院所和高校招收会计电算化专门人才。1987年中国会计学会成立了会计电算化研究组,为以后有组织地开展理论研究做准备。

3. 商品化财务软件开发与应用阶段(1987～1992年)

20世纪80年代,微型计算机涌现且价格有所下降,为会计电算化普及奠定了物质基础。这个阶段的主要特点是:

出现开发会计核算软件的专业公司,开发的会计软件向商品化、规范化、专业化方向发展,形成了商品化软件并开始进入软件市场,逐步形成了会计软件产业。会计软件的功能由原来的单项业务应用扩展为多项业务应用,即由原来的单一工资业务应用发展到账务处理、成本处理、固定资产处理等多项业务应用。1989年财政部制定了《会计核算软件管理的几项规定(试行)》,要求省级财政部门加强对商品化会计软件的评审、管理,促进了会计软件的规范化开发,提高了会计软件的质量。

4. 核算型商品化财务软件开发与应用阶段(1993～1997年)

微软公司在1995年推出了更加直观、操作更加简便的Windows界面操作系统,使得财务软件开发公司在此平台上开发的财务软件更加方便用户,从此财务软件推广迅速,会计电算化得到了广泛普及。原因主要有两个方面:一方面软件界面友好,易于操作;另一方面网络体系结构的客户/服务器的推出、大型数据库的使用,软件功能与安全性大大增强。这个阶段的主要特点是:

财务软件主要完成财务核算工作,即软件仅仅代替人工完成记账、算账、报账等工作,尚不具有预测、决策等功能。会计电算化人才培训稳步发展,大中型企业和县以上国家机关的会计人员已有60%～70%通过会计电算化的初级培训,10%～15%通过中级培训,5%通过高级培训。会计电算化知识已成为会计人员的必备知识,并被纳入会计上岗证考试之中。会计电算化相应的管理制度逐步建立和成熟,形成了以财政部为中心的会计电算化管理体系。

5. 管理型商品化财务软件开发与应用阶段(1998年至今)

20世纪90年代中期以后,会计信息系统在功能上有了很大提高,由过去单纯的记账、算账、报账,也就是核算型会计信息系统,发展成以管理为核心的、面向生产经营全过程的会计信息系统,当会计信息系统从部门级升级为企业级之后,实际上已经同企业管理信息系统成功对接,真正进入会计信息化阶段。

这个阶段许多软件公司在核算型会计软件的基础上陆续推出了管理型会计软件。管理型软件克服了核算型软件各功能模块结构松散、未能解决数据的重复录入以及不能保证数据的一致性等问题，并扩充了财务管理和物流管理功能。一般包括系统管理、总账、资金管理、工资、固定资产、应收账款、应付账款、采购、销售、库存管理、报表、财务分析等模块。20世纪90年代，发展起来了一个全新的企业管理系统，即 ERP 系统，管理型财务软件进入ERP 系统，成为了 ERP 系统的一个组成部分。ERP 系统实现了对供应链上所有环节进行有效管理。近年来随着市场竞争的加剧和电子商务的蓬勃发展，ERP 软件又集成了新的管理组件，如客户管理（CRM）、业务数据仓库（BW）、企业策略管理（ESM）、知识管理（KM）以及电子商务中的企业对企业（B To B）、企业对客户（B To C）等组件。

三、会计信息化对会计工作的影响

会计信息化是会计发展史上的一次革命。与手工会计系统相比，不仅在处理工具方面，还在会计数据处理流程、处理方式、内部控制方式及组织机构等方面，都与手工处理存在许多差异。它的产生对会计理论与实务产生重大的影响，对提高会计核算的质量、促进会计职能转变、提高经济效益和加强国民经济宏观管理，都有十分重要的作用。

（一）改变会计工作观念

在以网络技术为主导的信息化时代，会计信息化水平的提升极大地改变了传统意义上的会计观念。会计信息化对会计工作人员来说是一场重大的洗礼，它给现代会计工作提供了更为先进、理性的指导，保证了会计工作的正常运行。在传统会计工作中，会计人员大都是提供对过去事务的回顾、记录、总结和审核，作出考核与评价，并用以指导现在企业管理者的决策。而在新时期的会计信息化工作中，会计人员通过"四通八达"的网络通道可以采集到各种有效的信息数据，对会计业务进行一体化处理。简单来说，就是会计信息化使会计工作从传统的静态处理转变到了现在的动态处理。科学合理的会计观念、意识，极大地提高了会计工作的效率和质量；符合时代精神和社会发展要求，很大程度上推动了会计业务更新的速度，加速了会计工作的现代化进程。

（二）促进会计职能的转变

在传统的企业会计工作中，会计人员主要负责会计的核算与监督，主要的工作对象是企业内部的数据、信息和材料。而在会计信息化处理中，会计工作不但可以完成包括核算、监督在内的所有工作，还可以为企业经济运行、内部管理和战略决策提供更强有力的支持，这些是传统会计工作所做不到的。因此，会计信息化拓展了会计的业务范围，实现了数据共享和信息的传递，满足了部门管理、企业管理、行业管理、跨国公司管理对信息的需要。这将为财务管理人员、会计管理与分析人员、企业高层领导等利用企业部门会计信息和外部信息进行管理、分析、预测和决策提供可能，扩大了会计职能的外延，为会计工作的多元化、综合性发展提供了机遇。

（三）提高会计工作效率

会计信息化为会计工作人员提供了更为便捷、快速和科学的操作方法，能够让会计人员的工作不再是单纯的书面、桌面工作，而成为立体化、全方位的网络信息操作过程。实现会计信息化后,只要把会计数据按规定的格式要求输入计算机,计算机便自动、高速、准确地完成数据的校验、加工、传递、存储、检索和输出工作。这样,不仅可以使广大财会人员从繁重的记账、算账、报账工作中解脱出来,而且大大提高了会计工作的效率,使会计信息的提供更加及时,为企业、单位争取更大的利益。

(四) 推动企业管理现代化

在现代社会中,企业不仅需要提高生产技术水平,还需要实现企业管理现代化,以提高企业经济效益,使企业在国内外的竞争中立于不败之地。据统计,会计信息约占企业管理信息的 $60\%\sim70\%$,而且多是综合性的指标。实现会计信息化,就为企业管理手段现代化奠定了重要基础,就可以带动或加速企业管理现代化的实现。

四、会计信息化与手工会计的比较

(一) 会计信息化与手工会计的共同点

会计信息化与手工会计在本质上都属于会计信息系统,它们具有一些共同的特征。

1. 目标一致。会计信息化与手工会计都是对企业的经济业务进行记录,提供准确的会计信息,为经营决策提供依据,最终目标都是为企业经营管理服务,提高企业经济效益。

2. 会计理论和会计方法相同。会计信息系统的构建,要依据我国现行的会计制度和会计方法,这与手工会计遵循的会计理论和会计方法是完全一致的。会计信息化会引起会计理论和会计方法的变革,但必须遵循基本的会计理论和会计方法。

3. 会计法规一致。会计信息化的应用,应与手工会计一样严格遵守国家的会计法规及财经制度。随着会计信息化的发展,还将不断发展、完善与会计信息化相关的会计法规及财经制度。

4. 基本功能相同。无论是手工会计还是会计信息化,要达到系统目标,都应具备信息的采集输入、信息的存贮、信息加工处理、信息传输和信息输出这五个方面的功能。

5. 都需保存会计档案。会计档案是重要的会计资料,必须妥善保管。会计信息化之后形成的部分会计档案虽然在保存介质上发生了改变,但仍需同手工会计一样完整保存。

(二) 会计信息化与手工会计的不同点

1. 使用工具不同。会计信息化使用电子计算机及相关软件,取代了手工会计使用的算盘、纸张、账本、电子计算器等,整个数据处理过程基本上都由计算机来完成。

2. 信息载体不同。手工会计系统形成的信息均以纸张为载体,占用空间大,保管起来不容易,查找也困难。而会计信息系统除了必要的会计凭证、账簿和报表外,一般都用光盘、磁盘等作为信息载体,占用空间小,保管容易,查找方便。但存在被删除或篡改不留痕迹、磁性介质损坏会导致信息丢失的缺点。

3. 簿记规则不同。在手工会计情况下,现金日记账和银行存款日记账必须采用订本式,总账一般也采用订本式,明细账采用活页式,固定资产采用卡片式账册,账册中出现错误要用划线更正法、红字冲销法或补充登记法进行更正。在会计信息化情况下,打印输出的账页是折叠或带状的,不能采用手工会计更正错账的方法对错误的账簿记录进行更正。根据财政部文件规定,已经输入计算机的凭证资料在登记前必须审核,如果审核发现错误,要对错误凭证进行修改;如果审核通过了或者已经记账后发现凭证错误,为了保留审计追踪线索,则不能对凭证直接修改,只能采用类似红字冲销法将错误的凭证冲销掉,然后再补充登记正确的凭证。

4. 账务处理程序不同。在手工会计中,由于各个企业的业务量大小不同,也就是说,凭证的数量不同,导致产生了各种不同的会计核算程序,如记账凭证账务处理程序、科目汇总表账务处理程序、汇总记账凭证账务处理程序等。但是,由于业务量的大小对计算机系统来说基本没有什么影响,所以在会计信息化中选用任意一种账务处理程序就可满足各个企业的需要。

5. 会计工作组织体制和人员结构不同。手工会计部门一般分为若干会计工作岗位,如工资、材料、固定资产、成本等岗位以进行专门的会计业务核算,设有专人负责记账、编制报表等工作。在会计信息化情况下,会计工作岗位的划分发生了很大的变化,专门的业务核算工作都由计算机来完成,只设置了数据录入、审核、维护等岗位。在人员构成上,手工会计系统中均是会计专业人员。会计信息系统中的人员将由会计专业人员、计算机专业人员和系统维护人员构成。

6. 内部控制方式不同。手工会计的内部控制依据会计流程进行严密的控制,如账证核对、账账核对、账实核对;相关人员签字、盖章等控制方式。而在会计信息系统中除了需要签字盖章之外,还增设了更加严密的操作过程控制、权限控制、时序控制等。

任务二 构建会计信息系统

一、会计信息系统的构成要素

作为管理信息系统,会计信息系统是一个人机系统,其构成要素包括:系统人员、计算机硬件、计算机软件和系统运行规范。

(一)系统人员

系统人员是会计信息系统的主体。拥有一支高水平的系统人员队伍,是会计信息系统正常、稳定运行的前提和保障。企业组织建立会计信息系统,必须根据企业自身特点和要求,综合考虑构建计算机的硬件、软件,并培训相应的会计信息系统操作人员。

(二)计算机硬件

硬件是系统中所有固定装置的总称,是进行会计数据输入、处理、存储、传输和输出的各种电子机械设备,它是系统工作的物质基础。数据输入设备有键盘、鼠标、光笔、扫描仪及光学阅读器等;数据处理设备是指按一定的要求对数据进行加工、计算、分类、汇总、存储、转换及检索等的处理设备,由计算机主机的功能来实现;数据存储设备是指用于存放数据的设备,目前常见的有磁盘、光盘及驱动设备;数据传输设备有光缆、电缆、调制解调器等;数据输出设备是指从存储设备中取出数据按一定的方式和格式进行输出的设备,如显示器、打印机等。

硬件设备不同的结构和组合方式，构成了会计信息系统不同的工作方式。目前常见的有三种类型：单用户结构方式、多用户结构方式和网络结构方式。

（三）计算机软件

计算机软件系统包括系统软件和应用软件。系统软件主要指操作系统和数据库管理系统，一般在购买设备时由计算机厂商提供或自行购买。应用软件主要指会计软件，是会计信息系统的一个重要组成部分，没有会计软件的信息化系统就不能称为会计信息系统，会计软件可由使用单位自行开发，也可购买商品化会计软件。

（四）系统运行规范

系统运行规范是指保证会计信息系统正常运行的各种制度和控制程序。主要包括两大类：一类是政府的法令、条例；另一类是保证系统运转的各项规定，如会计信息系统硬件管理制度、数据管理制度、操作人员管理权限及岗位责任制度和会计内部控制制度等。

二、会计信息系统的功能结构

一个实用的计算机会计信息系统，通常由若干个子系统组成。每个子系统处理特定部分的信息，各子系统之间通过信息传递相互支持、相互依存，形成一个完整的信息化系统。

随着企业需求的不断发展，会计信息系统的功能结构也在逐步地进步和完善。计算机引入会计工作之初主要是以规范会计核算业务、减轻会计人员繁重的手工劳动为基本目的的，因此这种以解决会计核算为目的的系统，其基本结构主要有账务、报表、薪资核算、固定资产核算等子系统。伴随着企业管理水平的不断提高，对会计信息系统的要求也越来越高，人们开始从企业经营管理的角度来设计会计信息系统，以实现会计核算和财务管理的一体化；会计信息系统也逐渐演变成集业务处理与会计核算于一体的系统。这种系统可以跨部门使用，使企业的各种经济活动信息得到充分共享，从而实现购销存业务与财务的一体化管理，有效地对资金使用和财务风险进行控制，并能提供充分的分析决策信息。

通俗地讲，会计信息系统的功能结构是指会计信息系统由哪些子系统组成，每个子系统完成哪些功能，以及各子系统的相互关系。如图1-1所示。会计信息系统的功能结构可以分为：财务子系统、供应链子系统和决策支持子系统。

（一）财务子系统

财务子系统的主要任务是以总账子系统为核心，进行会计核算，反映企业经营活动情况。它所追求的目标是，用计算机代替人工操作处理具体经济业务，提高工作效率。该子系统一般包括账务处理（总账）、薪资管理、固定资产核算、成本核算、应收款核算、应付款核算及报表处理等模块。

（二）供应链子系统

供应链子系统是以库存管理和存货核算为核心，包含采购管理、销售管理、库存管理、存货核算等模块。购销存部分可以处理企业采购、销售和仓库管理等部门各环节的业务事项，有效地改善库存占有情况，有效地控制采购环节的资金占用，并对应收账款进行严格的控制管理，尽可能地避免坏账的产生。

（三）决策支持子系统

决策支持子系统是以提高决策的效果为目标，面向决策者的一种信息系统，该系统的关键组成部分是一个以计算机为基础的、反映决策者面临的某些方面问题的模型库和方法库。一般包括财务分析、利润分析、流动资金管理、销售预测、财务计划、领导查询和决策支持等模块。目前，在我国大多数会计信息系统软件中有关管理分析部分都还不够完善，多数模块都还处于开发阶段。目前比较成熟的是财务分析、领导查询等模块。

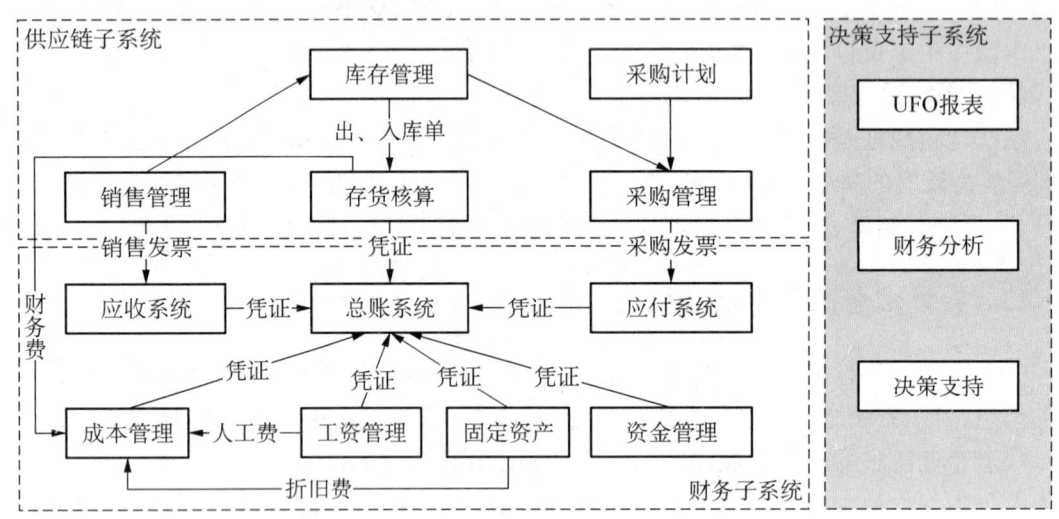

图 1-1　公共平台（系统管理、基础档案）

三、会计信息系统的构建

（一）配置硬件

硬件是指计算机设备及外部设备，包括主机、显示器、通信设备、网络设备、办公自动化设备和接口设备等。硬件设备配置得是否合理，意味着能否以较少的人、财、物的投入，更好地实现会计信息系统的功能。硬件配置包括硬件构成模式的选择及具体硬件设备的挑选。

1. 合理选择硬件的构成模式

计算机硬件设备有单机结构、多用户结构、网络结构等多种构成模式，要合理选择硬件配置，首先必须合理选择硬件的构成模式。

（1）单机结构。单机结构是指整个系统只由一台计算机和相应的外部设备构成，所用的计算机多为微型计算机，属于单用户单任务工作方式。单机结构的优点是灵活简便，开发周期短、价格低、操作简便。单机结构的缺点是输入、输出速度慢。单机结构一般适用于会计信息化应用初期，或者经济和技术力量比较薄弱的小单位。

（2）多用户结构。多用户结构是指整个系统由一台主机和多个终端构成，通过通信线路连接起来，构成一个整体。允许多个用户同时在多个终端上分散输入数据，由一台主机集中处理，处理结果又可返回到各个终端，属于多用户多任务工作方式。这种结构解决了输入、输出的"瓶颈"问题，还能集中进行数据处理，实现数据交互共享，大大提高了系统运作的效率。多用户结构的主要缺点是,所有数据处理集中在主机上进行,主机如果出现故障就会造成整个系统的工作不能正常进行。多用户系统适用于会计业务量大、地理分布比较集中、资金雄厚,且具有一定维护能力的单位。

(3)网络结构。网络结构是指将地理上分散的各个具有独立功能的多用户结构或单机结构的计算机系统,通过通信设备和线路连接起来,构成一个整体,由功能完善的网络软件实现资源共享,组成一个功能更强的计算机网络系统。这种结构可以实现系统的软硬件和数据资源的共享,可以将一项极其复杂的任务进行分解处理。在网络结构内,各个计算机都可以进行数据的输入、处理和输出,系统的功能从理论上来说可以达到无限。缺点是安全性不如多用户结构,对数据的安全提出了更高要求。

2. 选择具体的硬件设备

在确定了计算机硬件构成模式后,应根据硬件构成模式的需要配置具体的硬件设备。计算机是会计信息系统硬件中最关键的部分,选购时主要考虑 CPU、硬盘和内存。在选购计算机时既要考虑满足所选会计软件的要求,也要考虑会计信息系统的升级要求,预留系统的升级空间。除计算机外,会计信息系统需选配的其他硬件还包括打印机、不间断电源、网络设置、电源设备等。

(二)软件配置

软件通常是指控制和管理计算机完成各项工作的集合。会计信息系统的软件包括系统软件和应用软件。

1. 系统软件的配置

会计软件必须在系统软件的支持下才能运行。支持会计软件运行的系统软件主要包括操作系统、数据库管理系统等。系统软件的选择对会计软件的应用影响很大,从目前情况来看,国内会计软件的用户主要以 Windows 环境为主;数据库管理系统选择时,单机用户一般选用 Fox Base、Paradox、FoxPro、Access 等小型的桌面数据库,网络用户一般选用 Sybase、Oracle、SQL Server、DB2、Informix 等 SQL 数据库系统。

2. 应用软件的配置

应用软件是为了解决某些具体的、实际的问题而开发和研制的各种程序。会计软件就是一种应用软件。会计软件是指专门用于完成会计工作的计算机软件,会计人员可利用会计软件完成会计核算、财务分析以及预测、决策等工作。

会计软件按不同的标准,可以划分为不同的类型。按照提供信息的层次标准可分为核算型会计软件、管理型会计软件和决策型会计软件;按照适用范围标准可分为商品化会计软件和非商品化会计软件;按照所需计算机环境标准可分为单用户会计软件、多用户(网络)会计软件。

在会计信息化初期或会计业务比较简单的企事业单位(小型企业和行政事业单位)应选择以通用会计软件为主的应用软件。一般大中型企事业单位待会计信息工作深入后,通用会计软件不能完全满足其特殊的核算与管理要求时,可根据实际工作需要,结合通用会计软件定点开发部门配套的模块,选择通用会计软件与定点开发会计软件相结合的方式。

3. 选购会计软件应注意的主要问题

我国实现会计信息化的企事业单位多选择商品化会计软件。选择商品化会计软件应注意下列问题。

（1）选择通过财政部门评审的商品化会计软件。财政部规定，在我国境内销售的商品化会计软件应当经过评审。商品化会计软件的评审工作由省、市、自治区、直辖市财政厅（局）或者财政部组织。只有经过财政部门评审的会计软件才能替代手工记账。因此在选择会计软件时，应看其是否通过了省级以上财政部门的评审，以考察其合法性。

（2）选择技术指标能够满足需要的会计软件。开展会计信息化的企事业单位在选择商品化会计软件时，应注意软件是否与其计算机相匹配。目前国内的会计软件多是在中文版 Windows 平台上开发的。网络环境下使用的会计软件需要网络操作系统的支持，当前网络版会计软件主要采用 Windows NT 网络操作系统。随着会计软件的不断更新，越来越需要大型数据库技术支持。

（3）选择满足单位会计核算需求的会计软件。同一个行业的不同单位各自具有不同的特点，比如经营规模、组织架构等都不尽相同，因此会计核算的需求也就不同。规模大的企业单位会计工作分工一般比较细，往往采用分级核算的方式；规模小的企业单位会计工作分工相对较粗，往往采用集中核算的方式。成熟的会计软件在设计时就应该考虑到这些问题，因此单位在选择会计软件时，应注意选择能够满足自身特殊需求的会计软件。

（4）选择售后服务质量高的会计软件。会计软件的售后服务包括用户培训、故障排除、软件的二次开发。各企事业单位在选择商品化会计软件时，必须考虑的重要问题之一就是售后服务质量，高质量的售后服务是正常开展会计信息化工作的保障。

（5）选择可以升级的会计软件版本。选择会计软件时，还需注意会计软件开发商是否具有发展能力。一个有发展能力的软件公司会考虑客户未来的需求，针对现有版本的会计软件进行不断的升级更新。

（三）人员配置

从事会计信息化工作的人员一般分为两类：一类是系统开发人员，另一类是系统的操作人员和维护人员。系统开发人员必须掌握一定的财会理论知识，熟悉会计工作流程、方法及要求，对会计工作有着全面细致的了解，对相关企业工艺流程也应有一定了解。系统的操作人员、维护人员则需要熟悉财务软件的基本结构、功能，可以熟练操作财务软件完成各项会计工作。由此可以看出，会计信息化要求相关人员应是复合型人才，应同时具备计算机和财会两方面的知识，只是各有侧重罢了。建设会计信息系统，人才是关键。只有合理地设置会计信息化工作岗位，会计人员普遍掌握会计信息的基础知识和操作技能，建设会计信息系统才能有保障。

1. 合理设置会计信息化岗位，明确岗位工作职责

会计信息化工作岗位设置可分为会计基本岗位和会计信息化岗位。会计基本岗位，主要包括会计主管、出纳、会计核算、稽核、会计档案管理等岗位，各岗位的从业条件、业务范围和管理制度与手工会计系统相同，只是工作方式、方法有所调整和变化。会计信息化岗位，是对设计、管理、操作、维护计算机及会计软件系统工作岗位的统称，主要包括电算主管、软件操作、审核记账、电算维护、电算审查、数据分析等岗位。会计基本岗位和会计信息化岗位，可在保证会计数据安全的前提下交叉设置，各岗位人员保持稳定。

2. 做好会计信息化人员培训

会计信息化人员的培训可分为初、中、高三个层次，通常包括以下三种形式：（1）财政部

组织开展的初级、中级和高级会计电算化培训。（2）软件公司提供的会计软件培训。凡购买商品化会计软件，软件公司一般都会对使用者进行培训，内容侧重于会计软件的操作使用，目的是让操作人员能够独立使用会计软件。（3）单位自行组织的会计信息化培训。有条件的大型企业可采用这种培训方式，通过统一组织培训，解决会计软件实施过程中存在的关键问题、多部门之间协作的问题。这种培训可以弥补前两种培训的不足，有针对性地结合会计信息化岗位的职责进行。

（四）建立系统运行规范

会计信息化的发展不仅改变了会计核算工具、调整了会计岗位设置、提高了会计人员素质，而且对财务管理的流程、内容和质量提出了更高的要求。会计信息系统的正常运行，必须有一套严格的法规和制度，我们称之为系统运行规范。法规指的是政府的法令、条例、规定；制度指的是各单位在会计信息化工作中的各项具体规定。从会计信息化的单位层面来说，建立系统运行规范主要从以下几个方面进行。

1. 建立岗位责任制

建立会计信息化岗位责任制，明确每个工作岗位的职责范围，切实做到事事有人管，人人有专责，办事有要求，工作有检查，促进会计工作的程序化和规范化，加强内部的互相牵制，确保资产的安全完整，提高工作效率，充分发挥系统的运行效益。

2. 建立会计信息化操作管理制度

操作人员必须具备上岗的能力或资格。系统开发人员、专职维护人员、档案管理人员和其他未经授权人员不允许操作会计软件，杜绝未经授权操作会计软件。明确规定上机操作人员的会计软件的操作内容和权限，每个操作员必须严格按照系统管理员分配的权限进行操作，不得互通操作权限；明确违章处罚办法。操作员要按照会计软件的操作步骤和方法进行操作，对操作密码要严格管理，指定专人定期更换密码。根据单位的实际情况，由专人保存必要的上机操作记录，如记录操作人、操作时间、操作内容、故障情况等内容，以便跟踪记录和明确操作责任。

3. 建立计算机硬件、软件和数据管理制度

保证机房设备安全和计算机正常运行是进行会计信息化的前提条件，要经常对有关设备进行保养，保持机房和设备的整洁，防止意外事故的发生。确保会计数据和会计软件的安全保密，防止对数据和软件的非法修改和删除；对磁性介质存放的数据要双备份。对正在使用的会计软件进行修改、对商品化会计软件进行版本升级以及更换计算机硬件设备等工作，要有一定的审批手续。在软件修改、版本升级和硬件更换过程中，要保证实际会计数据的连续和安全，并由有关人员进行监督。健全计算机硬件和软件出现故障时进行排除的管理措施，保证会计数据的完整性。健全必要的防治计算机病毒的措施。

4. 建立会计信息化档案管理制度

会计信息化档案包括存储在计算机硬盘中的会计数据、以其他磁性介质或光盘存储的会计数据，以及计算机打印出来的书面形式的会计数据。这里，会计数据是指记账凭证、会计账簿、会计报表（包括报表格式和计算公式）等数据。对磁性介质档案需要进行定期检查、定期复制，防止会计档案因磁性介质损坏而丢失。保管时不仅做好防火、防潮、防虫蛀、防霉烂、防盗等工作，还需要做好防磁、防尘等工作。对于双备份的重要会计档案需要存放在不

同的地点,最好是分别存放在不同的建筑物内。会计档案不得随意堆放,严防毁损、散失;会计档案未经领导同意,不得外借和拿出单位。经领导同意借阅会计资料,应履行相应的借阅审批登记手续。存放在磁性介质上的会计资料借阅归还时,还应认真检查病毒,防止感染病毒。

任务三　熟悉会计软件功能模块

一、会计软件主要功能模块描述

完整的会计软件的功能模块包括:账务处理模块、固定资产管理模块、薪资管理模块、应收款管理模块、应付款管理模块、UFO 报表管理模块、存货核算模块、库存管理模块、采购管理模块、销售管理模块、财务分析模块、预算管理模块、项目管理模块等。

(一) 账务处理模块

账务处理模块是以凭证为数据处理起点,通过凭证输入和处理,完成记账、银行对账、结账、账簿查询及打印输出等工作。目前许多商品化会计软件的账务处理模块还包括往来款管理、部门核算、项目核算和管理及现金银行管理等一些辅助核算的功能。

(二) 固定资产管理模块

固定资产管理模块主要是以固定资产卡片和固定资产明细账为基础,实现固定资产的会计核算、折旧计提和分配、设备管理等功能,同时提供固定资产按类别、使用情况、所属部门和价值结构等进行分析、统计和各种条件下的查询、打印功能,以及该模块与其他模块的数据接口管理。

(三) 薪资管理模块

薪资管理模块是进行工资核算和管理的模块,该模块以人力资源管理提供的员工及其工资的基本数据为依据,完成员工工资数据的收集、员工工资的核算、工资发放、工资费用的汇总和分摊、个人所得税的计算和按照部门、项目、个人时间等条件进行工资分析、查询和打印输出,以及该模块与其他模块的数据接口管理。

(四) 应收款、应付款管理模块

应收款、应付款管理模块以发票、费用单据、其他应收单据、应付单据等原始单据为依据,记录销售、采购业务所形成的往来款项,处理应收、应付款项的收回、支付和转账,进行账龄分析和坏账估计及冲销,并对往来业务中的票据、合同进行管理,同时提供统计分析、打印和查询输出功能,以及与采购管理、销售管理、账务处理等模块进行数据传递的功能。

(五) UFO 报表管理模块

报表管理模块与其他模块相连,可以根据会计核算的数据,生成各种内部报表、外部报表、汇总报表,并根据报表数据分析报表,以及生成各种分析图等。在网络环境下,很多报表管理模块同时提供了远程报表的汇总、数据传输、检索查询和分析处理等功能。

（六）存货核算模块

存货核算模块以供应链模块产生的入库单、出库单、采购发票等核算单据为依据，核算存货的出入库情况和库存金额，确认采购成本，分配采购费用，归集销售收入、成本和费用，并将核算完成的数据，按照需要分别传递到成本管理模块、应付款管理模块和账务处理模块。

（七）库存管理模块

库存管理模块主要是从数量的角度管理存货的出入库业务，能够满足采购入库、销售出库、产成品入库、材料出库、其他出入库、盘点管理等业务需要，提供多计量单位使用仓库货位管理、批次管理、保质期管理、出库跟踪、入库管理、可用量管理等全面的业务应用。通过对存货的收发存业务处理，及时动态地掌握各种库存存货信息，对库存安全性进行控制，提供各种储备分析，避免库存积压占用资金或材料短缺影响生产。

（八）采购管理模块

采购管理模块帮助企业对采购业务的全部流程进行管理，提供请购、订货、到货、检验、入库、开票、采购结算的完整采购流程，支持普通采购、受托代销、直运等多种类型的采购业务，支持按询价比价方式选择供应商，支持以订单为核心的业务模式。企业还可以根据实际情况进行采购流程的定制，既可选择按规范的标准流程操作，又可按最简约的流程来处理实际业务，方便企业构建自己的采购业务管理平台。

（九）销售管理模块

销售管理模块帮助企业对销售业务的全部流程进行管理，提供报价、订货、发货、开票的完整销售流程，支持普通销售、委托代销、分期收款、直运、零售、销售调拨等多种类型的销售业务，支持以订单为核心的业务模式，并可对销售价格和信用进行实时监控。企业可以根据实际情况进行销售流程的定制，构建自己的销售业务管理平台。

（十）财务分析模块

财务分析模块从会计软件的数据库中提取数据，运用各种专门的分析方法，完成对企业财务活动的分析，实现对财务数据的进一步加工，生成各种分析和评价企业财务状况、经营成果和现金流量的信息，为决策提供正确依据。

（十一）预算管理模块

预算管理模块将需要进行预算管理的集团公司、子公司、分支机构、部门、产品、费用要素等对象，根据实际需要分别定义为利润中心、成本中心、投资中心等不同类型的责任中心，然后确立各责任中心的预算方案，制定预算审批流程，明确预算编制内容，进行责任预算的编制、审核、审批，以便实现对各个责任中心的控制、分析和绩效考核。利用预算管理模块，既可以编制全面预算，又可以编制非全面预算；既可以编制滚动预算，又可以编制固定预算、零基预算；同一责任中心，既可以设置多种预算方案，编制不同预算，又可以在同一预算方案下选择编制不同预算期的预算。预算管理模块还可以实现对各子公司预算的汇总、对集团公司及子公司预算的查询，以及根据实际数据和预算数据自动进行预算执行差异分析和预算执行进度分析等。

（十二）项目管理模块

项目管理模块主要是对企业的项目进行核算、控制与管理。项目管理主要包括项目立项、计划、跟踪与控制、终止的业务处理以及项目自身的成本核算等功能。该模块可以及时、准确地提供有关项目的各种资料，包括项目文档、项目合同、项目的执行情况，通过对项目各项任务进行的资源预算分配，实时掌握项目的进度，及时反映项目执行情况及财务状况，并且与账务处理、应收款管理、应付款管理、固定资产管理、采购管理、库存管理等模块集成，对项目收支进行综合管理，是对项目的物流、信息流、资金流的综合控制。

根据企业管理的实际需要，会计软件中还包含其他管理模块，如领导查询模块、决策支持模块等。上述各模块既相互联系又相互独立，有着各自的目标和任务，它们共同构成会计软件，实现会计软件的总目标。

二、会计软件各模块的数据传递

会计软件是由各功能模块共同组成的有机整体，为实现相应功能，相关模块之间相互依赖，互通数据。

1. 存货核算模块生成存货入库、存货估价入账、存货出库、盘亏毁损、存货销售收入、存货期初余额调整等业务的记账凭证，并传递到账务处理模块，以便用户审核登记存货账簿。

2. 应付款管理模块完成采购单据处理、供应商往来处理、票据新增处理、付款处理、退票处理等业务后，生成相应的记账凭证并传递到账务处理模块，以便用户审核登记赊购往来及其相关账簿。

3. 应收款管理模块完成销售单据处理、客户往来处理、票据处理及坏账处理等业务后，生成相应的记账凭证并传递到账务处理模块，以便用户审核登记赊销往来及其相关账簿。

4. 固定资产管理模块生成固定资产增加、减少、盘盈、盘亏、固定资产变动、固定资产评估和折旧分配等业务的记账凭证，并传递到账务处理模块，以便用户审核登记相关的资产账簿。

5. 薪资管理模块进行工资核算，生成分配工资费用、应交个人所得税等业务的记账凭证，并传递到账务处理模块，以便用户审核登记应付职工薪酬及相关成本费用账簿。薪资管理模块为成本管理模块提供人工费资料。

6. 成本管理模块中，如果计入生产成本的间接费用和其他费用设置为来源于账务处理模块，则成本管理模块在账务处理模块记账后，可从账务处理模块中直接取得间接费用和其他费用的数据；如果不使用薪资管理、固定资产管理、存货核算模块，则成本管理模块还需要在账务处理模块记账后，自动从账务处理模块中取得材料费用、人工费用和折旧费用等数据。成本管理模块的成本核算完成后，要将结转制造费用、辅助生产成本、盘点损失和工序产品耗用等记账凭证数据传递到账务处理模块。

7. 存货核算模块为成本管理模块提供材料出入库核算的结果；存货核算模块将应计入外购入库成本的运费、装卸费等采购费用和应计入委托加工入库成本的加工费传递到应付款管理模块。

8. 固定资产管理模块为成本管理模块提供固定资产折旧费数据。

9. 报表管理和财务分析模块可以从各模块取数编制相关财务报表，进行财务分析。

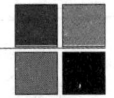

任务四 熟悉会计信息系统的试运行与转换

会计信息系统正式使用之前,必须与手工会计并行运行一段时间,以检验其是否达到预定目标,软件是否存在缺陷,以及系统是否合法、安全、可靠等。这一阶段称为试运行阶段。

一、确定试运行起始时间

会计软件试运行的时间最少为 3 个月,一般不超过 6 个月。为了能够比较全面、准确地测试会计软件,最好选择第四季度作为试运行的起始时间,因为第四季度会计业务接近年底,数据量比较大,核算内容较为全面,这样不但可以测试软件日常处理数据的最大容量,也可以测试软件跨年度处理数据的功能,同时,可以减少软件正式运行时的初始化设置工作量。

二、做好试运行准备工作

会计信息系统试运行之前,应从以下几个方面做好充分准备:

(一) 确定会计核算方法

由于同一种经济业务可能有两种以上的会计核算方法,需要对经济业务的核算方法做出规定,如存货计价方法、固定资产折旧方法、产品成本的核算方法等。

(二) 统一账、证、表的格式

要全面考虑各类会计资料的规范性格式,分清必须修改与必须保留的内容,使重新确认的会计账、证、表的格式更适于计算机处理。

(三) 整理手工会计业务数据

重新核对各类凭证和账簿,做到账账、账证、账实相符,整理各类账户余额及发生额;清理往来账户,整理出未核销的往来业务,建立客户档案与供应商档案;清理银行账户,手工编制最后一次"银行存款余额调节表",查找出未达账项;整理单位员工的基本工资信息以及工资计算的方法,为薪资管理系统核算工资奠定基础。

(四) 建立会计科目体系

确定系统核算需要的一级科目、中间级科目和明细级科目,确定每一会计科目的性质、类别和账页格式,确定哪些科目需要进行往来核算、部门核算、项目核算、现金流量核算、数量核算等辅助核算,确定哪些科目需要登记日记账、银行账,以便进行银行对账等。

(五) 制定编码规则

根据收集整理的会计业务数据以及会计科目体系,确定会计科目、部门、往来单位、存货等的编码规则,明确分级的级数位、每级的位长和具体编码。

三、明晰试运行主要工作

会计软件试运行阶段的主要任务是实现计算机核算结果与手工核算结果的一致,建立相应的会计信息化制度,同时向有关部门申请批准计算机代替手工记账。为完成这一阶段

的主要任务,需做下列各项工作:

1. 建立核算单位的核算账套,根据试运行所做的各项准备工作设计好初始化方案,进行系统初始设置,如设置操作人员的角色与权限,建立本单位账套,设置单位内部部门档案及职员档案,设置单位的客户、供应商以及存货分类情况及其档案信息,设置开户银行信息与结算方式等。

2. 使用会计信息系统完成日常会计核算工作,检查和调整各种核算方法及会计科目体系的科学性、完整性,以及已制定的各种方案、工作程序、各项管理制度和会计软件的完善程度。

3. 这个阶段的所有会计业务核算和管理工作仍需要手工完成,为的是检验手工核算和软件处理结果的一致性。

4. 需要定期核对手工核算结果与软件处理得到的数据,如果两者核对不一致,应当查明并分析不一致的原因,同时定期写出试运行情况的书面报告。

四、试运行成功,财政部门备案

准备好计算机替代手工记账备案应提交的资料,报送同级财政部门备案,实施计算机替代手工账。目前,随着企事业单位会计信息应用的日益普及,由财政部门对单位计算机替代手工记账进行审批已不适应会计信息化发展的需要,同时,也为适应转变政府职能、减少行政审批事项的要求,各级财政部门对企事业单位计算机替代手工记账实行备案制,财政部门不再进行审批。

向财政部门备案时,一般应准备好如下资料:

1. 计算机替代手工记账备案表。备案表中一般应注明单位名称、会计机构负责人、单位组织形式、单位详细地址、会计机构总人数、会计电算化操作人员数;会计软件名称、会计软件版本号、会计软件开发单位、会计软件评审部门;硬件配置;开始使用会计软件时间、计算机替代手工记账时间、计算机替代手工记账范围等。

2. 结合木单位具体情况制定会计信息化管理制度。主要包括:会计信息化岗位责任制度、会计信息化操作管理制度、计算机硬件软件系统维护和数据管理制度、会计信息化档案管理制度等。

3. 各类证书的复印件。如单位税务登记证(组织机构代码证)复印件、会计基础工作规范化证书复印件,会计人员的会计从业资格证书和会计电算化考试合格证书的复印件。

4. 单位各级会计科目表。包括科目代码、科目名称、科目类型、借贷方向。

5. 备案数据同期套打输出的会计可见性文档抽样资料。主要包括:连续 3 个月的现金日记账和银行存款日记账、明细账、总账;连续 3 个月的财务报表;连续 3 个月的记账凭证抽样等。

单位在完成系统试运行并向主管财政部门备案后,就可以终止手工记账,正式实施会计信息化工作了。

★★★★★ 小结 ★★★★★

本模块主要介绍了会计信息化的产生及发展,详细分析了会计信息系统的构建、会计软件主要功能模块以及会计信息系统的试运行与转换。

思考题

1. 什么是会计信息化? 实现会计信息化有何意义?
2. 实现会计信息化对手工会计核算带来什么影响?
3. 什么是会计信息系统? 它的构成要素有哪些?
4. 会计信息系统的功能结构包括哪些内容?
5. 会计信息系统的构成要素有哪些?
6. 会计信息系统试运行的最佳时间是什么时候?

项目二
系统管理

知识目标

1. 了解系统管理的主要功能。
2. 掌握系统管理的使用者、操作的基本流程。
3. 掌握账套备份、用户及权限设置。

能力目标

1. 能够结合企业实际，建立账套。
2. 能够设置用户及进行权限分配。
3. 能够进行账套引入、修改、备份。

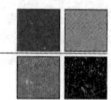

任务一 认知系统管理

一、系统管理的主要功能

现阶段我国商品化会计软件以财务业务软件一体化的网络软件为主。它由若干个能实现独立功能的子系统组成,每个子系统是为同一个主题的不同层面服务的,并且系统与系统之间相互联系、数据共享,共同实现网络财务软件的财务业务一体化。因此,系统需创建一个将各个系统进行统一操作管理和数据维护的公用平台——系统管理。系统管理主要功能如下:

(一) 账套管理

在账套管理中,对账套进行统一管理,包括进行账套的建立、修改、引入、输出等。

(二) 年度账管理

在会计信息系统中,用户可以建立多个账套,且每个账套还可以存放不同年度的会计数据。一个账套包含企业所有的数据,把企业数据按年度划分,称为年度账。以账套主管身份注册登录系统管理,可以进行年度账的引入、输出和结转上年数据、清空年度数据等操作。

(三) 系统用户及操作权限管理

为了保证系统及数据的安全与保密,系统管理提供了用户及功能权限的集中管理功能。通过对系统操作分工和权限的管理,不仅可以避免与业务无关的人员进入系统,还可以对系统所包含的各个子产品的操作进行协调,以保证各司其职。

(四) 安全维护管理

对企业来说,系统运行安全、数据存储安全是必须的,为此,会计信息系统设立了强有力的安全保障机制。在系统管理中,可以监控并记录整个系统的运行过程,设置数据自动备份,清除系统运行过程中的异常任务等。

二、系统管理的基本操作流程

初次使用用友 ERP - U8V10.1 版本软件,第一次登录系统管理模块的操作流程如图 2 - 1 所示。

三、系统管理的使用者

鉴于系统管理模块在整个会计信息系统的地位,因此对系统管理模块的使用必须予以严格控制。系统只允许两种身份注册进入系统管理,即系统管理员(admin)和账套主管。

(一) 系统管理员

系统管理员负责整个应用系统的总体控制与维护,管理该系统中的所有账套。以系统管理员身份注册进入系统管理,可以进行账套的建立、引入和输出,设置用户、角色和权限,设置备份计划,监控系统运行过程,清除异常任务等。

系统管理员是系统权限最高的操作员,通用会计信息系统中一般预置默认的系统管理员及口令,企业在正常安装之后,应及时更改系统管理员的密码,以保障系统的安全性。(一般用友软件系统默认系统管理员用户名为admin,初始密码默认为空)

（二）账套主管

账套主管是系统管理员在建立账套过程中指定的管理该账套的主管。以账套主管身份注册进入系统管理,可以进行所选账套的维护工作。主要包括对所管理的账套进行修改,对年度账的管理（包括创建、清空、引入、输出），对各子系统年末结转以及该账套操作员权限的设置。

对所管辖的账套来说,账套主管是级别最高的,拥有所有模块的操作权限。

系统管理员和账套主管登录系统管理的界面是有区别的：系统管理员登录界面主要包括服务器、操作员、密码、账套;而账套主管登录界面包括服务器、操作员、密码、账套、操作日期。在企业应用平台,账套主管有权限进行账套业务操作,而系统管理员无权进行操作。

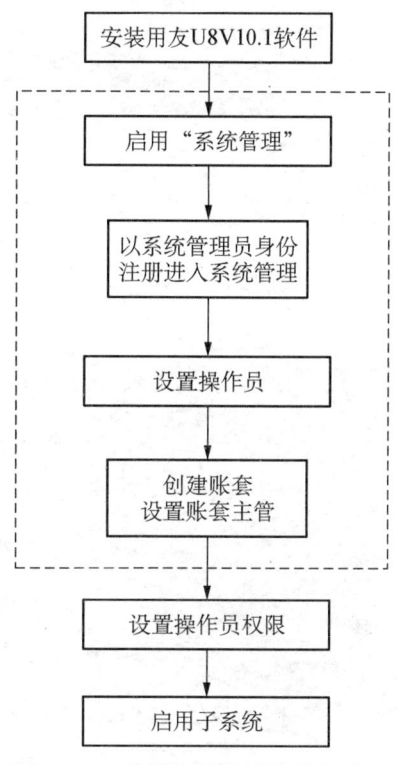

图 2-1 系统管理模块的操作流程

任务二 设置操作员并创建账套

一、任务描述

平原电子有限公司已成功完成会计信息系统的试运行,从 2014 年 1 月 1 日起采用用友ERP-U8V10.1 软件实现计算机替代手工记账,根据企业核算与管理的需要,以系统管理员admin 的身份进行以下操作。

（一）登录系统管理

（二）增加平原电子有限公司软件操作员（见表 2-1）

表 2-1 操作员一览表

编号	姓名	口令	工作职责
001	刘芳	1	账套主管
002	陈明	2	会计

编号	姓名	口令	工作职责
003	王静	3	出纳
004	李红	4	业务主管

（三）建立平原电子有限公司的新账套（账套信息见表 2 - 2）

表 2 - 2　基本信息

账套信息	账套号	888
	账套名称	平原电子有限公司
	启用会计期间	2014 年 1 月 1 日
	账套存储路径	系统默认路径
单位信息	单位名称	平原电子有限公司
	单位简称	平原公司
	税号	320200210536888999
核算类型	本币代码	RMB
	企业类型	工业
	行业性质	2007 年新会计制度科目
	账套主管	刘芳
	按行业性质预置会计科目	按行业性质预置会计科目
基础信息	存货是否分类	是
	客户是否分类	是
	供应商是否分类	是
	是否有外币核算	有
编码方案	科目编码	4 - 2 - 2 - 2
	部门编码	2 - 2
	收发类别	1 - 2 - 1
	其他编码	采用系统默认值
数据精度	各类数据精度	采用系统默认值
系统启用	需要立即启用的模块	总账、应收款管理、应付款管理、固定资产管理、薪资管理启用时间为 2014 年 1 月 1 日

　　企业实现计算机替代手工记账，第一次正式使用会计核算软件，首先需要注册登录系统管理窗口，增加操作员，其次需要根据企业的具体情况进行账套参数设置，软件将按照这些基础参数自动建立一套"账"，在将来进行系统的数据输入、处理、输出时，数据的内容和形式就会由账套基础参数决定。只有系统管理员才有权创建新账套。

二、知识链接

（一）用户管理

　　用户是指有权限登录系统，对应用的系统进行操作的人员，即通常意义上的"操作员"。每次注册登录系统，都要进行用户身份的合法性检查。只有设置了具体的用户之后，才能进行相关的操作。

　　只有系统管理员才有权设置用户。用户管理主要完成用户的增加、删除、修改等维护工作。

　　增加用户时，编号、姓名为必须输入的信息，编号不能与系统内已存在的用户编号重复。若选择用户所属的角色，则用户自动拥有该角色的所有权限。修改与删除用户的步骤和增加基本相同，用鼠标选中要修改或删除的用户，单击【修改】按钮即可进行修改，单击【删除】按钮就可以把所选用户删除。但如果该用户已被赋予了角色信息，则需要先删除用户的角色信息后，才可删除该用户。若该用户已进入系统进行过操作，则不允许删除。

（二）账套的建立

　　建立账套，就是在企业财务软件中为本企业或本核算单位建立一套符合核算要求的账簿文件。在用友 ERP - U8V10.1 软件中，每个账套拥有一个账套号和一个账套名称，账套号可以由用户自由选择，系统也可以按顺序自动排序编号，但不允许账套号重复。一个账套中包含了企业所有的数据，当把企业数据按年度分，称为年度账。

　　系统的账套参数主要包括账套信息、单位信息、核算类型、基础信息、编码方案、数据精度等内容。

三、任务实施

（一）启动并注册系统管理

　　1. 执行【开始】|【程序】|【用友 ERP - U8V10.1】|【系统服务】|【系统管理】|命令，打开"系统管理"窗口，执行【系统】|【注册】命令，启动系统管理。如图 2-2 所示。

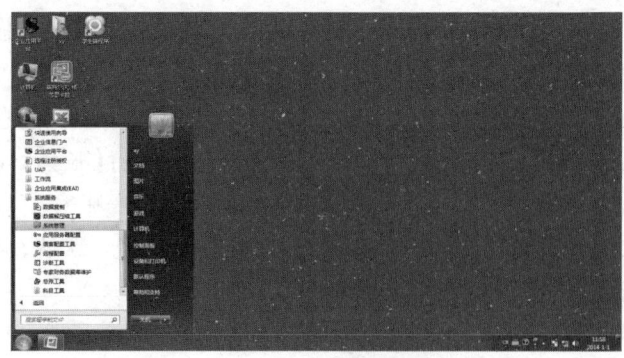

图 2-2　启动系统管理

2. 在"登录"对话框中输入系统管理员"admin",选择账套"(default)"。

3. 单击【登录】按钮,完成注册。如图 2-3 所示。

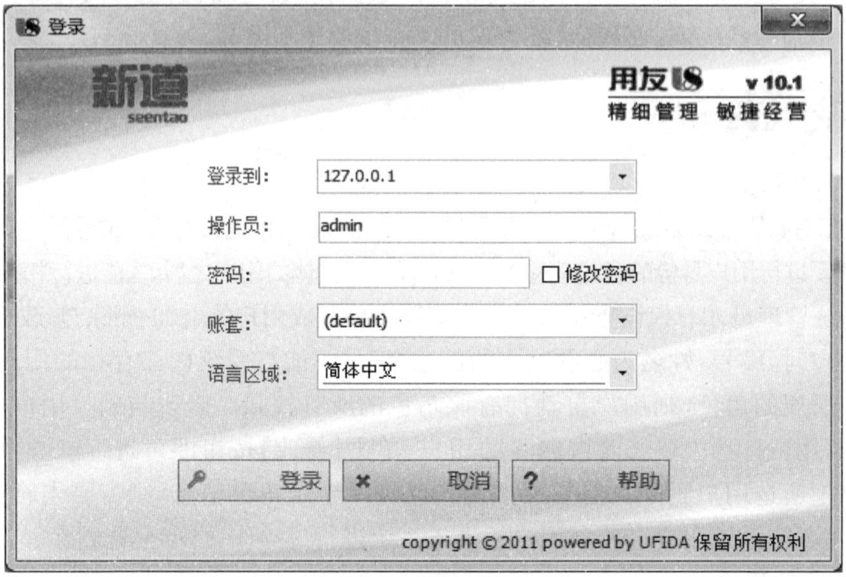

图 2-3　注册系统管理

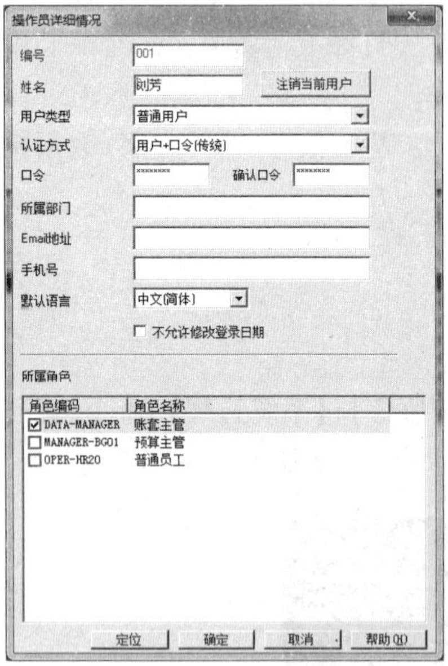

（二）增加操作员

平原电子有限公司的操作员信息见表 2-1。

1. 执行【权限】|【用户】命令,进入"用户管理"窗口,窗口中显示系统预设的几位操作员：demo、SYSTEM、UFSOFT。

2. 单击工具栏中的【增加】按钮,打开"增加用户"对话框。

3. 输入编号"001",姓名"刘芳",口令"1",确认口令"1";勾选所属角色"账套主管"前的复选框。

4. 单击【确定】按钮,即可保存用户设置。如图 2-4 所示。

5. 同理完成对其他操作员的设置。

图 2-4　增加操作员

（三）建立账套

平原电子有限公司的新账套信息见表 2-2。

1. 在系统管理中,执行【账套】|【建立】命令。

2. 打开"创建账套——账套信息"对话框,输入账套信息。账套号"888";账套名称"平原电子有限公司";账套路径：默认;启用会计期：2014 年 1 月。如图 2-5 所示。

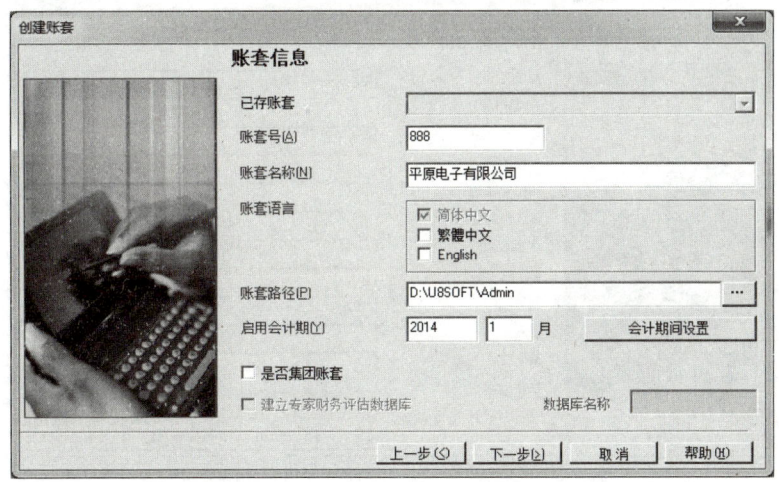

图 2-5 创建账套——账套信息

提 示

- 已存账套：系统将已存的账套在列表框中以下拉的形式显示，用户只可查看且输入或修改。其作用是在建立新账套时可以查看已经存在的账套，避免重复建立。
- 账套号：用来输入新建账套的编号，账套号为 3 位数字。系统提供默认的账套号，用户可以修改，账套号的取值范围为 001～999，用户输入的账套号不能与系统内已存的账套号重复。
- 账套名称：用来输入新建账套的名称，用户必须输入。
- 账套路径：用来输入新建账套将要被保存的路径，系统默认的路径为"D：\U8SOFT\Admin"，用户可更改，也可参照输入。
- 启用会计期：用来输入新建账套将被启用的时间，用户必须输入。系统默认为计算机的系统日期，也可用鼠标单击【会计期间设置】按钮，设置账套启用的年度和月度。

　　3. 单击【下一步】按钮，输入单位信息。单位名称：平原电子有限公司；单位简称：平原公司；税号：320200210536888999。如图 2-6 所示。

　　4. 单击【下一步】按钮，输入核算信息。本币代码：RMB；企业类型：工业；行业性质：2007 年新会计制度科目；账套主管：[001]刘芳；选中"按行业性质预置科目"。如图 2-7 所示。

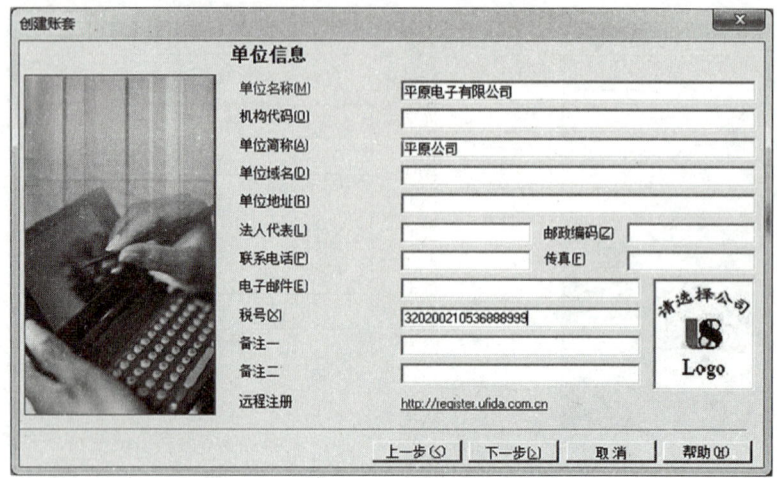

图 2-6　创建账套——单位信息

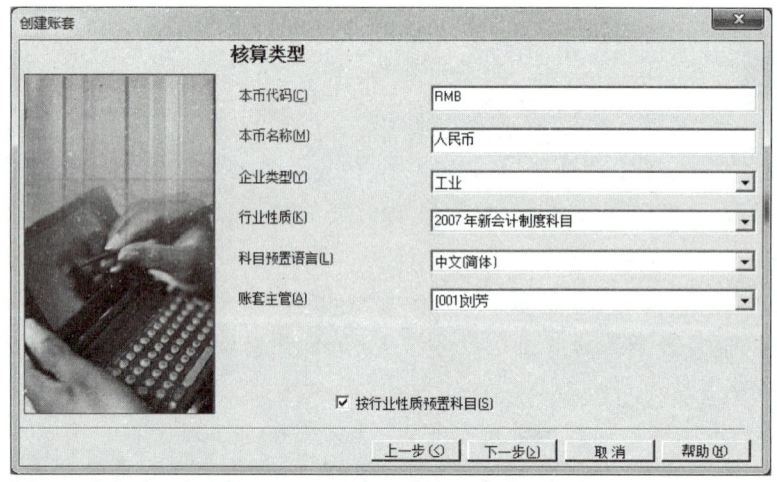

图 2-7　创建账套——核算类型

> **提　示**
>
> ● 行业性质：必须从下拉框中选择本单位所属的行业性质，这为下一步"是否按行业性质预置科目"确定了科目范围，且系统会根据企业所选行业预置一些行业的特定方法和报表。
> ● 是否按行业性质预置科目：如果用户希望在总账管理系统预置所属行业的标准科目，则选中该项；如果不选，则由用户自己增加所有级次的会计科目。

5. 单击【下一步】按钮，确定基础信息。分别单击选中"存货是否分类"、"客户是否分类"、"供应商是否分类"、"有无外币核算"前的复选框。如图2-8所示。

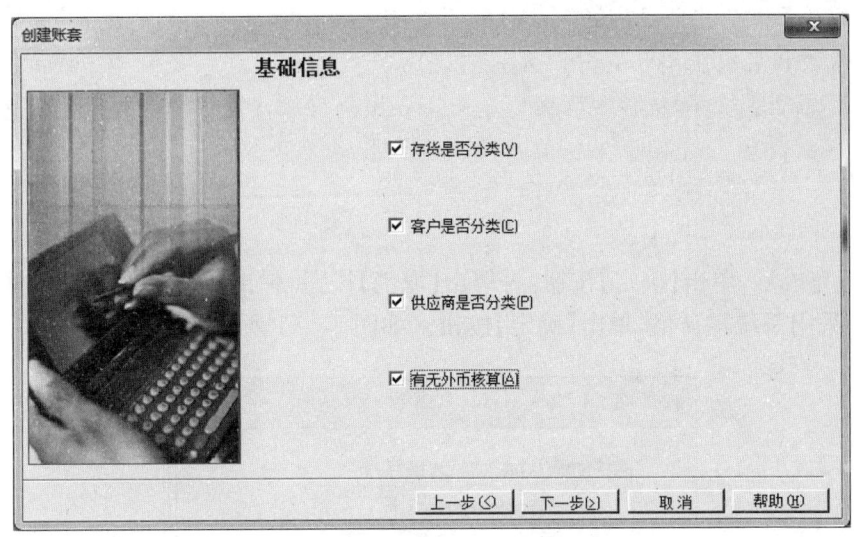

图2-8　创建账套——基础信息

6. 单击【下一步】按钮，系统弹出提示"可以创建账套了么？"，单击【是】按钮。如图2-9所示。

7. 系统自动打开"编码方案"对话框，确定分类编码方案。科目编码"4-2-2-2"，部门编码"2-2"，收发类别"1-2-1"，其他采用系统默认设置。如图2-10所示。

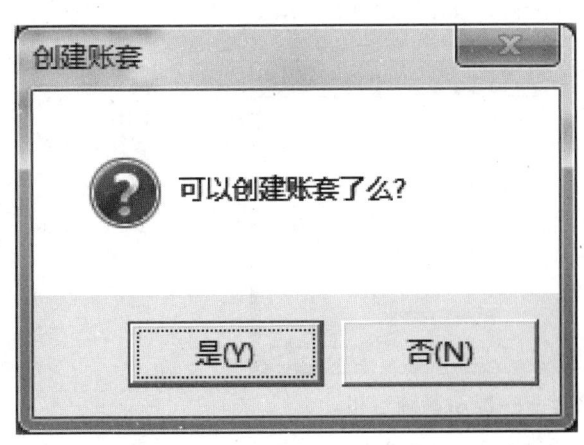

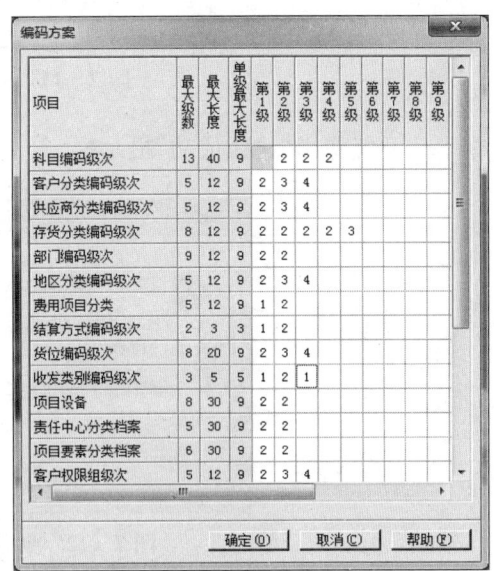

项目	最大级数	最大长度	单级最大长度	第1级	第2级	第3级	第4级	第5级	第6级	第7级	第8级	第9级
科目编码级次	13	40	9		2	2	2					
客户分类编码级次	5	12	9	2	3	4						
供应商分类编码级次	5	12	9	2	3	4						
存货分类编码级次	8	12	9	2	2	2	2	3				
部门编码级次	9	12	9	2	2							
地区分类编码级次	5	12	9	2	3	4						
费用项目分类	5	12	9	1	2							
结算方式编码级次	2	3	3	1	2							
货位编码级次	8	20	9	2	2							
收发类别编码级次	3	5	5	1	2	1						
项目设备	8	30	9	2								
责任中心分类档案	5	30	9	2	2							
项目要素分类档案	6	30	9	2	2							
客户权限组级次	5	12	9	2	3	4						

图2-9　创建账套——提示创建　　　　　图2-10　创建账套——编码方案

提　示

● 科目编码级次：在此设定企业会计科目的编码级次和各级编码长度。
● 编码级次和各级编码长度的设置将决定用户单位如何编制基础数据的编号，进而构成用户分级核算、统计和管理的基础。各项编码级次的设置应遵从系统定义。

8. 设置完成后，单击【确定】按钮，再单击【取消】按钮，弹出"数据精度"对话框，进行数据精度定义。采用系统默认值，单击【确定】按钮。如图 2-11 所示。

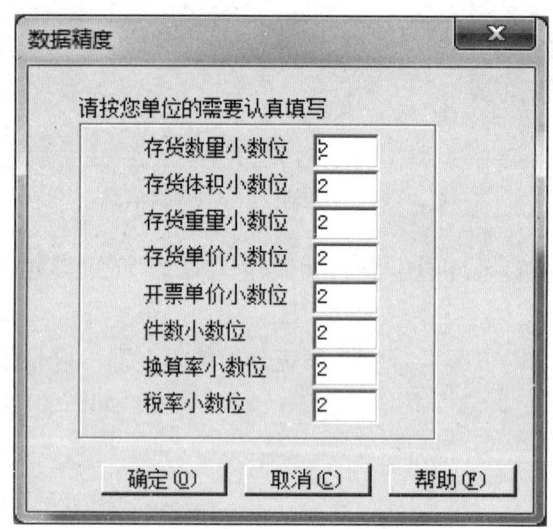

图 2-11　创建账套——数据精度

9. 系统弹出"建账成功"提示框，单击【是】按钮。如图 2-12 所示。

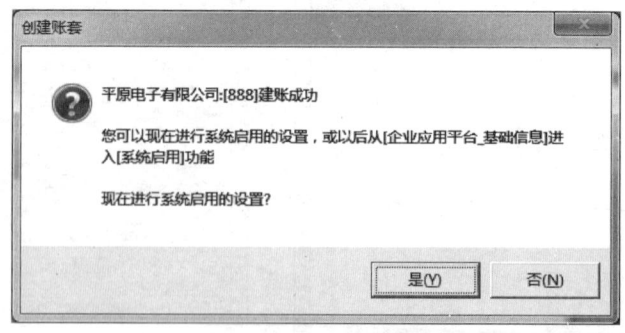

图 2-12　创建账套——提示系统启用

10. 弹出"系统启用"对话框，进行系统启用。选中"总账"前的复选框，弹出"日历"对话框，修改时间为"2014-01-01"，单击【确定】按钮，系统提示"确实要启用当前系统吗"，单击

【是】按钮。同理,继续完成其他系统的启用设置,设置完毕后,单击【退出】按钮退出。如图2－13所示。

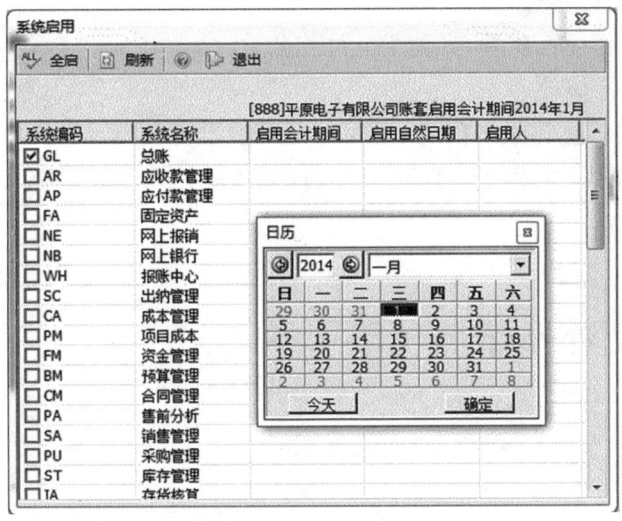

图2-13　系统启用

11. 系统提示"请进入企业应用平台进行业务操作!",单击【确定】按钮。

四、拓展提高

当系统管理员建完账套和账套主管建完年度账套后,在未使用相关信息的基础上,可以修改建账参数,只有账套主管可以修改其具有权限的年度账套中的信息,系统管理员无权修改。具体操作如下:

1. 以账套主管的身份注册,选择相应的账套,进入系统管理界面。

2. 执行【账套】|【修改】命令,如图2-14所示,则进入修改账套的功能。

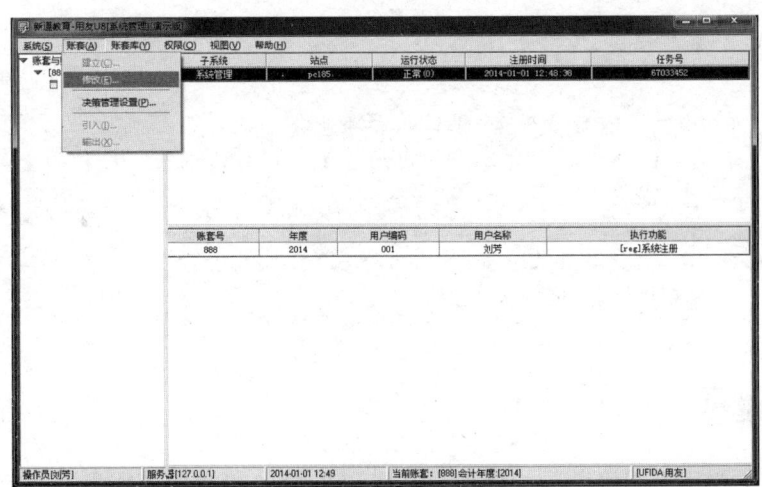

图2-14　修改账套

3. 根据需要,修改账套信息,可以修改的信息主要有以下几项:

- 账套信息:账套名称。
- 单位信息:所有信息。
- 核算类型:除行业性质外,其他不允许修改。
- 基础信息:允许修改。
- 对于账套分类信息和数据精度信息:可以修改全部信息。

4. 系统提示"修改账套成功",单击【确定】按钮,弹出系统提示"修改账套成功"。

任务三　设置操作员权限

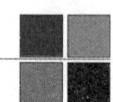

一、任务描述

平原电子有限公司从 2014 年 1 月 1 日起开始使用用友 ERP－U8V10.1 软件,实现计算机替代手工记账。根据企业核算与管理的需要,登录系统管理,设置平原电子有限公司用户的功能权限,见表 2－3。

表 2－3　平原电子有限公司用户功能权限一览表

编号	姓名	功能权限
001	刘芳	账套主管——负责总账管理系统的凭证审核、记账、账簿查询、月末结账工作,负责报表管理及财务分析工作; 具有系统所有子系统的全部权限
002	陈明	会计——负责总账管理系统的凭证管理、应付款管理、应收款管理以及薪资、固定资产的管理工作; 具有"公用目录设置"、"总账"、"应付款管理"、"应收款管理"、"固定资产"、"薪资管理"的全部权限
003	王静	出纳——负责现金、银行账管理业务; 具有"总账——凭证——出纳签字"的权限,以及"出纳"的全部操作权限
004	李红	业务主管——负责购销存业务; 具有"公用目录设置"、"公共单据"、"采购管理"、"销售管理"、"库存管理"、"存货核算"的全部权限

二、知识链接

权限管理,主要用于明确不同的操作员在应用系统中的操作范围和操作限制,一般由系统管理员进行操作。权限管理包括功能级权限管理、数据级权限管理和金额级权限管理三个层次。本任务主要是对功能级权限进行设置与管理。

为了保证权责清晰和企业经营数据的安全与保密,企业需要对系统中的所有操作员进行岗位分工,设置各自相应的操作权限。系统管理员和账套主管都可以为操作员设置权限。

用友 ERP－U8V10.1 软件中操作员的权限设置可以通过角色管理和权限管理来完成。

(一)角色管理

角色是指在企业管理中拥有某一类职能的组织,这个角色组织可以是实际的部门,也可以是由拥有同一类职能的人构成的虚拟组织。例如:实际工作中最常见的会计和出纳两角色(他们可以是一个部门的人员,也可以不是一个部门的人员,但工作职能是一样的)。在设置角色后,可以定义角色的权限,如果用户归属此角色则具有该角色相应的权限。此功能的优势是方便控制操作员权限,可以依据职能统一进行权限的划分。

用户和角色设置不分先后顺序,用户可以根据自己的需要先后设置。但对于自动传递权限来说,应该先设定角色,再分配权限,最后进行用户设置。这样在设置用户时,如果选择其归属哪一个角色,则其自动具有该角色的权限。

一个角色可以拥有多个用户,一个用户也可以分属于多个不同的角色。

(二)权限管理

随着当代社会经济的快速发展,用户对管理要求不断地提高,越来越多的信息都表明权限管理必须向更加细致的方向发展。为此,用友 ERP－U8V10.1 设置了三个层次的权限管理。

1. 功能级权限管理

功能级权限将提供更为细致的功能级权限功能。包括各功能模块相关业务的查看和分配权限,以及系统提供子系统的功能权限的分配。不同的企业可以根据单位的实际需要灵活设置操作员的功能权限,实现内部管理与控制。此项分配在系统管理中的权限分配设置。

2. 数据级权限管理

数据级权限可以通过两个方面进行权限控制,一个是字段级权限控制,主要是对单据中包含的字段进行权限控制;另一个是记录级权限控制,主要是对具体业务对象进行权限分配。此项分配在"企业门户"、"基础信息"、"数据权限"中进行,且必须是在功能级权限分配之后。

3. 金额级权限管理

金额级权限主要用于完善内部金额控制,实现对具体金额数量划分级别。对不同岗位和职位的操作员进行金额级别控制,限制他们制单时可以使用的金额数量,不涉及内部系统控制的不在管理范围内。此项分配在"企业门户"、"基础信息"、"数据权限"中进行,且必须是在功能级权限分配之后。

三、任务实施

设置操作员权限的操作步骤如下:

1. 以系统管理员的身份注册进入系统管理,执行【权限】|【权限】命令,打开"操作员权限"对话框。

2. 选择核算账套"[888]平原电子有限公司",在左侧的操作员列表中选择操作员"王静",单击【修改】按钮,单击选择"总账——凭证——出纳签字"、"出纳",单击【保存】按钮。如图 2-15 所示。

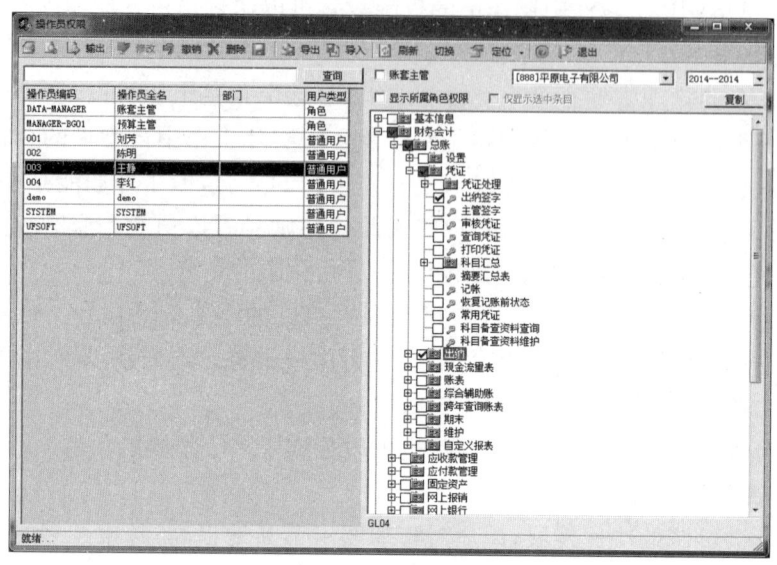

图 2-15　分配权限

3. 同理,设置操作员陈明、李红。

提　示

● 以系统管理员(admin)的身份注册不仅能设置账套主管,还可以设置其他操作员权限;以账套主管的身份注册,只能分配所管辖账套子系统的操作员权限。
● 一个账套可以有多个账套主管。
● 若在角色管理或用户管理中已将某"用户"确定为"账套主管"角色,则该操作员即已被定义为系统内所有账套的账套主管。
● 已经使用的用户权限以及正在使用的用户权限均不能进行修改、删除。

四、拓展提高

在任务二中,建立账套时已指定了刘芳为 888 账套的账套主管。若企业需要制定他人(如:陈明)为账套主管,该如何实现呢? 具体步骤如下:

第一步:以系统管理员的身份注册进入系统管理,执行【权限】|【权限】命令,打开"操作员权限"对话框。

第二步：选择核算账套"[888]平原电子有限公司"，在左侧的操作员列表中选择目标操作员"陈明"，勾选"账套主管"前的复选框，系统提示"设置用户 002 账套主管权限吗?"，单击【是】按钮。

任务四　账套备份与引入

一、任务描述

（一）备份账套

2014 年 1 月 1 日，平原电子有限公司输出账套到 D 盘下的"888"文件夹下。

（二）引入账套

2014 年 1 月 1 日，平原电子有限公司将 D 盘下的"888"文件夹中的账套引入到系统默认的盘符下。

二、知识链接

账套备份实际上是一个数据输出的过程，它是将所选的账套数据输出到系统外（如光盘、网络磁盘、移动硬盘等）进行保存的过程。如果因为外界的原因（如地震、火灾、电脑病毒或人为的错误操作等）使软件失效，备份资料可以将企业的损失降到最小。对于异地管理的公司，此种方法还可以解决审计和数据汇总的问题。

账套引入与账套输出正好是相反的操作过程，企业可以在硬盘数据遭到破坏或丢失时，将系统外存储的最近期间的账套数据引入到本系统中，以保持账套数据的连续性。同时该功能还有利于集团公司的操作，子公司的账套数据可以定期被引入到母公司系统中，以便进行有关账套的分析和合并等工作。

三、任务实施

（一）备份账套

将账套输出到 D 盘下的"888"文件夹下。

1. 以系统管理员 admin 的身份注册进入系统管理，执行【账套】|【输出】命令。

2. 打开"账套输出"对话框，单击"账套号"栏下三角按钮，选择需要输出的账套，单击【确认】按钮。

3. 打开"请选择账套备份路径"对话框，单击 D 盘，单击【新建文件夹】按钮，输入新建的文件夹名称"888"，单击【确定】按钮。

4. 再次单击新建的文件夹"888"，单击【确定】按钮，系统提示"输出成功"，单击【确定】按钮。如图 2-16 所示。

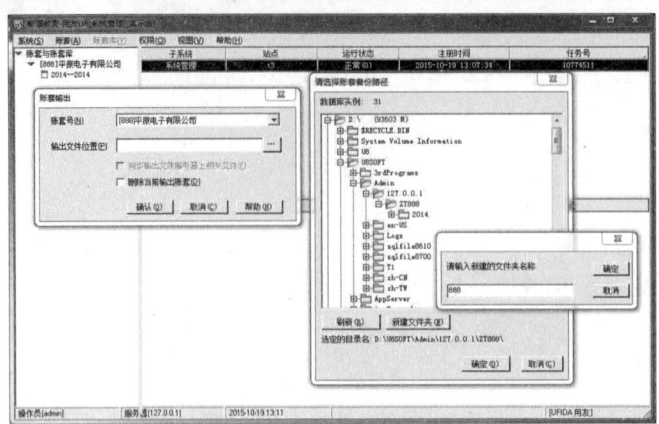

图 2-16 账套输出

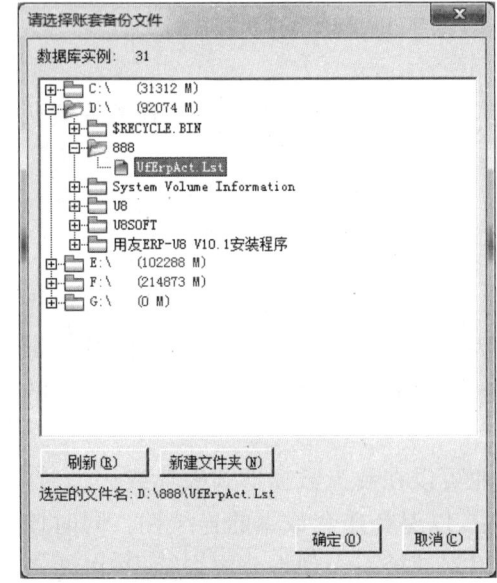

图 2-17 引入账套

（二）引入账套

2014 年 1 月 1 日,平原电子有限公司将 D 盘下的"888"文件夹中的账套引入到系统默认的盘符下。

1. 以系统管理员的身份注册进入系统管理,执行【账套】|【引入】命令。

2. 打开"请选择账套备份文件"对话框,选择将要引入的账套数据,单击【确定】按钮。如图 2-17 所示。系统会自动将账套数据引入到系统中。

3. 系统弹出"请选择账套引入的目录"对话框,单击【确定】按钮。系统提示"引入成功"。

提 示

- 只有系统管理员(admin)才有权限进行账套输出、引入。
- 一个目录下只能存放一个账套数据。如果备份账套时所选择文件夹中已有账套备份,则新备份账套数据将覆盖原有账套备份的数据。
- 引入账套时,若系统中存在的账套号与引入的账套号相同,则系统提示"是否覆盖系统中的账套?"。若担心引入不成功,可考虑先将原账套备份并删除,然后再引入。
- 在备份账套或引入账套数据时,需要等待一段时间。根据机器运行的快慢和数据量的大小,备份需要的时间不确定,因此需要耐心等待。
- 若要删除账套,在"账套输出"对话框中,选择"删除当前账套"选项。注意正在使用的账套不能删除。

四、拓展提高

(一) 清除系统运行异常

在系统运行期间,如果遇到死机、病毒侵入、网络阻断等意外事件,系统有可能运行异常。针对系统异常,系统管理提供两种清除系统运行异常的办法,即手动清除和自动清除。用户在使用过程中,可在服务管理器中设置服务端异常和服务端失效的时间,提高使用中的安全性和高效性。若用户服务端超过异常限制时间未工作或由于不可预见的原因非法退出某系统,则视为异常任务,在系统管理中会显示"运行状态异常",系统会在到达服务端失效时间时,自动清除异常任务。在等待时间内,用户也可以以系统管理员身份注册进入系统管理,执行【视图】|【清除异常任务】,手动清除系统运行异常。

(二) 清除单据锁定

在使用过程中由于不可预见的原因可能会造成单据锁定,此时的单据将不能进行正常操作,则需要使用"清除单据锁定"功能,恢复其正常功能。具体操作方法是:以系统管理员身份注册进入系统管理,点击【视图】下级菜单中【清除单据锁定】即可。

★★★★★ 小结 ★★★★★

本模块主要介绍了系统管理模块的主要功能,通过对操作员增加、账套创建、设置操作员权限以及账套备份、引入的操作,使操作员对账套管理和用户管理的主要内容有了深刻认识。通过上机的操作、比较,理解系统管理员和账套主管在权限和账套上的差异。

思考题

1. 系统管理主要包括哪些功能?
2. 启用系统当年,系统管理的操作流程是什么?
3. 系统管理员和账套主管在权限上有什么区别?
4. 简述创建一个新账套的过程。
5. 账套引入和备份的意义是什么?
6. 在系统运行过程中出现异常,该如何操作?

项目三
基础信息设置

知识目标

1. 了解用友 ERP－U8V10.1 企业应用平台的基本功能。

2. 理解基础档案设置在整个会计信息系统中的作用。

3. 掌握机构基础信息、财务基础信息、往来单位基础信息的设置内容和设置方法。

能力目标

能够结合企业实际,设置各类基础档案。

任务一   熟悉用友 ERP – U8 V10.1 企业应用平台

一、任务描述

平原电子有限公司已成功建立了账套号为"888"的公司账套,从 2014 年 1 月 1 日起,以账套主管刘芳的身份登录企业应用平台,根据公司核算与管理的需要,进行会计信息系统的具体实施与应用。

二、知识链接

为了将用友 ERP – U8V10.1 管理软件与企业员工、用户和合作伙伴的公共平台相连接,同时更加合理、高效地使用系统资源,在用友 ERP – U8V10.1 管理软件中设立了企业应用平台。通过企业应用平台,系统使用者能够从单一入口访问其所需信息,定义相关的业务工作,并设计自己的工作流程。

企业应用平台的主要功能模块包括业务工作、基础设置和系统服务三个方面。

（一）业务工作

在企业应用平台的"业务工作"界面中,集成了登录操作员拥有操作权限的所有功能模块,因此,该界面也是操作员进入用友 ERP – U8V10.1 管理软件的唯一入口。主要包括财务会计、内部控制、企业应用集成及 U8 应用中心。

（二）基础设置

基础设置是为系统的日常运行做好基础工作,主要包括基本信息、基础档案、业务参数、单据设置。

1. 基本信息设置。在基本信息设置中对建账过程确定的编码方案和数据精度进行修改,并进行系统启用设置。

2. 基础档案设置。基础档案设置主要是对系统日常业务处理中必需的基础资料进行设置,是系统运行的基础。一个账套由若干个子系统构成,这些子系统共享基础档案信息。所以在启用新账套之前,应根据企业的实际情况,结合系统基础档案设置的要求录入相对应的基础数据。

3. 业务参数设置。系统在新建立的账套运行后发生一些账套信息与核算内容不符,可以通过此功能进行业务参数的调整与查看。

4. 单据设置。不同企业业务处理中使用的单据可能存在差别,用友 ERP – U8V10.1 管理软件预置了常用单据模板,同时允许用户对各单据类型的多个显示模板和多个打印模板进行设置,以符合本企业特点。

（三）系统服务

系统服务包括系统管理、服务器配置、工具以及权限设置等基本功能。

1. 系统管理。用友 ERP – U8V10.1 软件产品由多个产品组成,每个产品之间相互联系、数据共享。为完全实现财务一体化的管理，设置了系统管理。系统管理包括新建账套、新建年度账、账套修改和删除、账套备份，根据企业经营管理中的不同岗位职能建立不同角色，增加操作员和权限分配等功能。系统管理的使用者为系统管理员（admin）和账套主管。

2. 服务器配置。用友 ERP－U8V10.1 软件产品提供了应用服务器配置以及远程配置方案。

3. 工具。用友 ERP－U8V10.1 软件产品提供了科目转换、账务函数转换、财政报表接口、总账工具、专家财务数据维护、数据复制、集团应用等维护工具，以方便软件使用者使用。

4. 权限设置。用友 ERP－U8V10.1 管理软件中，提供了三种不同性质的权限管理：功能权限、数据权限和金额权限。

三、任务实施

启动用友 ERP－U8V10.1 企业应用平台。

1. 执行【开始】|【程序】|【用友 ERP－U8V10.1】|【企业应用平台】命令，打开"登录"对话框。

2. 在"登录"对话框中输入操作员刘芳编号"001"及她的密码，选择账套"888"，修改操作日期为 2014－01－01，单击【确定】按钮，打开企业应用平台。如图 3－1 所示。

图 3－1　登录企业应用平台

任务二　设置机构人员信息

一、任务描述

在企业应用平台中，以账套主管刘芳的身份，进行如下操作。

（一）设置部门档案信息

设置平原电子有限公司部门档案，见表 3－1。

表 3-1 部门档案信息表

部门编码	部门名称	部门编码	部门名称	部门编码	部门名称
01	管理中心	02	采购部	0401	生产一部
0101	综合管理部	03	销售部	0402	生产二部
0102	财务部	04	生产中心	05	总务部

(二) 设置人员类别信息

在"正式工"类别下,设置平原电子有限公司具体人员类别信息,见表 3-2。

表 3-2 人员类别档案信息表

人员类别档案编码	人员类别档案名称	档案编码	人员类别档案名称	人员类别档案编码	人员类别档案名称
10101	综合管理人员	10103	销售人员	10105	生产人员
10102	行政人员	10104	采购人员	10106	车间管理人员

(三) 设置人员档案信息

设置平原电子有限公司人员档案信息,见表 3-3。

表 3-3 人员档案信息表

人员编码	人员姓名	性别	行政部门	人员类别	是否业务员	雇佣状态
001	马辉	女	综合管理部	综合管理人员	是	在职
002	赵晓	男	综合管理部	行政人员	是	在职
003	刘芳	女	财务部	综合管理人员	是	在职
004	陈明	女	财务部	行政人员	是	在职
005	王静	女	财务部	行政人员	是	在职
006	李红	女	采购部	综合管理人员	是	在职
007	黄晓丽	女	采购部	采购人员	是	在职
008	李丽	女	销售部	销售人员	是	在职
009	吴天航	男	销售部	销售人员	是	在职
010	赵洋	男	生产一部	车间管理人员	是	在职
011	李刚	男	生产一部	生产人员	是	在职
012	任小菲	女	生产二部	车间管理人员	是	在职
013	秦斌	男	生产二部	生产人员	是	在职
014	邢鹏	男	总务部	综合管理人员	是	在职

二、知识链接

企业在财务核算与管理中，经常需要部门档案、人员档案资料，因此在会计信息系统实施的基础准备阶段，需要按照基础档案的分类编码方案，设置相关的信息。

设置机构人员信息主要包括本单位信息、部门档案、人员档案、人员类别、职务档案、岗位档案等。设置部门档案，主要是按照已经定义好的部门编码级次原则输入部门编号及其信息，这里的部门主要指某使用单位下的具有分别进行财务核算或业务管理要求的单元体，可以是实际中的部门机构，也可以是虚拟的核算单元。

设置人员类别，是为了对企业的人员进行分类管理。为了核算和业务管理的需要，除设置人员类别外，还需要设置职员档案（除了固定资产和成本管理子系统外，其他子系统均需使用职员档案）。如果企业不需要对职员进行核算和业务管理，则可以不设置职员档案。

三、任务实施

（一）设置部门档案信息

1. 执行【基础档案】|【机构人员】|【部门档案】命令，打开"部门档案"设置窗口。

2. 单击【增加】按钮，录入部门编码"01"、部门名称"管理中心"，输入完毕，单击【保存】按钮。如图 3-2 所示。

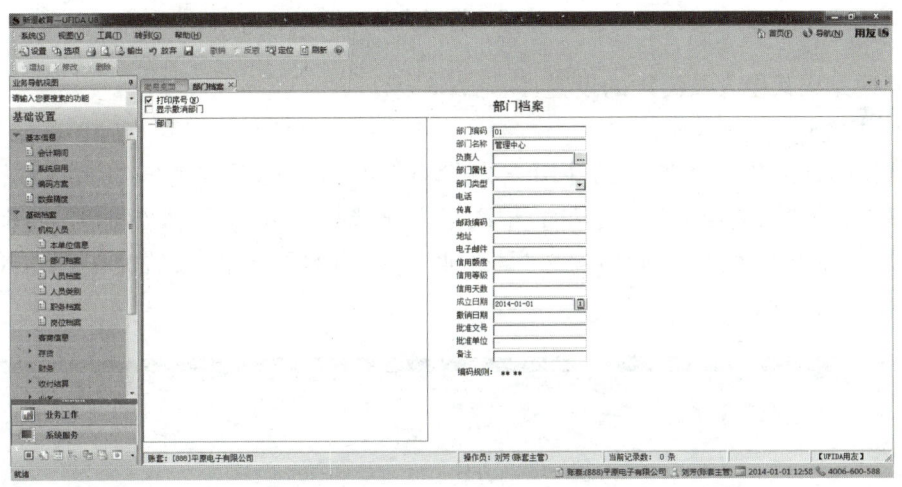

图 3-2　设置部门档案

3. 同理完成其他部门档案的设置，详见表 3-1。

提　示

● 部门档案不仅可以在企业应用平台的基础档案中设置，还可以在使用部门档案的其他系统中设置，系统中基础档案信息是共享的。

- 部门编码必须符合编码原则。
- 建立部门档案时,应先输入上级部门档案,再输入下级部门档案。
- 部门编码及部门名称必须录入,其他内容可以为空。

(二)设置人员类别信息

1. 执行【基础档案】|【机构人员】|【人员类别】命令,打开"人员类别"窗口。

2. 选择"正式工",单击【增加】按钮,打开"增加档案项"对话框,录入档案编码"10101"、档案名称"综合管理人员",单击【确定】按钮。如图 3-3 所示。

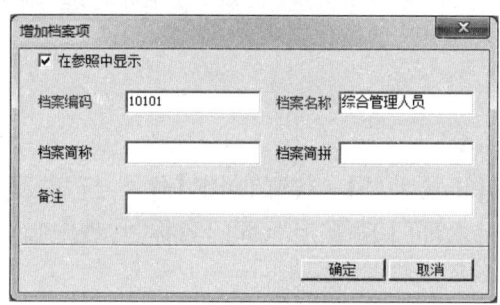

图 3-3 设置人员类别

3. 同理完成其他人员类别的设置,详见表 3-2。

(三)设置人员档案信息

1. 执行【基础档案】|【机构人员】|【人员档案】命令,打开"人员档案"窗口,单击【增加】按钮。

2. 在打开的"人员档案"录入界面,依次录入或选择人员编码、人员姓名、性别、行政部门、人员类别,雇用状态为"在职",勾选"是否业务员"前的复选框,设置完毕,单击【保存】按钮。如图 3-4 所示。

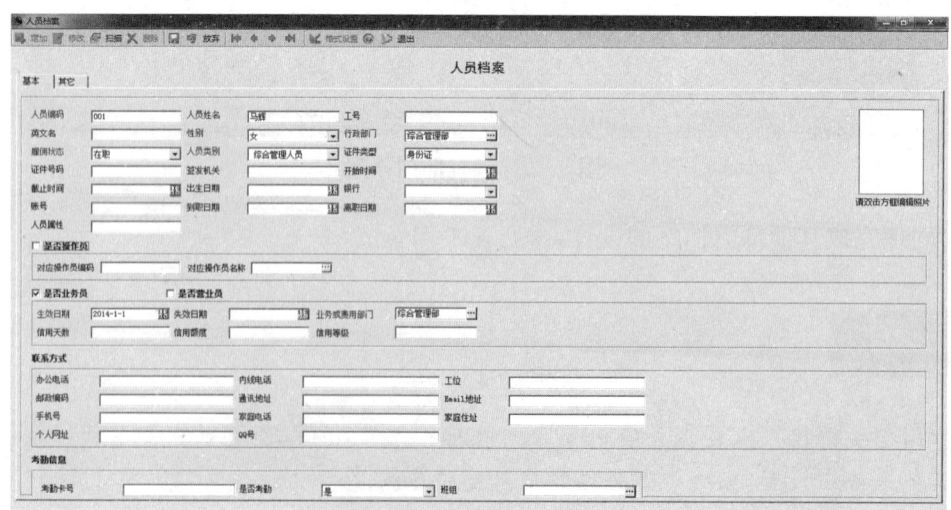

图 3-4 设置人员档案

3. 同理完成对其他人员档案的设置,详见表 3 - 3。

提　示

● 设置人员档案之前必须先设置部门档案。
● 行政部门只能选择末级部门。
● 在人员档案中,应选中"是否业务员"前的复选框。如果未选,则在总账管理系统录入辅助科目期初余额时,将不显示对应的个人档案信息。

任务三　设置客商信息

一、任务描述

在企业应用平台中,以账套主管刘芳的身份,进行客商信息设置,详见表 3 - 4、3 - 5、3 - 6、3 - 7。

表 3 - 4　客户分类

分类编码	分类名称
01	长期客户
01001	事业单位
01002	企业单位
02	短期客户
03	其他

表 3 - 5　供应商分类

分类编码	分类名称
01	硬件供应商
02	软件供应商
03	材料供应商
04	其他

表 3 - 6　平原电子有限公司客户档案

客户编码	客户名称/简称	所属分类码	地址	税号	币种	所属银行	开户行	银行账号	默认值
001	河南东方公司	01002	郑州市二七区陇海路102号	11111	RMB	中国银行	中行	4627696830590	是

续　表

客户编码	客户名称/简称	所属分类码	地址	税号	币种	所属银行	开户行	银行账号	默认值
002	北京立信中学	01001	北京市朝阳区前进路1号	22222	RMB	中国工商银行	工行	6092698467209	是
003	福州宏达公司	02	福州市平安区红旗路33号	33333	RMB	中国建设银行	建行	3571693807458	是
004	上海方正电脑公司	02	上海市浦东新区东方路8号	44444	RMB	中国农业银行	农行	8096372946203	是

表 3-7　平原电子有限公司供应商档案

供应商编码	供应商名称/简称	所属分类码	地址	税号	币种	开户行	银行账号	默认值
001	北京万科公司	01	北京市东城区平安路25号	55555	RMB	中行	6227385493397	是
002	安徽康达公司	02	合肥市高新区光明路79号	66666	RMB	中行	6110258369147	是
003	深圳兴盛公司	03	深圳市福田区红旗路4号	77777	RMB	建行	3570025253691	是
004	郑州润达公司	03	郑州市金水区人民路11号	88888	RMB	工行	4586932585855	是

二、知识链接

　　企业在日常经济业务往来中，需要用到客户和供应商的相关资料，因此，在会计信息系统实施的准备阶段，需要确定客户和供应商的分类编码方案，并根据分类编码方案设置客商信息。一般情况下，企业需要整理的客商关系具体如表3-8所示。

表 3-8　客商关系

基础档案分类	基础档案目录	档案用途	前提条件
往来单位	客户分类	便于进行业务数据的统计、分析	先对客户分类，然后确定编码方案
	客户档案	便于进行客户管理和业务数据的录入、统计、分析	先建立客户分类档案

续　表

基础档案 分类	基础档 案目录	档案用途	前提条件
往来单位	供应商分类	便于进行业务数据的统计、分析	先对供应商分类,然后 确定编码方案
	供应商档案	便于进行供应商管理和业务数据的 录入、统计、分析	先建立供应商分类档案
	地区分类	针对客户/供应商所属地区进行分 类,便于进行业务数据的统计、分析	

三、任务实施

(一)设置客户分类

1. 执行【基础档案】|【客商信息】|【客户分类】命令,打开"客户分类"窗口。

2. 在"客户分类"窗口中,单击【增加】按钮,在打开的窗口中输入"分类编码、分类名称"等信息,输入完毕,单击【保存】按钮。如图3-5所示。

3. 同理录入其他数据,详见表3-4。

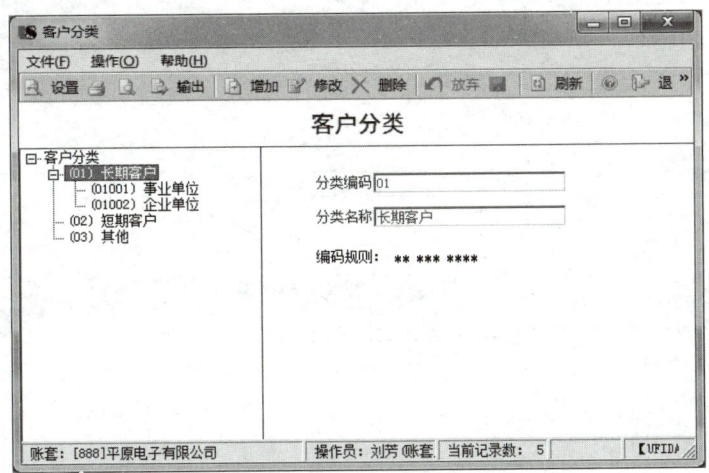

图3-5　设置客户分类

(二)设置供应商分类

1. 执行【基础档案】|【客商信息】|【供应商分类】命令,打开"供应商分类"窗口。

2. 在"供应商分类"窗口中,单击【增加】按钮,在打开的窗口中输入"分类编码、分类名称"等信息,输入完毕,单击【保存】按钮。如图3-6所示。

3. 同理录入其他数据,详见表3-5。

(三)设置客户档案信息

1. 执行【基础档案】|【客商信息】|【客户档案】命令,打开"客户档案"窗口。

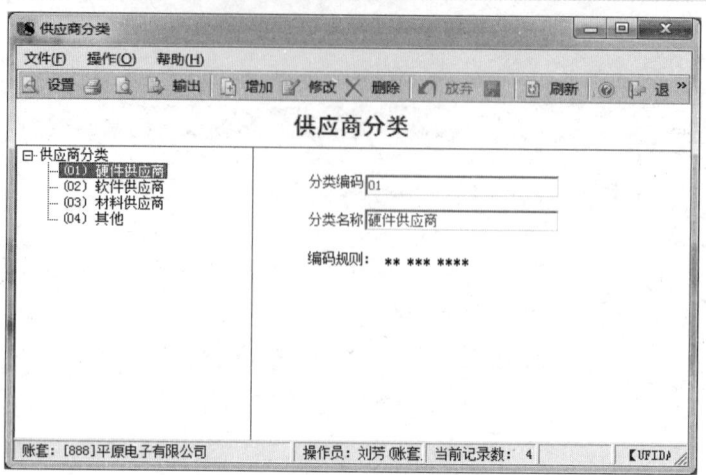

图 3-6 设置供应商分类

2. 在"客户档案"窗口中,单击【增加】按钮,在打开的窗口中输入"客户编码、客户简称、税号"等信息;再单击【银行】按钮,在打开的"客户银行档案"窗口中,单击【增加】按钮,选择客户所属的银行,输入客户的"开户银行名称、银行账号、选择默认值"等信息,录入完毕,单击【保存】按钮。单击【退出】按钮,返回到增加客户档案窗口,单击【保存】按钮。如图 3-7 所示。

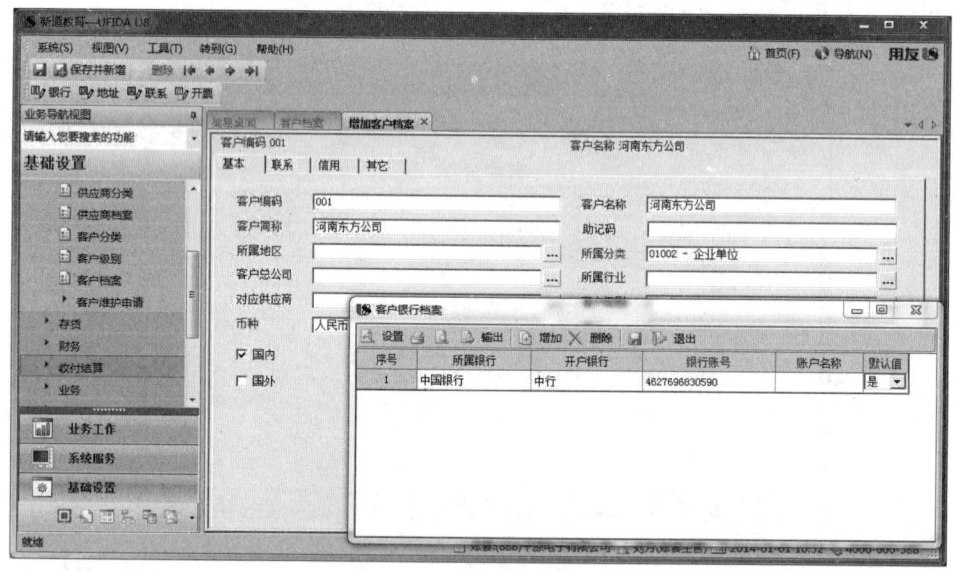

图 3-7 设置客户档案

3. 同理录入其他数据,详见表 3-6。

(四) 设置供应商档案信息

1. 执行【基础档案】|【客商信息】|【供应商档案】命令,打开"供应商档案"窗口。

2. 在"供应商档案"窗口中,单击【增加】按钮,在打开的"增加供应商档案"窗口中,输入供应商档案信息,输入完毕后,单击【保存】按钮。设置完毕后,单击【退出】按钮。如图 3-8 所示。

3. 同理录入其他数据,详见表 3-7。

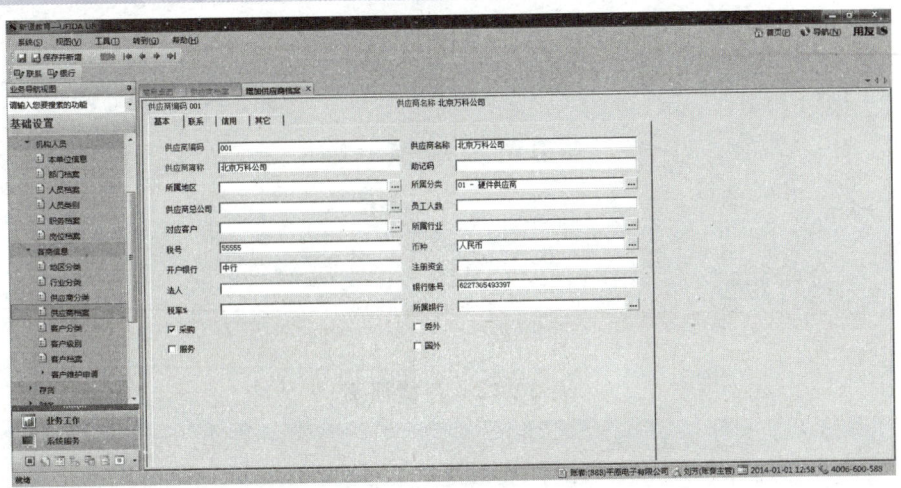

图 3-8 设置供应商档案

提　示

● 供应商编码、客户编码必须唯一。
● 如果账套中并未对供应商、客户进行分类,则所属分类为"无分类"。
● 如果在建立账套时选中了"供应商是否分类"或"客户是否分类"项,则必须先设置供应商或客户分类,否则不能录入供应商或客户档案。

任务四　设置存货信息

一、任务描述

在企业应用平台中,以账套主管刘芳的身份,进行存货信息设置,详见表 3-9、3-10、3-11、3-12。

表 3-9　存货分类

存货类别编码	存货类别名称
01	原材料
02	产成品
03	其他

表 3-10　计量单位组信息表

单位组编码	单位组名称	单位组类别
01	自然单位组	无换算率
02	个与箱	固定换算率

表 3－11　计量单位信息表

单位编码	单位名称	所属单位组	换算率	是否为主计量单位
0101	元	01	无换算率	/
0102	台	01	无换算率	/
0201	个	02	1	是
0202	箱	02	100	否

表 3－12　存货档案

存货编码	存货名称	存货分类	计量单位组	税率	计量单位	属性
01	显示器	01	01	17％	台	外购、生产耗用
02	键盘	01	02	17％	个	外购、生产耗用
03	鼠标	01	02	17％	个	外购、生产耗用
04	Ⅰ型电脑	02	01	17％	台	自制、内销、外销
05	Ⅱ型电脑	02	01	17％	台	自制、内销、外销
06	运输费	03	01	7％（进项）	元	外购、应税劳务

二、知识链接

存货是企业的一项重要的流动资产,在采购、销售等业务中,均需用到存货档案,因此,事先设置好存货基础信息显得尤为重要。在进行存货基础信息设置时,首先应设置存货分类和计量单位组,再进行存货计量单位和存货档案信息设置。

存货分类适用于企业存货较多的情况,通常按照性质、用途、产地等对其进行分类,以便于业务数据的统计与分析。设置存货分类主要包括存货分类编码、类别名称以及所属经济分类等内容。

计量单位主要用于设置对应存货的计量单位组和计量单位信息。在应收款、应付款管理模块、成本管理模块、库存管理和存货管理模块中,均会被使用到。设置计量单位,首先要设置好计量单位组,然后在计量单位组下再增加具体的计量单位信息。计量单位组有无换算、浮动换算、固定换算 3 种类别。每个计量单位组中可以设置多个计量单位,并且可以通过定义主计量单位、辅助计量单位及主辅计量单位之间的换算率,建立计量单位之间的换算关系。

"无换算"计量单位一般是指自然计量单位等;"固定换算"计量单位是指各个计量单位之间存在着不变的换算比率,这种计量单位之间的换算关系即为固定换算率,这些单位即为固定换算单位,例如,1 盒＝10 支,1 箱＝50 盒等;"浮动换算"计量单位则指计量单位之间无固定换算率,这种不固定换算率被称作浮动换算率,这些单位也被称作浮动换算单位,例如,透明胶带可以用"卷"、"米"为计量单位,1卷大约等于10米,则"卷"与"米"之间存在着浮动换算率关系。一般在"固定换算"和"浮动换算"关系的计量单位之间,都设置一个"主计量单位",其他单位以此为基础,按照一定的换算率进行折算,一般将最小的计量单位设置为主计量单位。

存货档案用于设置企业在生产经营中使用到的各类存货信息,以便对这些存货进行资料管理、实物管理和业务数据的统计与分析。

三、任务实施

(一) 设置存货分类

1. 执行【基础档案】|【存货】|【存货分类】命令,打开"存货分类"窗口。

2. 在"存货分类"窗口中,单击【增加】按钮,在打开的"存货分类"窗口中,输入存货分类信息,录入完毕后,单击【保存】按钮。设置完毕后,单击【退出】按钮。如图3-9所示。

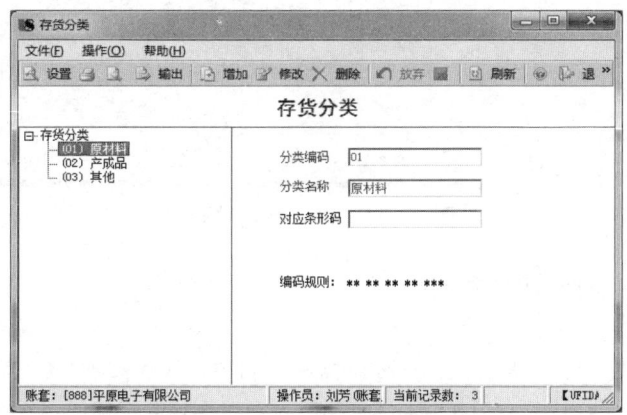

图3-9 设置存货分类

3. 同理输入其他数据,详见表3-9。

(二) 设置存货计量单位组

1. 执行【基础档案】|【存货】|【计量单位】命令,打开"计量单位——计量单位组"窗口。

2. 在"计量单位——计量单位组"窗口中,单击【分组】按钮,打开"计量单位组"设置窗口,单击【增加】按钮,输入计量单位组信息,设置完毕,单击【保存】按钮。如图3-10所示。

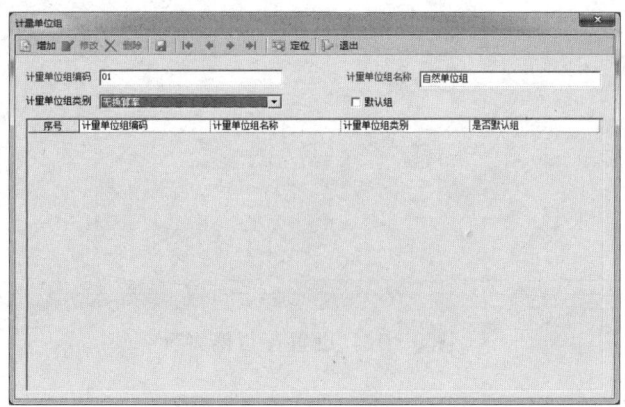

图3-10 设置计量单位组

3. 同理录入其他数据,详见表 3 – 10。

(三) 设置存货计量单位

1. 执行【基础档案】|【存货】|【计量单位】命令,打开"计量单位"窗口。

2. 在"计量单位"窗口中,单击【单位】按钮,打开"计量单位"设置窗口,单击【增加】按钮,输入计量单位信息,设置完毕,单击【保存】按钮。如图 3 – 11 所示。

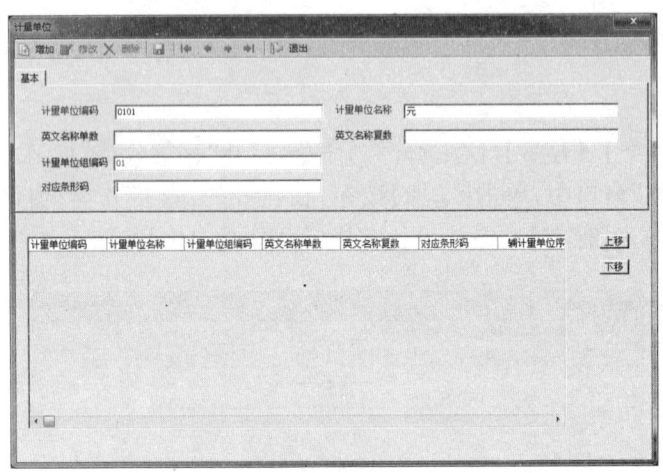

图 3 – 11　设置计量单位

3. 同理录入其他数据,详见表 3 – 11。

(四) 设置存货档案

1. 执行【基础档案】|【存货】|【存货档案】命令,打开"存货档案"窗口。

2. 在"存货档案"窗口中,单击【增加】按钮,输入计量单位信息,设置完毕,单击【保存】按钮。如图 3 – 12 所示。

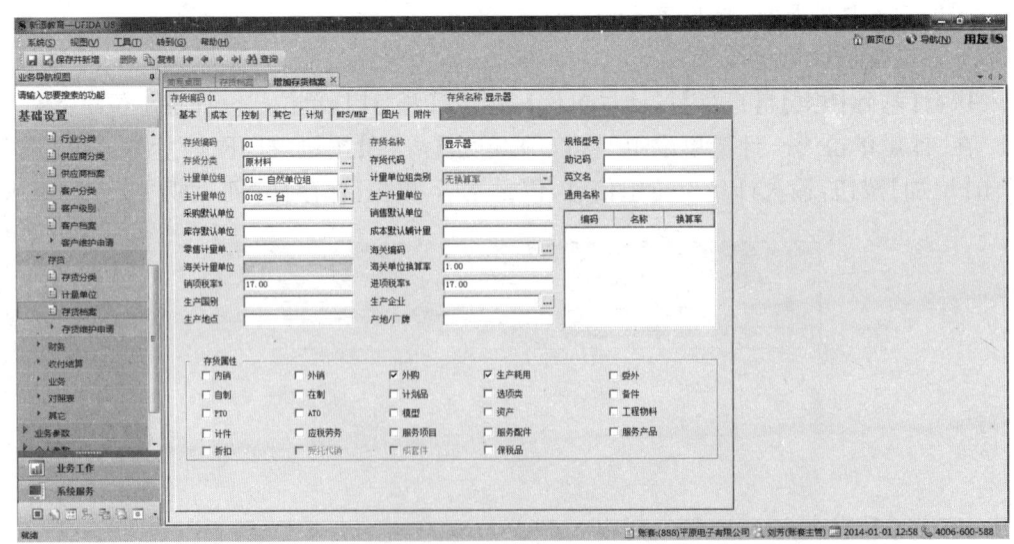

图 3 – 12　设置存货档案

3. 同理录入其他数据,详见表 3-12。设置完毕后,单击【退出】按钮,可以看到设置的存货档案显示在右边列表框中。如图 3-13 所示。

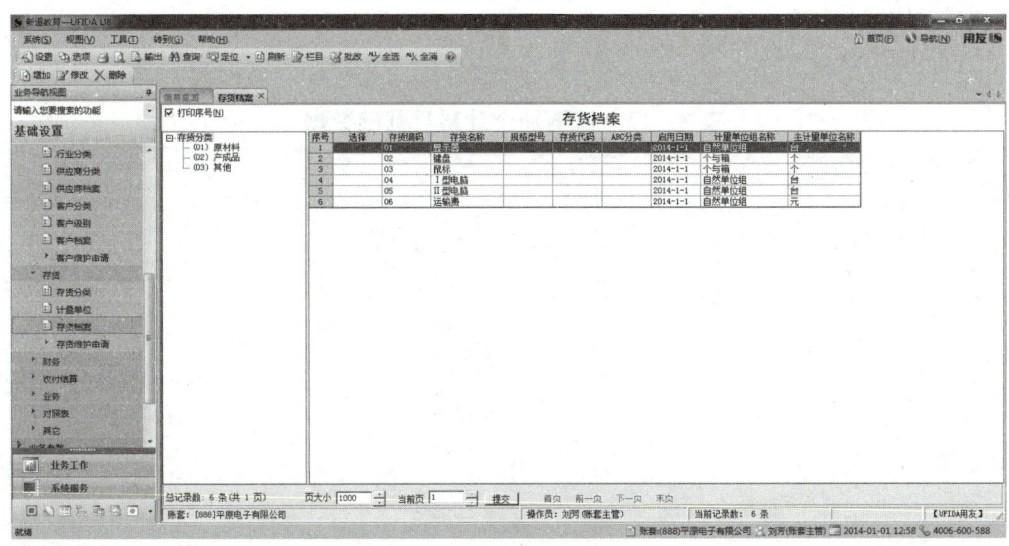

图 3-13 存货档案设置结果

提 示

- 主计量单位的换算率自动设置为 1。
- 主计量单位标志:只有对末级计量单位设置标志后才能设置主计量单位标志,对应每一个计量单位组只能设置一个主计量单位;系统自动将该组下增加的第一个计量单位设置为主计量单位。

任务五 设置财务信息

一、任务描述

在企业应用平台中,以账套主管刘芳的身份,进行财务信息设置。财务信息设置主要包括增加、修改、指定会计科目,设置凭证类别,项目目录设置等,详见表 3-13、3-14、3-15、3-16。

(一)外币设置

币符：USD

币别：美元

汇率：固定汇率 1 : 6.5

(二)增加会计科目

表 3 - 13 需增加会计科目基础数据

科目代码	科目名称	方向	辅助账类型	币别/计量单位
100201	中行向阳路支行	借	日记账、银行账	
100202	工行平原路支行	借	日记账、银行账	美元
140301	显示器	借	数量核算	台
140302	键盘	借	数量核算	个
140303	鼠标	借	数量核算	个
140501	Ⅰ型电脑	借	数量核算	台
140502	Ⅱ型电脑	借	数量核算	台
200101	中行向阳路支行	贷		
220201	应付货款	贷	供应商往来(受控应付系统)	
220202	暂估应付款	贷		
221101	工资	贷		
222101	应交增值税	贷		
22210101	进项税额	贷		
22210102	销项税额	贷		
22210103	进项税额转出	贷		
410401	未分配利润	贷		
500101	直接材料	借	项目核算	
500102	直接人工	借	项目核算	
500103	制造费用	借	项目核算	
510101	折旧费	借		
510102	其他	借		
660101	折旧费	借		
660102	工资	借		

科目代码	科目名称	方向	辅助账类型	币别/计量单位
660103	差旅费	借		
660104	其他	借		
660105	运费	借		
660201	折旧费	借	部门核算	
660202	工资	借	部门核算	
660203	其他	借	部门核算	

(三) 修改会计科目

表 3-14　需修改会计科目基础数据

科目代码	科目名称	修改项	
		辅助项类型	受控系统
1001	库存现金	日记账	
1002	银行存款	日记账、银行账	
1121	应收票据	客户往来	应收系统
1122	应收账款	客户往来	应收系统
1123	预付账款	供应商往来	应付系统
1221	其他应收款	个人往来	
2201	应付票据	供应商往来	应付系统
2203	预收账款	客户往来	应收系统

注：指定"1001"为现金科目，"1002"科目为银行科目。
　　指定"1001"、"100201"、"100202"科目为现金流量科目。

(四) 设置凭证类别

表 3-15　凭证类别设置一览表

类别	限制类型	限制科目
收款凭证	借方必有	1001、100201、100202
付款凭证	贷方必有	1001、100201、100202
转账凭证	凭证必无	1001、100201、100202

（五）设置项目目录

表 3-16 项目目录信息表

项目设置步骤	设置内容
项目大类	01 产品
核算科目	直接材料 500101
	直接人工 500102
	制造费用 500103
项目分类	1 无分类
项目名称	项目编码：001；
	项目名称：Ⅰ型电脑；
	是否结算：否；
	所属分类码：1
	项目编码：002；
	项目名称：Ⅱ型电脑；
	是否结算：否；
	所属分类码：1

二、知识链接

（一）会计科目

在用友 ERP-U8V10.1 中，系统已预设好一级会计科目，财会人员需要根据会计核算和管理的需要，设置适合自身业务特点的会计科目体系。会计科目的设置是将单位会计核算中使用的科目逐一地按要求描述给系统，并将科目设置的结果保存在科目文件中，实现对会计科目的管理。设置会计科目要考虑各模块的衔接。在总账管理模块中，只有末级会计科目才允许有发生额，才能接收各个模块转入的数据，因此，要将各模块中的核算科目设置为末级科目。

1. 增加会计科目

该功能允许增加一个新的会计科目，增加时要进行合法性和正确性检查，即不能有相同的科目代码出现，保持科目代码的唯一性。

2. 修改和删除会计科目

如果需要对已建立的会计科目的某些属性进行修改，譬如修改账页格式、辅助核算、汇总打印、封存标识等，可以通过系统提供的"修改"功能来完成。如果会计科目未经使用，也可通过"删除"功能来删除。删除会计科目时应遵循"自下而上"的原则。

3. 指定会计科目

指定会计科目是指指定出纳专管的科目,一般指现金科目和银行存款科目。指定科目后,才能执行出纳签字,从而实现现金、银行管理的保密性,才能查看现金、银行存款日记账。

(二) 凭证类别

会计核算中,一般对会计凭证按一定的标准进行分类,以便于汇总、记账和管理,用友财务软件也提供了设置凭证类别的功能,并且用户还可对每种类别的凭证设置一些限制条件,以便于用户填制凭证时,系统对使用凭证类别发生的错误给予自动提示。通常,系统提供五种常用分类方式供选择:①记账凭证;②收款、付款、转账凭证;③现金、银行、转账凭证;④现金收款、现金付款、银行收款、银行付款、转账凭证;⑤自定义凭证类别。

(三) 项目目录

一个单位项目目录核算的种类可能多种多样,比如,在建工程、对外投资、合同订单、在产品成本等,为此允许企业定义多个种类的项目核算。企业可以根据需要将具有相同特性的一类项目定义成一个项目大类,一个项目大类可以核算多个项目,为了便于管理,还可以对这些项目进行分类管理。

设置项目目录时,应先在会计科目设置功能中设置相关的项目核算科目,如对生产成本及其下级科目设置核算的辅助账类,然后再设置相关的项目目录。

三、任务实施

(一) 设置外币及汇率

1. 执行【基础档案】|【财务】|【外币设置】命令,打开"外币设置"窗口。
2. 在打开的"外币设置"窗口,输入币符: USD,币名:美元,其余默认系统设置。
3. 单击【确认】按钮。在 2014 年 1 月的"记账汇率"栏中输入"6.5",单击回车键确认。如图 3-14 所示。

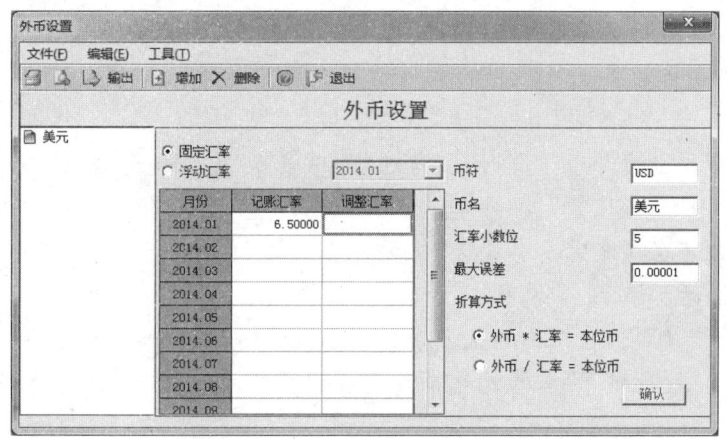

图 3-14 设置外币及汇率

(二) 增加会计科目

1. 执行【基础档案】|【财务】|【会计科目】命令,打开"会计科目"设置窗口。

2. 单击【增加】按钮，或者执行【编辑】|【增加】命令，打开"新增会计科目"对话框，用户根据需要在对话框中录入"科目编码"、"科目名称"，选择"是否需要进行数量核算"、"是否需要进行辅助核算"以及"是否需要受控系统"等，相关信息录入完毕后，单击【保存】按钮，系统自动按科目编码顺序保存增加的会计科目。如图3-15所示。

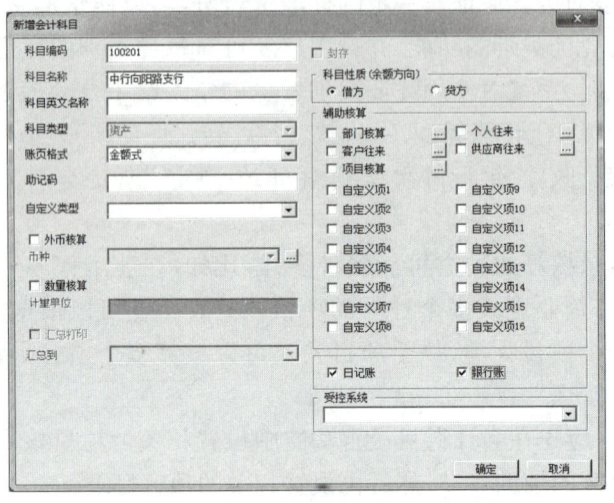

图 3-15　增加会计科目

3. 同理录入其他数据，详见表3-13。设置完毕后，单击【关闭】按钮，返回到"会计科目"设置窗口。

提　示

- 增加会计科目时必须遵循自上而下的原则，即先增加上级科目，再增加下级科目；会计科目编码要符合编码原则，编码不能重复；科目已经使用后再增加明细科目，系统会自动将上级科目的数据结转到新增的第一个明细科目上，以保证账账平衡。
- 科目如果需要进行外币核算时，应勾选"外币核算"前的复选框，并选择其核算的币种。一个科目只能核算一种外币，只有有外币核算要求的科目才允许且必须设定外币币名。若在建账时没有勾选"有无外币核算"前的复选框，则"外币核算"复选框将不被激活。
- 选中"数量核算"项，在填制凭证使用该科目操作时，系统会要求输入相应的数量和单价。勾选"数量核算"前的复选框后需要设置数量计量单位，计量单位可以是任意汉字或字符，如：公斤、件、吨等。
- 有些科目需要选中"日记账"或"银行账"前的复选框，如库存现金科目一般勾选"日记账"前的复选框，银行存款科目一般同时勾选"日记账"与"银行账"前的复选框。

- 有些科目如果需要借助部门、个人、客户、供应商和项目等五种辅助核算来完成相应的核算,则应勾选"辅助核算"前的复选框。
- 如果科目只能由特定模块(如应收款管理模块、应付款管理模块和存货核算模块)使用,在此可以指定受控模块。

(三) 修改会计科目

1. 执行【基础档案】|【财务】|【会计科目】命令,打开"会计科目"设置窗口。

2. 在"会计科目设置"窗口,选中要修改的会计科目所在行,单击【修改】按钮,或直接双击要修改的会计科目,打开"会计科目——修改"对话框。

3. 单击对话框右下角【修改】按钮,进入科目修改的可编辑状态,根据需要对所选科目进行修改,如对"应收账款"科目,勾选"客户往来"前的复选框,受控系统自动设置为"应收系统",修改完毕后,单击【确定】按钮进行保存。单击【退出】按钮退出。如图 3-16 所示。

图 3-16 修改会计科目

4. 同理录入其他数据,详见表 3-14。设置完毕后,单击【关闭】按钮,返回到"会计科目"设置窗口。

提 示

- 如果要修改(或删除)已设置明细科目的会计科目,应自下而上进行操作,即先修改(或删除)明细科目,然后再修改(或删除)一级科目。

● 已经输入余额的科目不能直接进行修改（或删除）；如果确实需要修改（或删除），则必须先修改（或删除）余额，然后才能进行相应操作。

（四）指定会计科目

1. 执行【基础档案】|【财务】|【会计科目】命令，打开"会计科目"设置窗口。

2. 在"会计科目设置"窗口，执行【编辑】|【指定科目】命令，进入"指定科目"窗口。

3. 单击"现金科目"单选按钮。单击选中"1001 库存现金"科目，单击">"按钮，将"1001 库存现金"科目由待选科目移至已选科目。如图3-17所示。

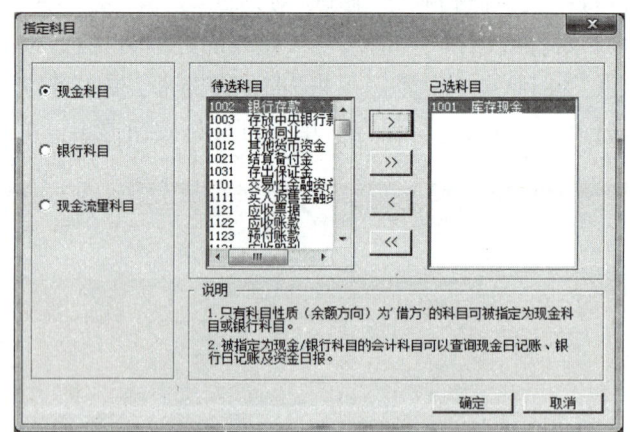

图3-17　指定会计科目

4. 同理录入其他数据，详见表3-14。

提　示

● 在指定"现金科目"、"银行科目"之前，应在建立"库存现金"、"银行存款"会计科目时勾选"日记账"前的复选框。
● 指定的现金流量科目，在填制凭证时提示输入现金流量项目。

（五）设置凭证类别

1. 执行【基础档案】|【财务】|【凭证类别】命令，打开"凭证类别预置"设置窗口，选中"收款凭证　付款凭证　转账凭证"分类方式，单击【确定】按钮。

2. 在打开的"凭证类别"设置窗口，单击【修改】按钮，再双击"收款凭证"的【限制类别】单元格,单击下拉按钮,选中"借方必有"选项,双击【限制科目】单元格,输入限制科目的编码"1001,100201,100202"。

3. 同理录入其他数据,详见表3-15。设置完毕,如图3-18所示。

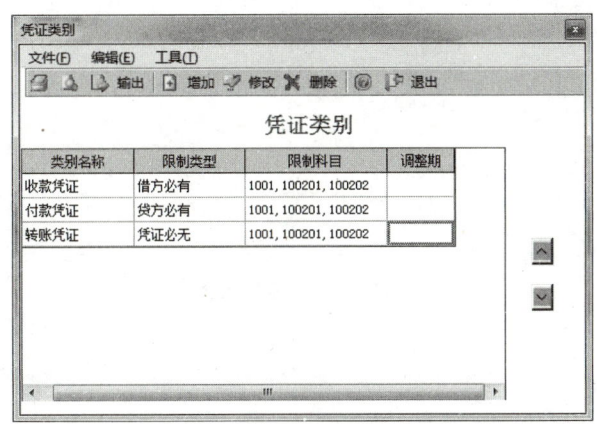

图3-18 设置凭证类别

提 示

● 限制科目之间的逗号要在半角状态下输入,否则系统会提示科目编码有错误。
● 如果收款凭证的限制类型为借方必有"1001,1002",则在填制凭证时系统要求收款凭证的借方一级科目至少有一个是"1001"或"1002",否则,系统会判断该凭证"不满足借方必有条件",不允许保存。付款凭证及转账凭证也应满足相应的要求。
● 如果限制科目为非末级科目,则在制单时,其所有下级科目都将受到同样的限制。
● 已使用的凭证类别不能删除,也不能修改。

(六) 设置项目目录

1. 执行【基础档案】|【财务】|【项目目录】命令,打开"项目目录"设置窗口,"项目档案"窗口分上下两部分,上层部分主要是对项目大类的相应操作而设置的功能键。

2. 定义项目大类名称。单击【增加】按钮,打开"项目大类定义——增加"设置窗口。增加一个项目大类需要经历三个操作步骤,即"项目大类名称"、"定义项目级次"、"定义项目栏目"。首先输入新项目大类名称"01产品"。如图3-19所示。单击【下一步】按钮,其他设置均采用系统默认值,最后单击【完成】按钮。

3. 指定项目核算科目。选择项目大类"01产品",然后单击">"功能键将左侧的"待选科目"栏中归属于当前项目大类的会计科目移至右侧的"已选科目"栏中。如图3-20所示。选择完毕,单击【确定】按钮。

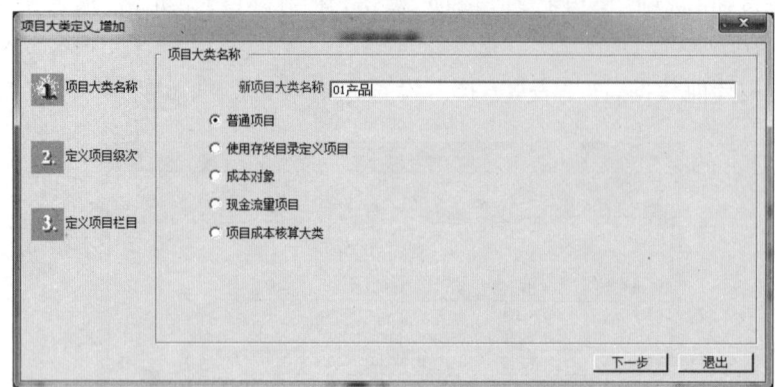

图 3-19　定义项目大类名称

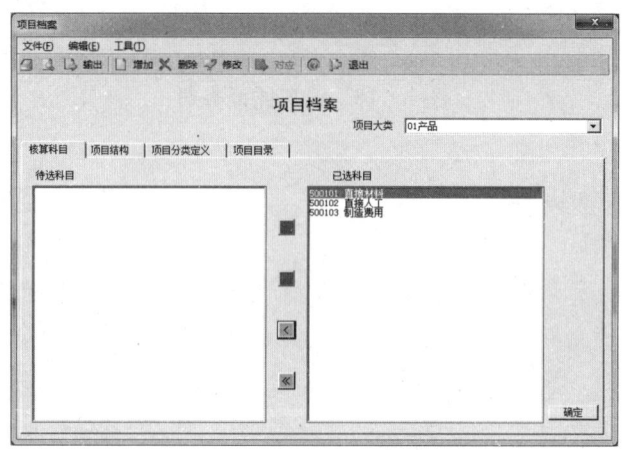

图 3-20　定义项目核算科目

4. 定义项目分类。选择"项目分类定义"页签,单击右下角【增加】按钮,输入"分类编码"和"分类名称",详见表 3-16。单击【确定】按钮,系统自动将新增的项目分类显示在选项卡左侧的空白区域内。如图 3-21 所示。

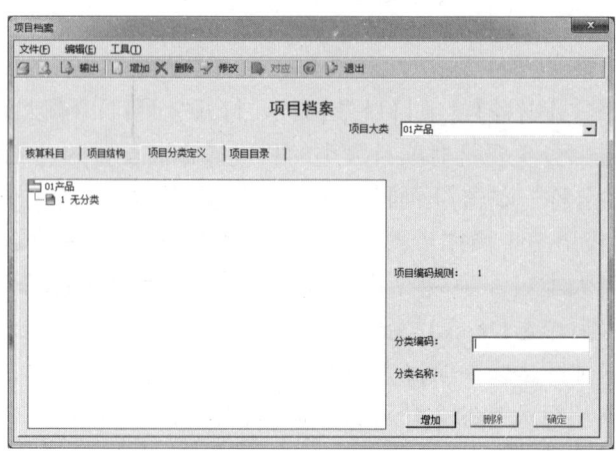

图 3-21　定义项目分类

5. 定义项目目录。完成项目分类定义后,选择"项目目录"选项,单击【维护】按钮,打开"项目目录维护"窗口,单击【增加】按钮,输入项目目录相关信息。如图 3-22 所示。设置完毕后,单击【退出】按钮。

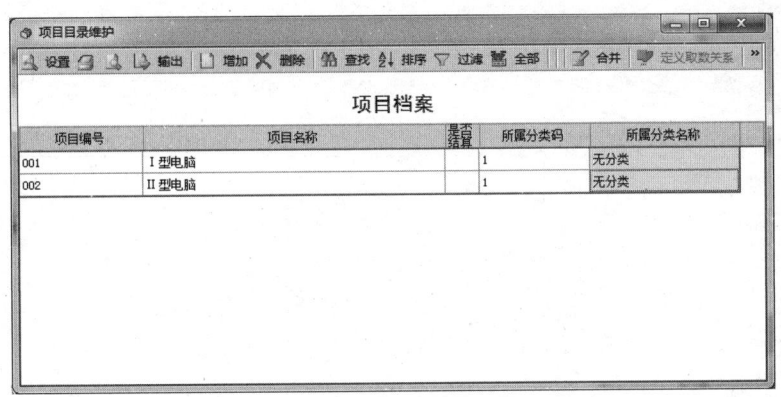

图 3-22　定义项目目录

提　示

- 一个项目大类可以指定多个科目,一个科目只能指定一个项目大类。
- 显示"已使用"标记的项目分类不能删除。
- 如果在"项目目录维护"对话框中多拉出一行,退出时系统出现提示信息:"项目编码不能为空",可按"Esc"键退出。
- 标识结算后的项目将不能再使用。

四、拓展提高

在本任务中,我们学会了增加会计科目的操作。假如企业不同类别的会计科目具有相同或类似的下级科目,如何实现该科目的快速录入呢?

例如:平原电子有限公司"1405 库存商品"科目、"6001 主营业务收入"科目、"6401 主营业务成本"科目具有同样的下级科目,在设置好"1405 库存商品"科目的下级科目后,可以利用"成批复制"的方法实现"6001 主营业务收入"科目、"6401 主营业务成本"科目下级科目的增加操作。

具体操作步骤是:在"会计科目设置"窗口,执行【编辑】|【成批复制】命令,打开"成批复制"对话框,输入需要复制科目的源科目代码"1405"和目标科目代码"6001",并根据需要勾选"数量核算",设置完毕,单击【确认】按钮保存。如图 3-23 所示。同理可将"1405 库存商

品"的下级科目成批复制到"6401 主营业务成本"科目中。设置完毕,单击【确认】按钮保存,单击【退出】按钮退出。

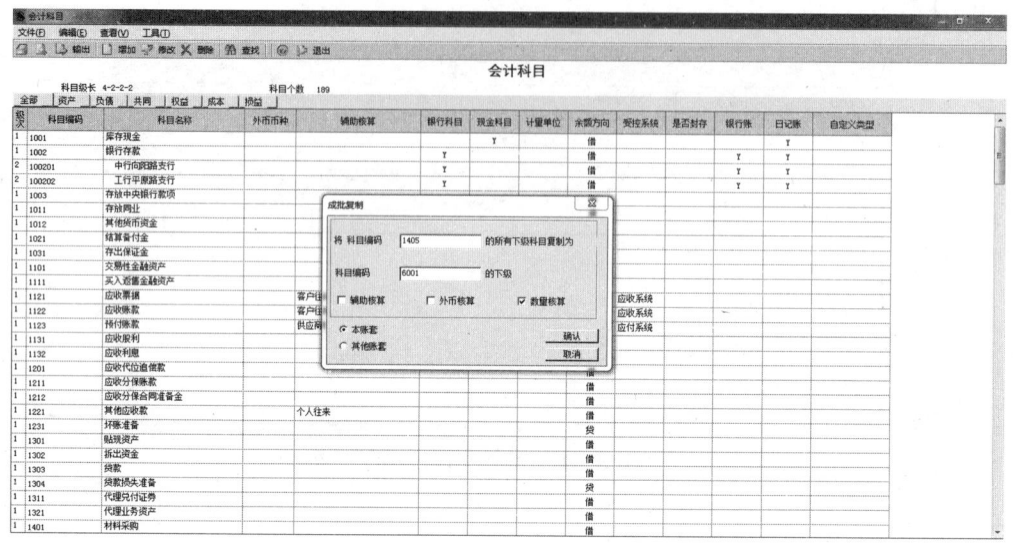

图 3‑23　成批复制会计科目

任务六　设置收付结算信息

一、任务描述

在企业应用平台中,以账套主管刘芳的身份,进行收付结算信息设置。收付结算信息设置主要包括设置结算方式、银行档案、本单位开户银行等,详见表 3‑17、3‑18、3‑19。

(一)设置结算方式

平原电子有限公司对结算方式进行设置,见表 3‑17。

表 3‑17　结算方式信息表

结算方式编码	结算方式名称	票据管理
1	现金结算	否
2	现金支票	是
3	转账支票	是
4	商业承兑汇票	否
5	银行承兑汇票	否
6	其他	否

（二）设置银行档案

平原电子有限公司对银行档案进行设置，见表3-18。

表3-18　银行档案信息表

银行编码	银行名称	企业账号长度	个人账号长度	录入时自动带出账号长度
5	中行向阳路支行	14位	11位	8位

（三）设置本单位开户银行

平原电子有限公司对本单元开户银行进行设置，见表3-19。

表3-19　本单位开户银行信息表

编码	银行账号	开户银行	所属银行编码	币种
1	34229756435690	中行向行路支行	05	人民币

二、知识链接

设置收付结算信息包括设置结算方式、付款条件、银行档案、本单位开户银行及收付款协议档案等。

企业在日常业务中可能会使用多种结算方式。在使用财务软件后，可先设置好结算方式，提高与银行对账的效率，保证资金的安全、完整。在总账管理模块、资金管理模块、应收应付管理模块、销售管理模块和采购管理模块均会使用到结算方式。结算方式设置的主要项目包括结算方式编码、结算方式名称、是否进行票据管理等。

付款条件也叫现金折扣，是指企业为了鼓励客户偿还货款而允诺在一定期限内给予的规定的折扣优待。这种折扣条件通常可表示为5/10,2/20,n/30，它的意思是说客户在10天内偿还货款，可得到5%的折扣，即只需付原价的95%；在20天内偿还货款，可得到2%的折扣，即只需付原价的98%；在30天内偿还货款，则须全额支付；在30天以后偿还货款，则不仅要按全额支付货款，还可能支付延期付款利息或违约金。

银行档案信息设置是指设置企业的开户信息，主要包括银行档案的设置和本单位开户银行的设置。其中，银行档案的设置主要包括银行编码、银行名称、个人账户规则的设置等。本单位开户银行的设置主要包括银行账号、开户银行、所属银行编码的设置等。开户银行一旦被引用，便不能进行修改和删除操作。

三、任务实施

（一）设置结算方式

1. 执行【基础档案】|【收付结算】|【结算方式】命令，打开"结算方式"设置窗口。

2. 单击【增加】按钮，输入结算方式编码：1，结算方式名称：现金支票，不勾选"是否票据管理"。输入完毕，单击【保存】按钮。如图3-24所示。

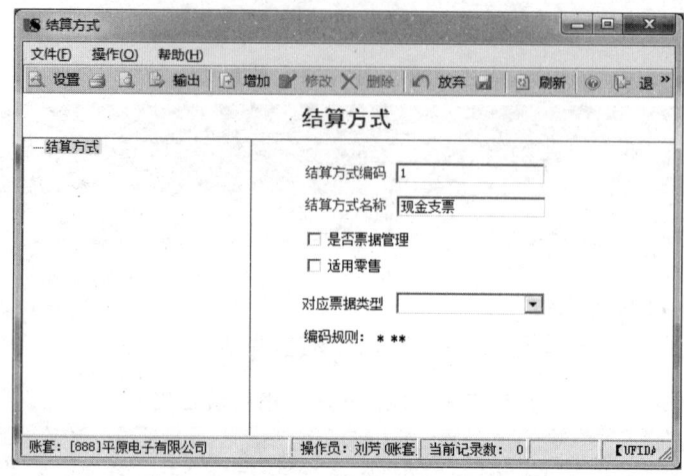

图 3-24　设置结算方式

3. 同理录入其他数据,详见表 3-17。

提　示

- 如勾选了"是否票据管理"前的复选框,则在执行该种结算方式时,系统会提示记录发生该笔业务的票据信息;否则不会提示。
- 结算方式一旦被使用,则不能进行修改和删除操作。

(二) 设置银行档案

1. 执行【基础档案】|【收付结算】|【银行档案】命令,打开"银行档案"设置窗口。

2. 单击【增加】按钮,打开"增加银行档案"窗口,输入银行编码"05",输入银行名称"中行向阳路支行",勾选企业账户规则"定长"前的复选框,输入账号长度"14";勾选个人账户规则"定长"前的复选框,输入自动带出账号长度"8",录入完毕,单击【保存】按钮。如图 3-25所示。

(三) 设置本单位开户银行

1. 执行【基础设置】|【收付结算】|【本单位开户银行】命令,打开"本单位开户银行"设置窗口。

2. 单击【增加】按钮,打开"增加本单位开户行"设置窗口。输入本单位开户行的各项档案资料,输入完成,单击【保存】按钮。如图 3-26 所示。

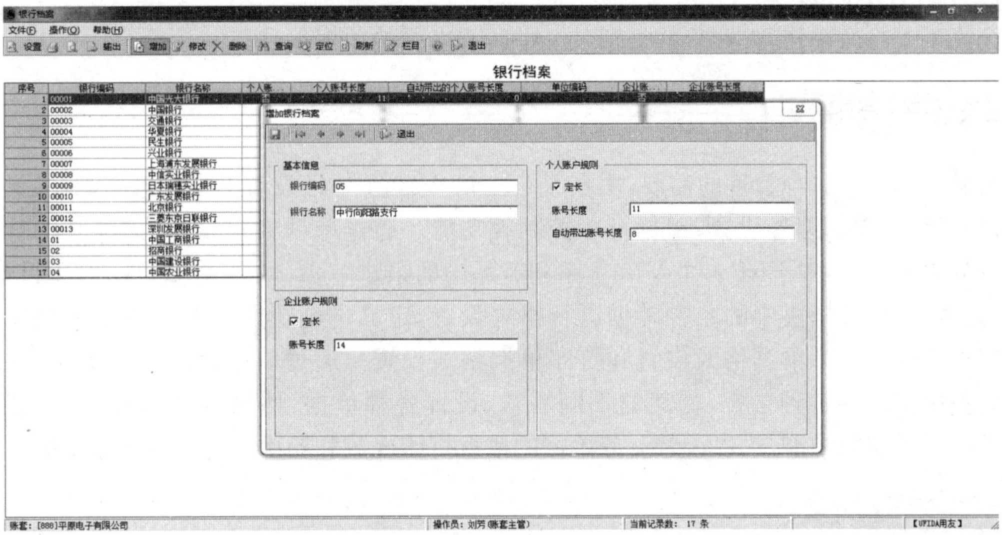

图 3 - 25 设置银行档案

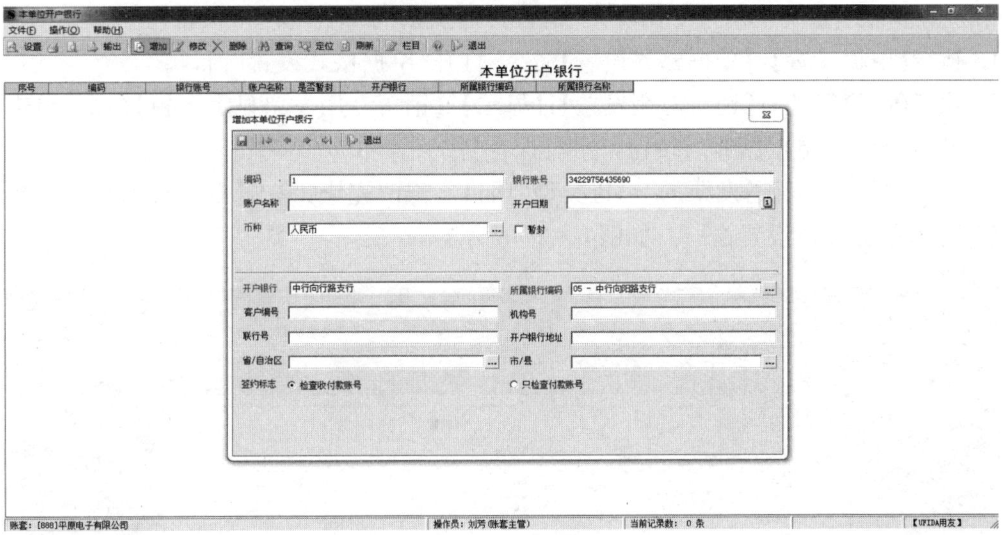

图 3 - 26 设置本单位开户银行

任务七 设置单据

一、任务描述

在企业应用平台中,以账套主管刘芳的身份,进行单据设置。

(一)修改单据格式

删除销售管理系统中销售专用发票、销售普通发票的"销售类型"项目。

（二）设置单据编号

允许手工修改销售管理、采购管理系统中所有发票的单据编号。

二、知识链接

为满足单位核算与管理的需要，用友 ERP－U8V10.1 软件设有单据设置功能，主要包括单据格式设置、单据编号设置、单据打印控制等功能。通过单据格式设置功能，可以根据系统预置的单据模板，对 ERP－U8V10.1 系列产品中的报账中心、采购、存货、库存、项目管理、销售、应收、应付等模块中的各种单据进行格式设置，定义本企业所需要的单据格式。每一种单据格式设置分为单据格式设置和打印单据格式设置。通过单据编码设置功能，企业可根据业务中使用的各种单据、档案的不同需求，设置各种单据、档案类型的编码生成原则。通过单据打印控制功能，可以设置业务单据的最大打印次数和超次数打印时所需要的口令。

三、任务实施

（一）修改单据格式

删除销售管理系统中销售专用发票、销售普通发票的"销售类型"项目。

1．执行【单据设置】|【单据格式设置】命令，打开"单据格式设置"窗口。

2．执行【销售管理】|【销售专用发票】|【显示】|【销售专用发票显示模板】命令，单击表头部分的"销售类型"，单据【删除】按钮，单据【保存】按钮。

3．同理删除销售普通发票的"销售类型"项目。修改完毕，单击【自动布局】按钮，再单击【退出】，退出单据格式设置窗口。如图 3－27 所示。

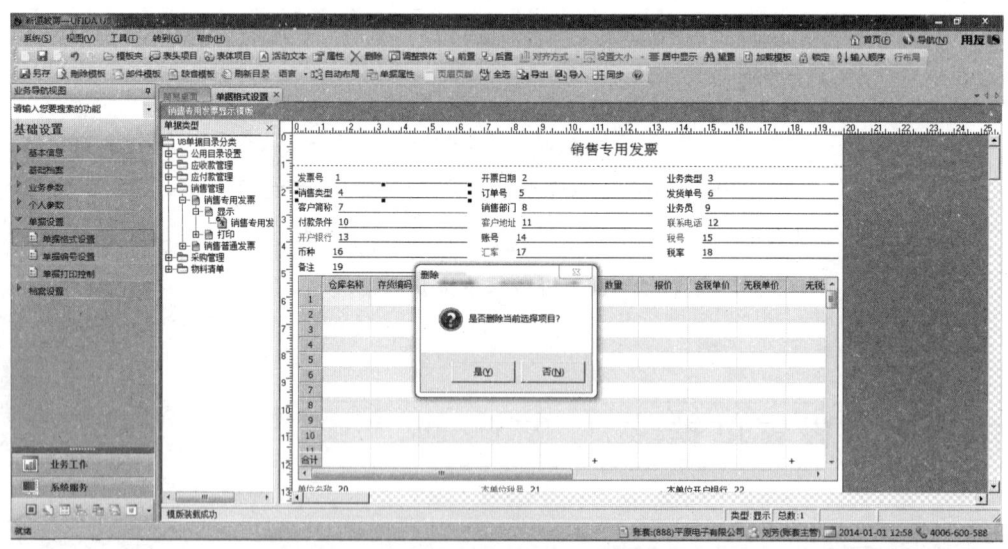

图 3－27　"单据格式设置"窗口

（二）设置单据编号

允许手工修改销售管理、采购管理系统中所有发票的单据编号。

1. 在企业应用平台"基础设置"选项卡中，执行【单据设置】|【单据编码设置】命令，打开"单据编码设置"窗口。

2. 系统默认为【编号设置】选项卡界面，选择【单据类型】|【销售管理】|【销售专用发票】，单击" "修改按钮，选择"手工改动，重号时自动重取"项前的复选框，单击【保存】按钮。如图 3-28 所示。

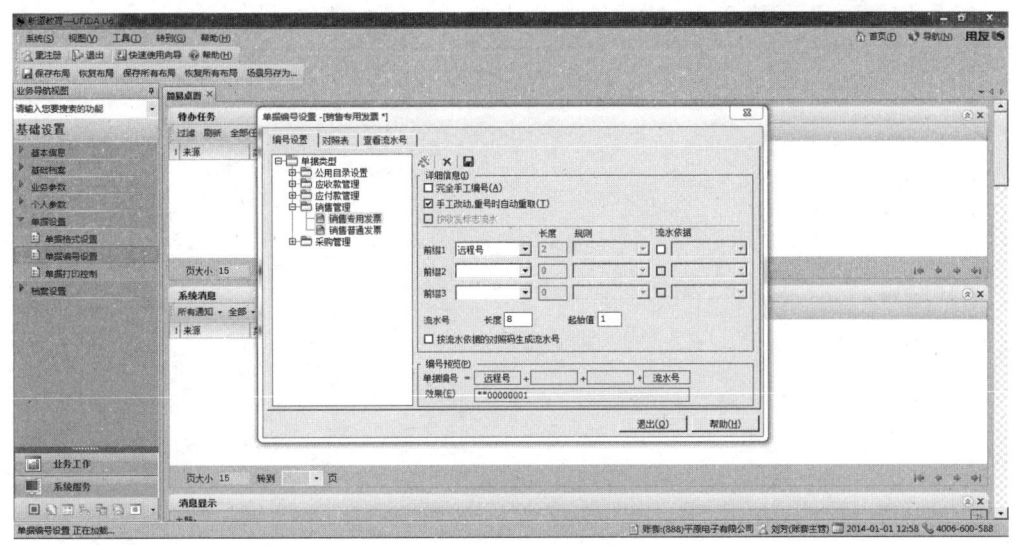

图 3-28　设置单据编号

3. 同理修改"销售普通发票"、"采购专用发票"、"采购普通发票"、"采购运费发票"的单据编号，全部选择为"手工改动，重号时自动重取"。设置完毕，单击【退出】按钮，返回"基础设置"窗口。

★★★★★ 小结 ★★★★★

本模块主要介绍了企业应用平台的基本功能，通过基础档案的设置，掌握实施会计信息化的企业应进行的基础准备工作。

基础档案设置内容较多，主要包括部门档案、职员档案、客户分类、客户档案、供应商分类、供应商档案、存货分类、计量单位、存货档案、会计科目、凭证类别、项目目录、外币设置、结算方式、付款条件、银行档案、本单位开户行、常用摘要，以及业务类的基础档案设置等。它是后续业务处理的基础，是企业能否成功实施和运用会计信息化的基础。

思考题

1. 基础设置包括哪些内容？
2. 系统服务包括哪些功能？

3. 设置存货分类主要包括哪些内容？

4. 简述指定会计科目的意义。

5. 简述将"1405 库存商品"的二级科目成批复制到"6001 主营业务收入"二级科目的操作流程。

6. 会计科目的辅助核算包括哪些内容？

7. 如何删除采购管理系统中采购专用发票的"采购类型"项目？

项目四
总账管理系统

知识目标

    1. 熟悉总账管理系统的功能结构。

    2. 掌握总账管理系统的业务处理流程。

    3. 掌握凭证录入、审核、记账的基本方法。

    4. 掌握错账更正的原理和基本方法。

    5. 掌握期末业务处理的原则和方法。

能力目标

    1. 能结合企业实际，进行总账管理系统初始化设置。

    2. 能结合企业实际，进行填制凭证、修改凭证、审核凭证、凭证记账、凭证账簿查询和出纳管理。

    3. 能结合企业实际，进行自动转账和结账。

任务一　认知总账管理系统

一、任务描述

平原电子有限公司已成功完成了账套号为"888"账套的建立,从 2014 年 1 月 1 日起,启用了总账管理系统,让我们先来了解总账管理系统的基本功能和业务处理流程。

二、知识链接

(一)总账管理系统的基本设置

总账管理系统又称账务处理系统,主要工作是完成设置账户、复式记账、填制凭证和审核凭证、登记账簿等账务工作。在整个会计信息系统中,总账管理系统既是核心,又是最基本的系统,它综合、全面、概括地反映企业各个方面的会计工作内容,它与其他子系统之间有着大量的数据传递关系。很多单位的会计信息化工作往往都是从总账管理系统开始的。对于日常业务较为简单的用户来说,仅需依靠总账管理系统即可实现财务核算的基本要求,而对于日常业务较为复杂的用户来说,则必须在总账的基础上,依靠其他业务管理系统来实现对企业日常业务有效管理的需要。

一般来说,总账管理系统的基本功能主要包括系统初始化、凭证处理、账簿处理、辅助核算管理、期末业务处理、系统维护等模块,各模块结构如图 4-1 所示。

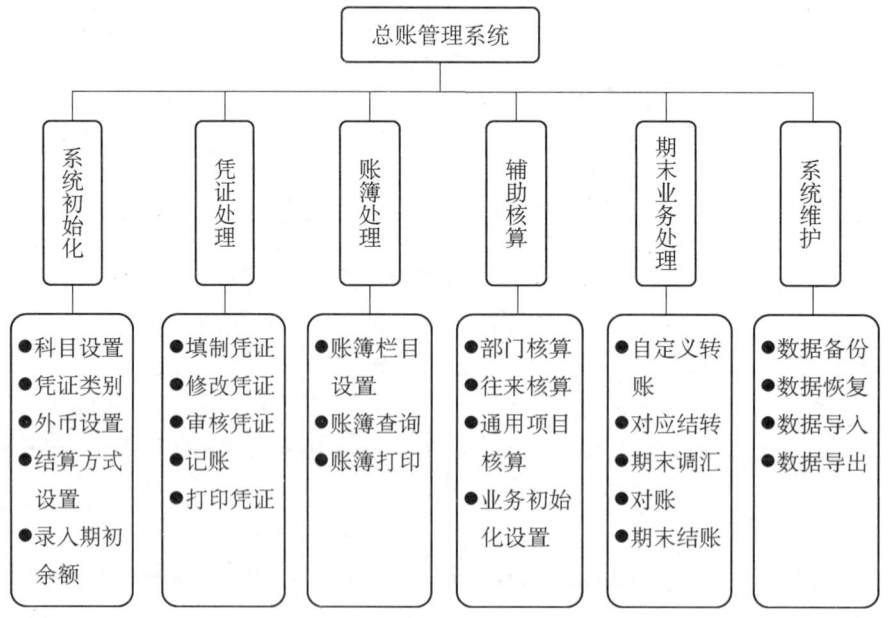

图 4-1　总账管理系统的模块结构

(二)总账管理系统的基本操作流程

在会计信息化处理方式下,账务处理从输入会计凭证开始,经过计算机对会计数据的处理,生成各类账簿文件,产生科目余额文件,并完成汇总、结账、编制报表等业务处理流程。财务软件在保持会计固有特性(如设置会计科目,复式记账,通过账户分类连续、系统地记录和核算经济业务等)的同时,又要调整和改进与手工操作相关的技术特性内容。信息化环境下的账务处理过程与手工操作方式下的账务处理过程有相似之处,因此在手工操作方式的账务处理过程的基础上,优化信息化账务处理的操作流程,如图4-2所示。

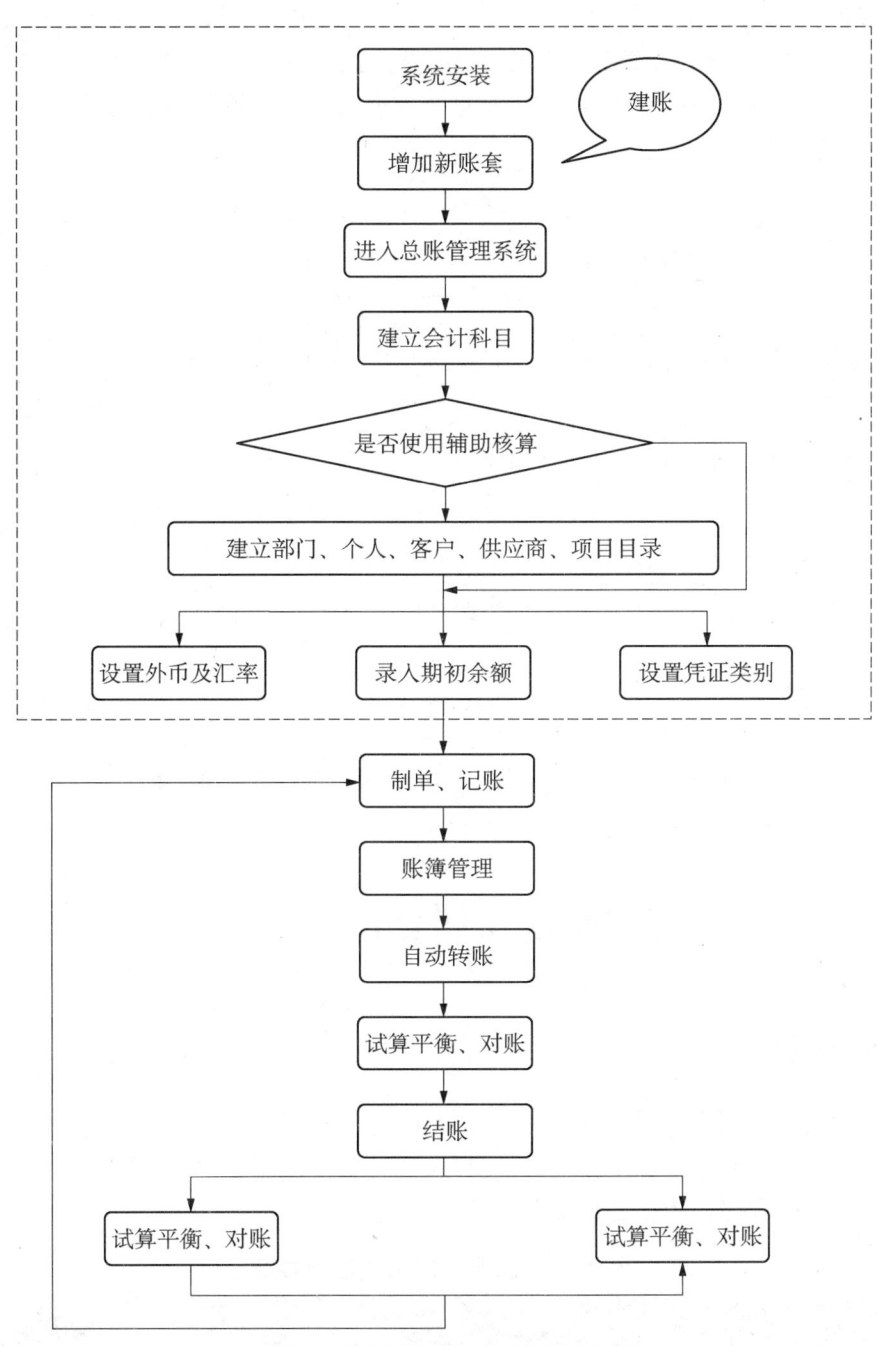

图4-2 总账管理系统的操作流程

（三）总账管理系统与其他子系统之间的数据传递关系

总账管理系统是会计信息系统的核心系统，它概括反映企业全部经济业务的综合信息。它在整个会计信息系统中处于中枢地位，其他各子系统的数据都必须传输到总账管理系统，同时总账管理系统要把数据传到其他子系统供其利用。总账管理系统与其他子系统之间的数据传递关系如图 4-3 所示。总账管理系统接收应收系统、应付系统、固定资产系统、工资系统、存货系统和成本管理系统生成的记账凭证，并对其进行审核、记账处理，同时又向财务分析系统、UFO 报表系统、决策支持系统提供财务数据，生成财务报表及其他财务分析表；财务分析系统向总账管理系统提供预算数，对总账管理系统中的填制凭证进行预算控制。

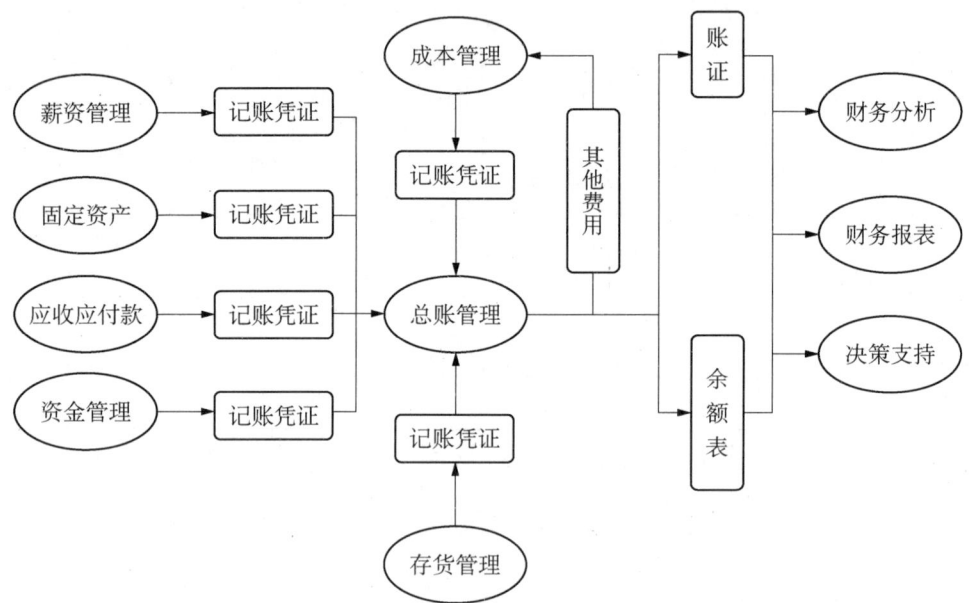

图 4-3　总账管理系统与其他子系统的数据传递关系

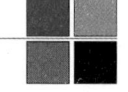

任务二　总账管理系统初始化设置

一、任务描述

平原电子有限公司在"888"账套中，已经成功启用总账管理系统。从 2014 年 1 月 1 日起，在企业应用平台中，以账套主管刘芳的身份，进行如下操作。

（一）设置总账管理系统控制参数，见表 4-1

表 4-1　总账管理系统控制参数

选项卡	参数设置
凭证	制单序时控制、支票控制，可以使用系统的受控科目

选项卡	参数设置
会计日历	数量小数值、单价小数位设置为2位;其他采用系统默认值
账簿/凭证打印/预算控制/其他	采用系统默认值
权限	出纳凭证必须经出纳人员签字

(二)录入总账管理系统期初余额并进行试算平衡,见表4-2

表4-2　平原电子有限公司的总账期初余额

科目名称	方向	币别/计量	期初余额	辅助核算期初数据
库存现金(1001)	借		208 050.00	
银行存款(1002)	借		1 509 567.00	
中行向阳路支行(100201)	借		1 509 567.00	
应收票据(1121)	借		292 500.00	凭证号:10,向河南东方公司销售Ⅰ型电脑100台,不含税单价2 500元/台,价税合计292 500元,收到对方开来的6个月的商业承兑汇票一张,票据面值:292 500元,票号:66750,票据签发日期和收到日期:2013-08-15,到期日期:2014-02-15,增值税专用发票号码:5678900001
应收账款(1122)	借		1 140 750.00	2013-11-26,凭证号:20,向北京立信中学销售Ⅱ型电脑200台,不含税单价3 000元/台,价税合计:702 000元,款项尚未收到。增值税专用发票号码:5678945123;2013-12-06,凭证号:5,向福州宏达公司销售Ⅰ型电脑150台,不含税单价2 500元/台,价税合计:438 750元,款项尚未收到。增值税专用发票号码:5678945256
原材料(1403)	借		139 700.00	
显示器(140301)	借		105 000.00	
	借	台	350.00	

续　表

科目名称	方向	币别/计量	期初余额	辅助核算期初数据
键盘(140302)	借		19 500.00	
	借	个	650.00	
鼠标(140303)	借		15 200.00	
	借	个	760.00	
库存商品(1405)	借		1 825 000.00	
Ⅰ型电脑(140501)	借		825 000.00	
	借	台	550.00	
Ⅱ型电脑(140502)	借		1 000 000.00	
	借	台	500.00	
固定资产(1601)	借		5 817 000.00	
累计折旧(1602)	贷		97 317.00	
短期借款(2001)	贷		1 200 000.00	
中行向阳路(200101)	贷		1 200 000.00	
实收资本(4001)	贷		9 000 000.00	
利润分配(4104)	贷		635 250.00	
未分配利润(410415)	贷		635 250.00	

　　总账管理系统的初始化包括两个方面的内容：首先是在系统中对系统选项进行设置，从而使系统功能符合业务要求；其次是输入基本的业务信息，从而使业务处理具备信息基础。该系统的初始化是系统开发运用初期的工作，必须由账套主管负责完成。

二、知识链接

（一）总账控制参数设置

　　建立新账套后，由于具体情况需要或业务变更，常常致使一些账套信息与核算内容不符，这时就可以通过以下系统参数设置进行选项的调整和查看。

　　1. 序时控制：此项和"系统编号"选项联用，选取该项，则制单时凭证编号必须按日期顺序排列。例如，1月5日编制5号凭证，则1月6日只能开始编制6号凭证。制单序时，用户如果有特殊需要可对此项不选择。

　　2. 支票控制：若选择此项，在制单时使用银行科目编码凭证时，系统针对票据管理的结算方式进行登记，如果录入支票号在支票登记簿中已存，系统提供登记支票报销的功能；否则，系统提供登记支票登记簿的功能。

3. 赤字控制：若选择了此项，在制单时，当"资金及往来科目"或"全部科目"的最新余额出现负数时，系统将予以提示或严格控制，企业可根据需要进行选择。

4. 可以使用应收受控科目：若科目为应收款管理系统的受控科目，为了防止重复制单，只允许应收系统使用此科目进行制单，总账管理系统是不能使用此科目制单的。所以如果企业希望在总账管理系统中也能使用这些科目填制凭证，则应选择此项。注意：总账和其他业务系统使用了受控科目会引起应收系统与总账对账不平。

5. 可以使用应付受控科目：若科目为应付款管理系统的受控科目，为了防止重复制单，只允许应付系统使用此科目进行制单，总账管理系统是不能使用此科目制单的。所以如果企业希望在总账管理系统中也能使用这些科目填制凭证，则应选择此项。

6. 可以使用存货受控科目：若科目为存货核算系统的受控科目，为了防止重复制单，只允许存货核算系统使用此科目进行制单，总账管理系统是不能使用此科目制单的。所以如果企业希望在总账管理系统中也能使用这些科目填制凭证，则应选择此项。

7. 现金流量科目必录现金流量项目：选择此项后，在录入凭证时如果使用现金流量科目则必须输入现金流量项目及金额。

8. 自动填补凭证断号：如果选择凭证编号方式为系统编号，则在新增凭证时，系统按凭证类别自动查询本月的第一个断号默认为本次新增凭证的凭证号。如无断号则为新号，与原编号规则一致。

9. 批量审核凭证进行合法性校验：批量审核凭证时针对凭证进行二次审核，提高凭证输入的正确率，合法性校验与保存凭证时的合法性校验相同。

10. 同步删除外部系统凭证：选中此项后，外部系统删除凭证时相应地将总账的凭证同步删除。否则，将总账凭证作废，不予删除。

11. 现金流量参照科目：用来设置现金流量录入界面的参照内容和方式。"现金流量科目"选项选中时，系统只参照凭证中的现金流量科目；"对方科目"选项选中时，系统只显示凭证中的非现金流量科目。"自动显示"选项选中时，系统依据前两个选项将现金流量科目或对方科目自动显示在指定现金流量项目中，否则需要手工参照选择。

12. 制单权限控制到科目：在系统管理的"功能权限"中设置凭证类别权限，再选择此项，权限设置有效。选中此项，则在制单时，只显示此操作员有权限的凭证类别。同时在凭证类别参照中按人员的权限过滤出有权限的凭证类别。

13. 操作员进行金额权限控制：选择此项，可以对不同级别的人员进行金额大小的控制，例如财务主管可以对 20 万元以上的经济业务制单，一般财务人员只能对 10 万元以下的经济业务制单，这样可以减少由于不必要的责任事故带来的经济损失。如为外部凭证或常用凭证调用生成，则处理与预算处理相同，不做金额控制。

14. 凭证审核控制到操作员：如只允许某操作员审核其本部门操作员填制的凭证，则应选择此选项。

15. 出纳凭证必须经由出纳签字：若要求现金、银行科目凭证必须由出纳人员核对签字后才能记账，则选择"出纳凭证必须经出纳签字"。

16. 凭证必须经由主管签字：如要求所有凭证必须由会计主管签字后才能记账，则选择"凭证必须经由主管签字"。

17. 允许修改、作废他人填制的凭证：若选择了此项，则在制单时可修改或作废别人填制的凭证，否则不能修改。

18. 明细账查询权限控制到科目：这里是权限控制的开关，在系统管理中设置明细账查询权限，必须在总账管理系统选项中打开，才能起到控制作用。

19. 制单、辅助账查询控制到辅助核算：设置此项权限，制单时才能使用有辅助核算属性的科目录入分录，辅助账查询时只能查询有权限的辅助项内容。

（二）期初余额录入

总账管理系统期初余额的录入是将企业在启用账套时的期初业务数据资料输入系统，这是初始化工作中必不可少的工作。如果年初建立账套，则可直接录入年初余额。如果非年初建立账套，则需录入建账月份前各月的借方累计发生额、贷方累计发生额和建账月份的期初余额，系统将自动计算年初余额。

在用友 U8V10.1 系统软件中进行期初余额录入时，需要注意以下几种情况：

1. 当科目是末级科目，可以直接录入科目余额。如果某会计科目设有数量、外币核算要求，则还需输入期初数量、外币余额，而且必须先录入本币余额，再录入数量，红色余额用负数输入。

2. 当科目是非末级科目，此余额不需录入，系统将根据其下级明细科目的余额自动汇总计算。

3. 当科目为带有辅助核算项的会计科目余额，首先将光标移至设有辅助项的科目处，双击鼠标，进入相应辅助核算期初录入窗口，录入辅助核算期初数据，系统将自动汇总计算其辅助核算项金额。

4. 对于借、贷方累计发生额，可以直接输入汇总数。

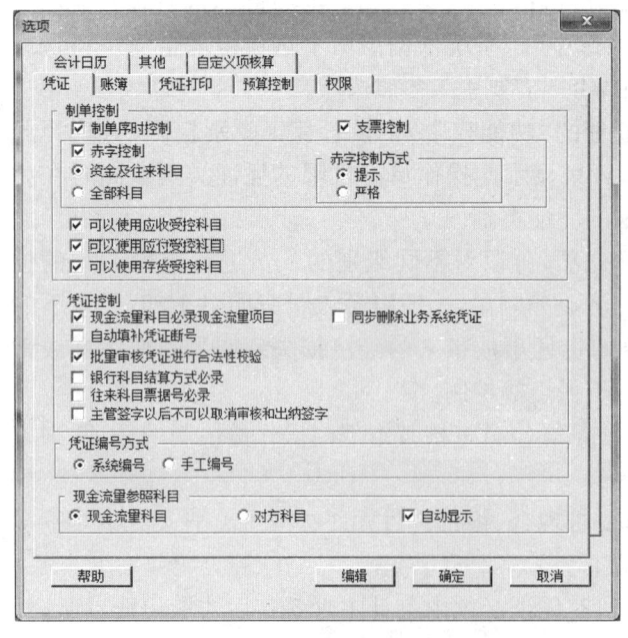

图 4-4　设置总账管理系统控制参数

三、任务实施

（一）设置总账管理系统控制参数

1. 执行【财务会计】|【总账】|【设置】|【选项】命令，打开"选项"对话框，系统默认为"凭证"选项卡界面。

2. 单击【编辑】按钮，按照表 4-1 进行相应的设置，如图 4-4 所示。

3. 同理，单击"会计日历"等其他选项卡，进行设置。设置完毕后单击【确定】按钮，返回到企业应用平台窗口。

（二）录入期初余额并试算平衡

1. 执行【财务会计】|【总账】|【设置】|【期初余额】命令，打开"期初余额"对话框，按照表 4-2 直接录入无辅助

项的各末级科目的余额,如图 4-5 所示。

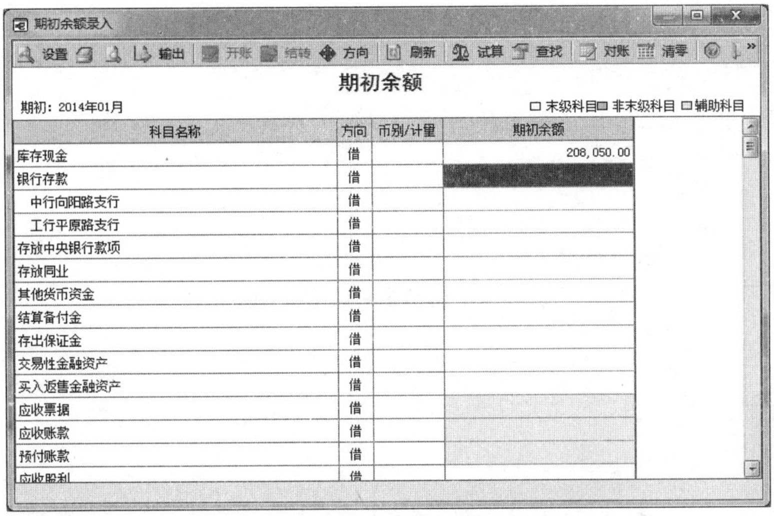

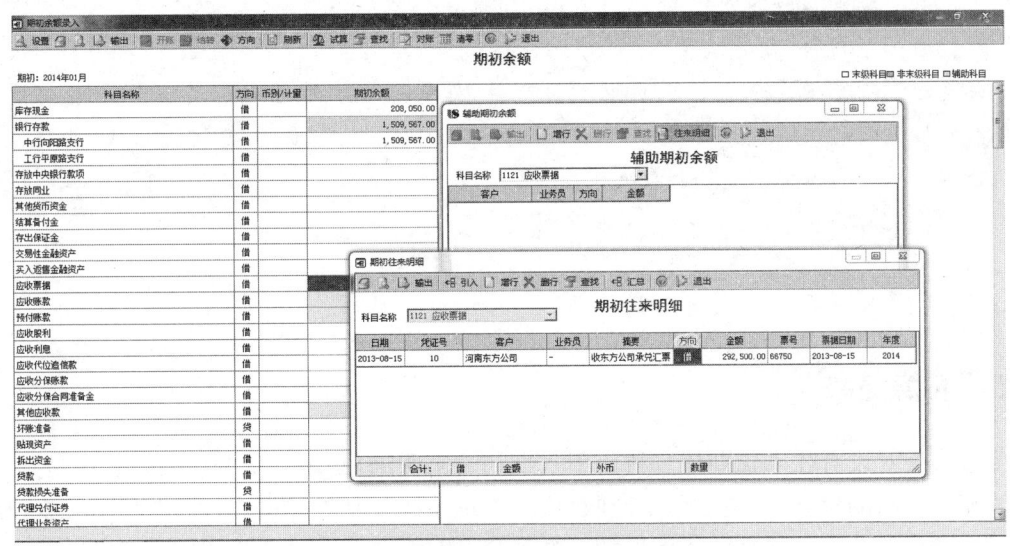

图 4-5 无辅助核算科目期初余额录入

2. 双击数据栏为黄色的"应收票据期初余额"栏,打开与辅助核算项对应的期初录入窗口,单击【往来明细】按钮,在打开的"期初往来明细"窗口,单击【增行】按钮,录入该科目的期初往来明细资料,录入完毕,单击【汇总】按钮,再单击【退出】按钮返回,则辅助核算的明细期初数据自动生成。如图 4-6 所示。同理按照表 4-2 录入其他带有辅助核算项的会计科目余额。

图 4-6 辅助核算科目期初余额录入

3. 各账户期初余额录入完毕后,单击【试算】按钮,弹出"期初试算平衡表"对话框,当显示"试算结果平衡"时,表明期初数据录入基本正确,单击【确定】按钮。再单击【退出】按钮返回。当显示试算结果不平衡时,表明期初数据录入存在问题,则需要进一步核对。如图 4-7

所示。

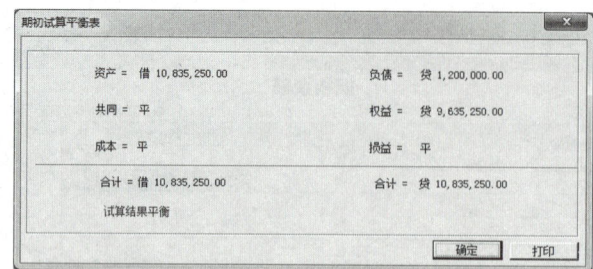

图4-7　期初余额试算平衡表

提　示

- 只要求录入最末级科目的余额和累计发生数,上级科目的余额和累计发生数由系统自动计算。若年中启用,则只要求录入末级科目的期初余额及累借、累贷金额,年初余额将自动计算出来。
- 在录入辅助核算期初余额之前,必须先设置各辅助核算目录。
- 如果期初余额试算不平衡,系统将不允许记账,但可以填制凭证。
- 凭证记账后,期初余额变为浏览、只读状态,这时不能再修改,只可以查询或打印。如果需要修改,则需先将所有已记账的凭证取消记账后才能操作。
- 当录入有辅助核算科目的期初余额时,如果在辅助核算相对应的期初录入窗口中多拉出一空白行,而导致无法退出时,可按"Esc"键退出。
- 在总账管理系统录入辅助科目期初余额时,如果不显示对应的个人档案信息(或录入人员编码时,系统提示"人员非法"),原因是未录入"人员档案"信息,或在"人员档案"设置中,没有勾选"是否业务员"项。

四、拓展提高

要想实现对设有往来辅助核算科目引入期初往来明细,必须满足两个条件:一是建账套或年度账未记账的状态;二是启用了应收/应付管理系统。其具体操作步骤如下:1.在"期初余额录入"窗口,选择有往来核算属性的会计科目,双击"期初余额"栏,进入"辅助期初余额"窗口,单击【往来明细】按钮。打开"期初往来明细"窗口。2.从科目名称下拉框选择要引入的末级科目名称,单击【引入】按钮,从应收或应付管理系统引入选择科目的期初明细。如图4-8所示。

图 4 - 8   引入期初往来明细

任务三   总账管理系统日常业务处理

一、任务描述

(一) 凭证处理

1. 根据 2014 年 1 月份发生的经济业务,以会计陈明的身份登录企业应用平台填制凭证,操作日期 2014 - 1 - 31,要求制单日期与业务发生日期一致。

① 2 日,财务部王静签发 No. 201401 号现金支票,从中行向阳路支行提取现金 5 000 元备用。

② 6 日,销售部李丽到南京出差,预借差旅费 2 500 元,以现金付讫。

③ 9 日,收到太平洋集团投资资金 20 000 美元,汇率 1:6.5(转账支票号 No. ZY001)。

④ 12 日,销售部张丽报销差旅费 2 200 元,归还现金 300 元。

⑤ 15 日,对机器设备进行维修,共花费维修费用 6 000 元,财务部签发 No. 201402 转账支票付讫。其中,生产一部负担 3 600 元,生产二部负担 2 400 元。

⑥ 19 日,生产一部组装 Ⅰ 型电脑,领取材料,其中,领取显示器 10 台(300 元/台)、鼠标 10 个(20 元/个)、键盘 10 个(30 元/个)。

⑦ 20 日,综合管理部支付业务招待费 1 000 元,以现金支付。

⑧ 24 日,购买显示器 100 台,不含税单价 300 元,价税合计 35 100 元,材料已经验收入库,款项以转账支票支付。(票号:No. 201403)

2. 作废并删除凭证。1 月 31 日,账套主管刘芳在总账管理系统中将付字第 5 号凭证(购买显示器)作废并删除。(可选做)

3. 出纳签字。1 月 31 日,出纳王静对本月审核无误的记账凭证进行签字。

4. 审核凭证。1月31日,账套主管刘芳对本月所有的记账凭证进行审核。

5. 记账。1月31日,账套主管刘芳对本月审核无误的记账凭证进行记账。

(二) 出纳处理

1. 查询现金日记账、银行存款日记账。

2. 查询 2014.01.06 的资金日报表。

3. 1月26日,销售部吴天航借转账支票一张,票号:No.201404,限额5 000元。

(三) 账簿处理

1. 查询基本会计核算账簿。

2. 查询部门总账、部门明细账、部门收支分析。

总账管理系统的期初设置工作完成后,系统进入日常业务处理阶段。这一阶段主要完成凭证的录入、修改、出纳签字、审核和记账工作,并查询和打印输出各种日记账、明细和总分类账,同时对部门、个人及单位往来辅助账进行管理。

二、知识链接

在会计信息化实际工作中,凭证处理是日常账务处理中最频繁的工作,也是会计信息账务处理系统中最基本的工作。目前的会计信息系统以记账凭证数据作为系统的最基础数据,记账凭证的正确性决定系统输出正确与否。一般账务处理的凭证处理功能包括凭证的录入,修改和审核,出纳签字,凭证汇总,凭证记账,查询和打印输出各种凭证,总账和明细账,进行月末记账和结账等。

记账凭证是账务系统处理的起点,也是所有查询数据中最主要的来源之一。日常业务处理首先从填制凭证开始。填制凭证是将若干张经济业务相同的原始单据集中编制成一条条记录,从而形成一张完整的记账凭证输入计算机。填制记账凭证是会计信息化账务处理系统主要数据的录入口,包括凭证头和凭证正文两部分。凭证头部分包括凭证类别、凭证编号、制单日期和附单据数等,凭证正文部分包括摘要、会计科目、金额等。如果输入的会计科目有辅助核算要求,则应输入辅助核算内容;如果一个科目同时兼有多种辅助核算,则还要求输入各种辅助核算的有关内容。

出纳签字是指由出纳人员通过"出纳签字"功能对制单员填制的带有库存现金、银行存款的凭证进行检查核对,主要是核对出纳凭证的科目金额是否正确。如果凭证正确则在凭证上进行出纳签字;如果认为该张凭证有错误或有异议则出纳不得签字,应交与填制人员修改后再核对。

凭证审核是由具有审核权限的操作员按照会计制度规定对制单人填制的记账凭证进行合法性检查,目的是防止错误及舞弊。审核的主要内容包括:记账凭证是否与原始凭证一致,经济业务是否正确,记账凭证相关项目是否填写齐全,会计分录是否正确等。审核中如果发现有错误或有异议,应交与凭证填制人员进行修改或作其他处理。

在会计信息化账务处理系统中,实际上并不存在手工意义上的账簿,所有的账簿数据均以电子数据的形式(数据库文件方式)在系统中储存。从系统内部的处理过程来看,记账处理实际上是会计数据在不同数据库文件之间的传递。用户在进行记账前,首先应检验上月是否结账,如果上月未结账,则本月不能进行记账处理。在第一次记账时,若期初余额试算不平衡,系统也不允许记账;其次要对已输入的凭证进行审核,凭证未经审核不能进行记账处理;最后,由于凭证一旦进行记账处理,将不能被修改,为预防万一,在记账前,要做好硬盘备份,以保存记账前的数据。系统的记账处理是在记账向导的指引下进行的,由于记账过程就是系统进行数据处理和对有关数据库文件进行更新的过程,因此记账过程不得中断退出。如果记账过程由于断电等原因发生中断,系统将自动调用"恢复记账前状态"恢复数据,然后用户再重新进行记账处理。

企业发生的经济业务,经过制单、审核、记账之后,就可以查询打印各种账簿了。计算机系统的账簿查询具有以下鲜明特点:首先在查询各种账簿时,可以包括未记账凭证;其次与手工环境不同,在信息化方式下各种账簿都可以针对各级科目进行查询;再次可以进行账表联查。

三、任务实施

(一)凭证处理

1. 填制凭证(以第一张凭证为例)

以会计陈明身份进入企业应用平台总账管理系统:

(1)执行【财务会计】|【总账】|【凭证】|【填制凭证】命令,打开"填制凭证"对话框。

(2)单击【增加】按钮,系统自动增加一张收款凭证。

(3)填制凭证头部分。选择凭证类别。单击【收】字旁边的【 ▓▓ 】按钮,打开下拉框,选择凭证类别,本例选择【付】字,直接输入"制单日期"和"附单据数"。

(4)输入凭证正文部分。一次输入摘要、科目名称(或科目代码)、借方金额或贷方金额,然后按"Enter"键,自动生成下一条分录的摘要,继续输入科目代码、借方金额或贷方金额。若借、贷方均无辅助账科目且不涉及现金流量录入,则输入完成后,可单击【增加】按钮,继续填写下张凭证。若借贷科目有辅助核算项,则需在弹出的对话框中输入辅助核算内容或录入现金流量项目。辅助核算包括往来核算、部门核算、数量核算等内容。第一笔业务的凭证如图4-9所示。

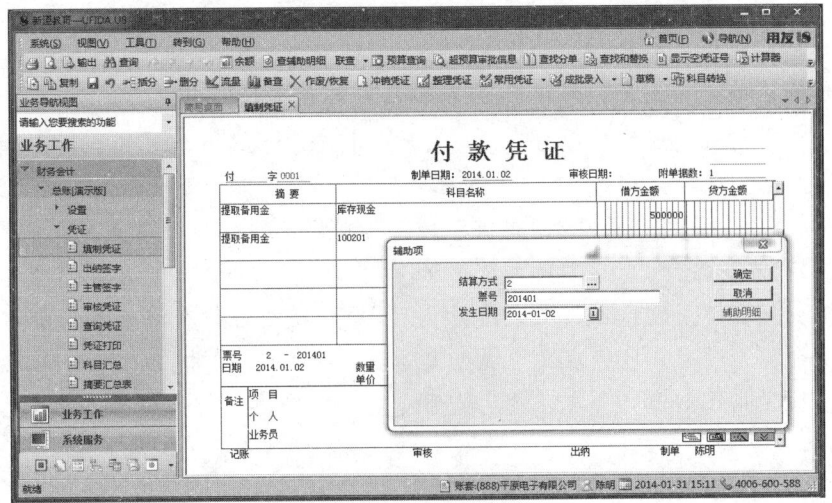

图4-9 填制凭证

（5）本例中单击【保存】按钮。若此张支票未登记，则弹出"此支票尚未登记，是否登记？"对话框，单击【是】按钮，弹出"票号登记"对话框。输入相对应信息，单击【确定】按钮。如图4-10所示。

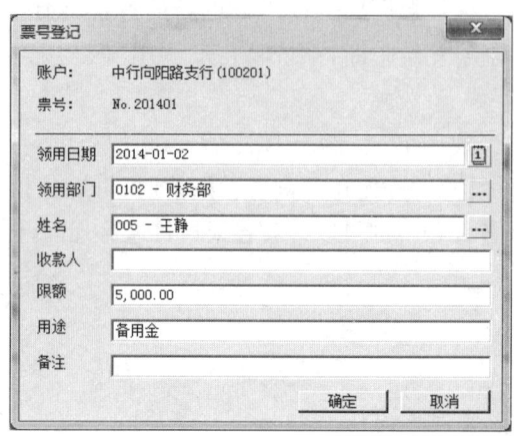

图 4 - 10　票号登记

提　示

- 凭证填制完成后，在未审核前可以直接修改。若凭证中会计科目的辅助项内容有错误，则应先单击含有错误辅助项的会计科目，将鼠标移到备注栏中错误的辅助项所在位置，当出现"笔头状光标"时双击鼠标，在弹出的辅助项录入窗口直接修改辅助项的内容，或者按"Ctrl＋S"组合键调出辅助项录入窗口后再进行修改。
- 若科目为银行存款，且在结算方式设置中确定要进行票据管理，也在【选项】中设置了"支票控制"，那么这里会要求输入"结算方式"、"票号"及"发生日期"。
- 如果科目设置了辅助核算属性，则在这里还需要输入辅助信息，如部门、个人、项目、客户、供应商、数量等。录入的辅助信息将在凭证下方的备注中显示。
- 录入该笔分录的借方或贷方本币发生额，金额不能为零，但可以是红字，红字金额以负数形式输入。如果方向不符，可按空格键调整金额方向。
- 若想放弃当前未完成的分录的输入，按【删行】按钮或"Ctrl＋D"组合键删除当前分录即可。
- 如果在总账【选项】中设置了"制单时序控制"，则凭证的填制日期应大于等于系统的启用日期，但不得超过计算机的系统日期，也不能在上一张凭证的填制日期之前。
- 如果填制凭证使用的科目为现金流量科目，那么在凭证保存之前要求制定凭证分录的现金流量项目。已经定义了现金流量取数关系的，单击【流量】按钮，在弹出现金流量项目指定的窗口会自动显示凭证发生的科目、方向、金额及对应点的现金流量项目，也可以手工修改。

2. 作废并删除凭证(可选做)

以会计陈明身份进入企业应用平台总账管理系统：

（1）执行【财务会计】|【总账】|【凭证】|【填制凭证】命令,打开"填制凭证"窗口。

（2）查找要作废的凭证,执行【作废/回复】命令,凭证左上角显示"作废"字样,表示已将该凭证作废。

（3）执行【整理凭证】命令,在弹出的对话框中选择要整理的月份,单击【确定】按钮,打开"作废凭证表"对话框。

（4）双击需要删除凭证所在行"删除?"选项,空白栏显示"Y"标志,单击【确定】按钮。

（5）系统提示"是否还需整理凭证断号",选择凭证断号重新排列方式,如选择"按凭证号重排",单击【是】按钮,进行整理。如图 4-11 所示。

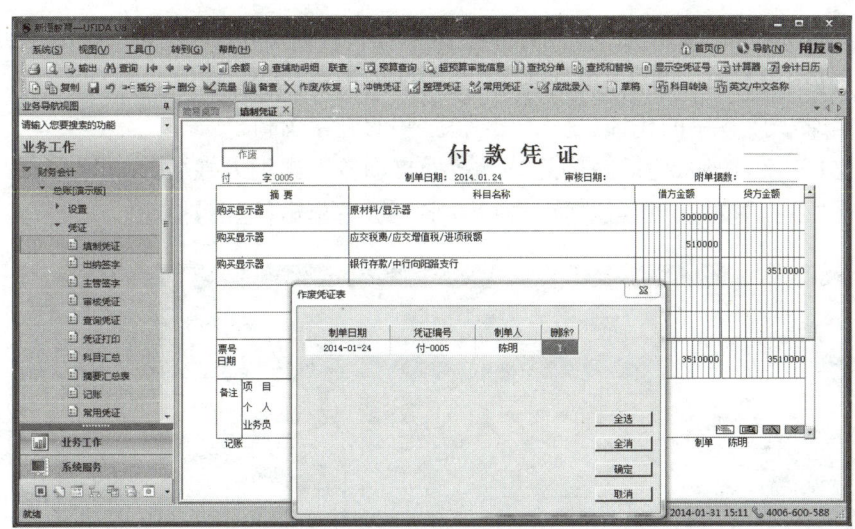

图 4-11 作废并整理凭证

提 示

● 对于作废凭证,可以单击【作废/回复】命令,取消"作废"标志。
● 作废凭证不能修改、不能审核,但参与记账。
● 账簿查询时查不到作废凭证的数据,但该凭证仍占用原有凭证编号。
● 若要删除凭证,必须分两步进行操作,即先进行"作废"操作,然后进行"整理"操作才能删除凭证。
● 只能对未记账凭证进行凭证整理。对已记账凭证进行凭证整理,应先取消记账,再做凭证整理。
● 未审核的凭证可以直接删除;已审核或进行出纳签字的凭证,必须在取消审核及出纳签字后才能删除。

● 如果在对作废凭证进行整理时,选择了不整理断号,但在总账管理系统的选项设置中选中了"自动填补凭证断号"及"系统编号"复选框,那么在填制凭证时可以由系统自动填补断号。否则,将会出现凭证断号。

3. 出纳签字

以出纳王静身份进入企业应用平台总账管理系统:

(1)执行【财务会计】|【总账】|【凭证】|【出纳签字】命令,打开"出纳签字"查询条件对话框。

(2)输入查询条件:单击选中【全部】单选按钮,输入日期"2014 - 01 - 01—2014 - 01 - 31"。

(3)单击【确定】按钮,进入"出纳签字"的凭证列表窗口。

(4)双击某一要签字的凭证,进入"出纳签字"的签字窗口。

(5)单击【签字】按钮,凭证底部的"出纳"处自动签上出纳人姓名。如图 4 - 12 所示。

(6)单击"下张"按钮,对其他凭证进行签字。最后单击【退出】按钮。

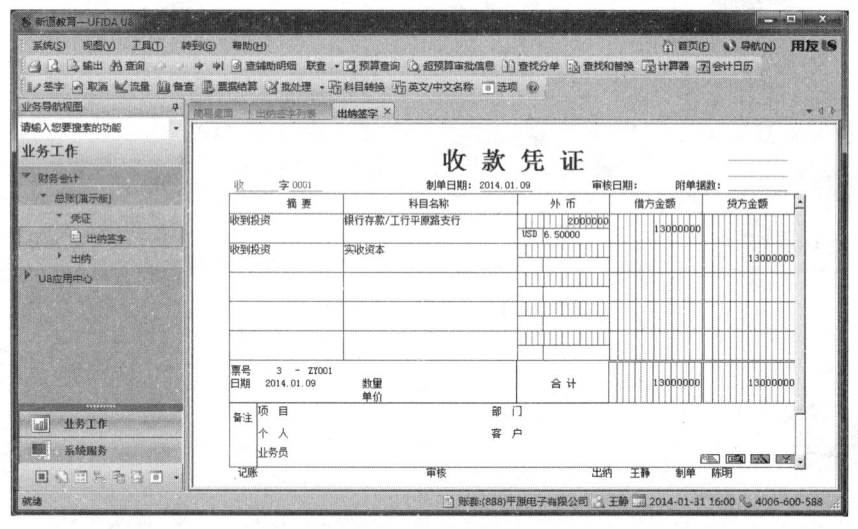

图 4 - 12   出纳签字

提   示

● 被指定的库存现金总账科目和银行存款总账科目必须是一级会计科目。
● 只有指定库存现金总账科目和银行存款总账科目才能进行出纳签字操作。

4. 审核凭证

以账套主管刘芳身份进入企业应用平台总账管理系统：

（1）执行【财务会计】|【总账】|【凭证】|【审核凭证】命令，打开"审核凭证"对话框，单击【确定】按钮，打开"审核凭证"功能窗口。

（2）在"审核凭证"功能窗口中，双击某一要审核的凭证，打开待审核签字的第一张凭证。

（3）单击【审核】按钮，逐张进行审核签字或者直接选择【批处理】|【成批审核凭证】命令，进行成批审核签字。如图 4 – 13 所示。

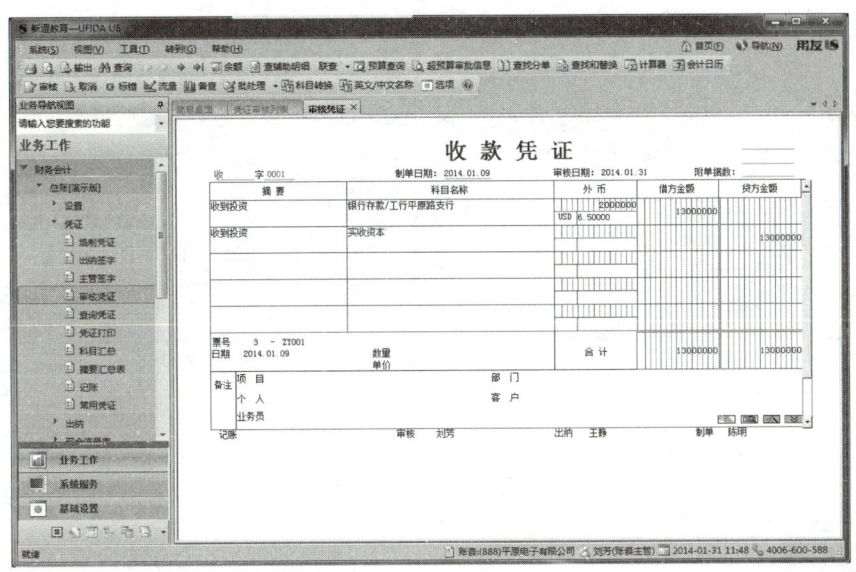

图 4 – 13　审核凭证

提　示

● 系统要求审核人和制单人不能是同一个人。

● 凭证审核的操作权限应首先在"系统管理"的权限中进行设置，其次还要注意在总账管理系统的选项中是否选中"凭证审核控制到操作员"复选框，如果设置了该选项，则应继续设置审核的明细权限，即"数据权限"中的"用户"权限。只有在"数据权限"中设置了某用户有权审核另外某一用户所填制凭证的权限，该用户才真正拥有了审核凭证的权限。

● 在审核凭证的功能中还可以对有错误的凭证进行"标错"处理（标错凭证不能被审核，必须取消标错才能审核），还可以"取消"审核（操作方式同取消出纳签字方式）。已审核的凭证将不能修改、删除，只能在取消审核后才能在填制凭证的功能中进行修改、删除。

5. 记账

以账套主管刘芳身份进入企业应用平台总账管理系统:

(1) 执行【财务会计】|【总账】|【凭证】|【记账】命令,打开"记账"对话框,在"记账范围"对话框中输入要记账的凭证范围或直接单击【记账】按钮,系统默认为对所有凭证进行记账。

(2) 打开"期初试算平衡表"对话框,显示试算结果平衡,单击【确定】按钮。

(3) 登录有关的总账、明细账、辅助账,记账完毕,系统提示"记账完毕",单击【确定】按钮。如图 4 - 14 所示。

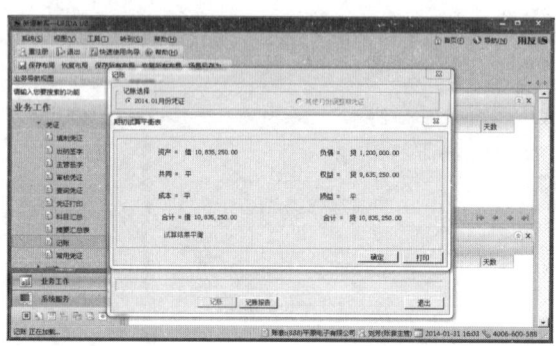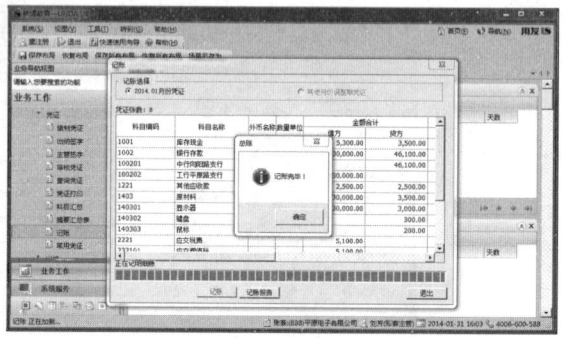

图 4 - 14　记账

(4) 单击【退出】按钮,返回到企业应用平台。

提　示

● 期初余额试算不平衡不允许记账;有不平衡的凭证不允许记账;未审核的凭证不允许记账;上月未结账本月不能记账。

● 如果不输入记账范围,系统默认对所有凭证进行记账。

● 作废凭证不需审核可直接记账。

● 记账过程中不得中断退出,如果由于断电或其他原因造成了中断,可通过激活"恢复记账前状态"命令恢复,然后由用户重新进行记账工作。

(二) 出纳处理

1. 查询现金日记账、银行存款日记账。

(1) 执行【财务会计】|【总账】|【出纳】|【现金日记账】命令,打开"现金日记账查询条件"对话框。

(2) 选择科目"1001 库存现金",默认月份"2014.01"。

(3) 单击【确定】按钮,进入"现金日记账"窗口。如图 4 - 15 所示。

(4) 双击某行或将光标定在某行单击【凭证】按钮,可查看相应的凭证。单击【总账】按钮,可查看此科目的三栏式总账。

（5）同理可进行银行存款日记账查询。

图4-15 查看现金日记账

2. 查询2014.01.06的资金日报表。

（1）执行【财务会计】|【总账】|【出纳】|【资金日报】命令,打开"资金日报表查询条件"对话框。

（2）输入查询日期"2014.01.06",选择"有余额无发生也显示"复选框。

（3）单击【确定】按钮,进入"资金日报表"窗口。如图4-16所示。

（4）查看资金日报表,单击【关闭】按钮。

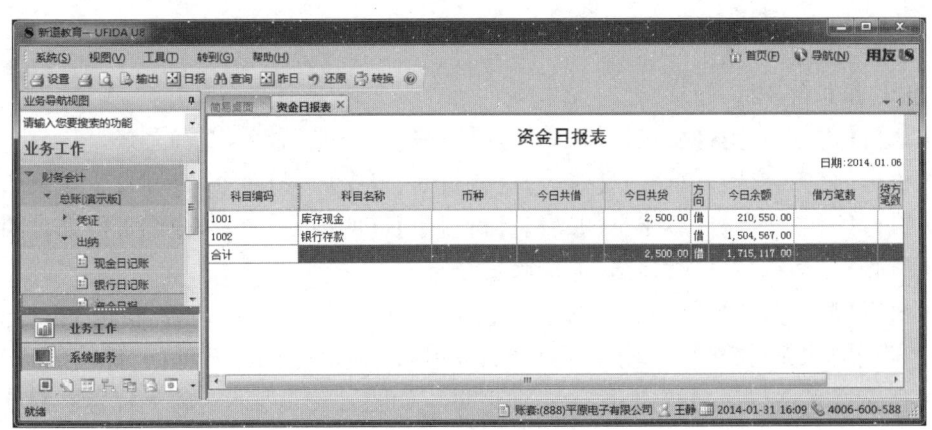

图4-16 查看资金日报表

3. 1月26日,销售部吴天航借转账支票一张,票号：No.201404,限额5 000元。

（1）执行【财务会计】|【总账】|【出纳】|【支票登记簿】命令,打开"银行科目选择"对话框。

（2）选择科目：100201中行向阳路支行,单击【确定】按钮,进入"支票登记簿"窗口。

（3）单击【增加】按钮,输入领用日期"2014.01.26",领用部门"销售部",领用人"吴天航",支票号"No. 201404",预计金额"5 000"。如图 4 - 17 所示。

(4) 单击【关闭】按钮。

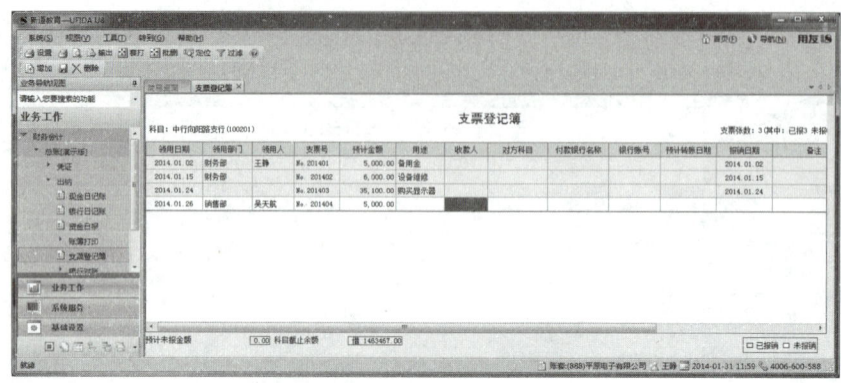

图 4 - 17　进入支票登记簿

提　示

● 只有在结算方式设置中选择"票据管理标志"功能才能在此选择登记。
● 领用日期和支票号必须输入,其他内容可输入也可不输入。
● 报销日期不能在领用日期之前。
● 已报销的支票可成批删除。

(三) 账簿处理

1. 查询基本会计核算账簿。

(1) 执行【财务会计】|【总账】|【账表】|【科目账】|【总账】命令,查询总账。

(2) 执行【财务会计】|【总账】|【账表】|【科目账】|【余额表】命令,查询发生额及余额表。

(3) 执行【财务会计】|【总账】|【账表】|【科目账】|【明细账】命令,查询月份综合明细账。

2. 查询部门总账、部门明细账、部门收支分析。

(1) 执行【财务会计】|【总账】|【账表】|【部门辅助账】|【部门总账】|【部门三栏总账】命令,进入"部门总账条件"窗口。输入查询条件:科目"660203 其他",部门"综合管理部"。如图 4 - 18 所示。单击【确定】按钮,显示查询结果。如图 4 - 19 所示。将光标定在总账的某笔业务上,单击【明细】按钮,可以联查部门明细账。

(2) 执行【财务会计】|【总账】|【账表】|【部门辅助账】|【部门明细账】|【部门多栏明细账】命令,进入"部门多栏明细账条件"窗口。选择科目"6602 管理费用",部门"综合管理部",月份范围"2014.01—2014.01",分析方式"金额分析"。如图 4 - 20 所示。单击【确定】按钮,显示查询结果。如图 4 - 21 所示。将光标定在多栏账的某笔业务上,单击【凭证】按钮,可以联查该笔业务的凭证。

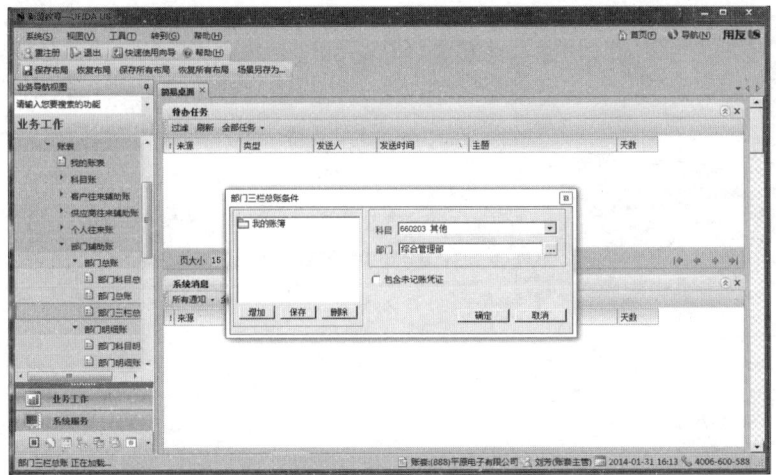

图 4 - 18   查询部门总账

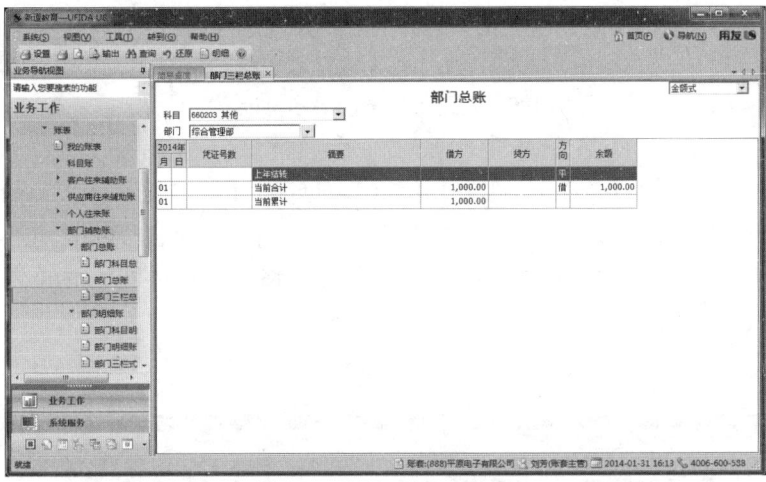

图 4 - 19   显示部门总账

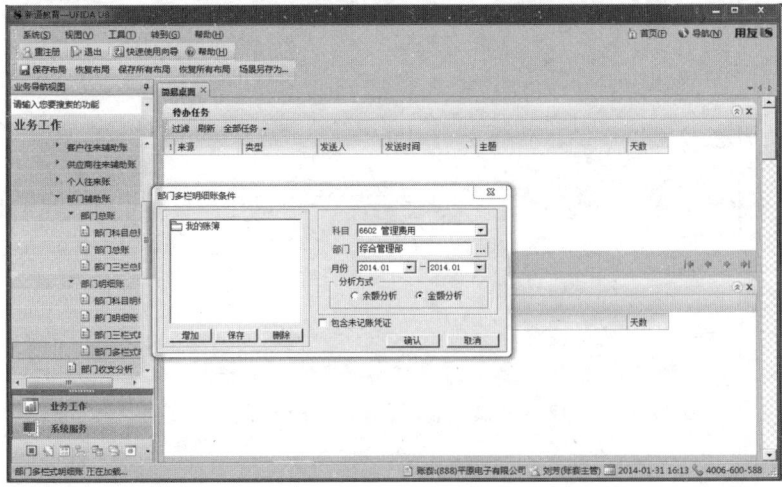

图 4 - 20   查询部门明细账

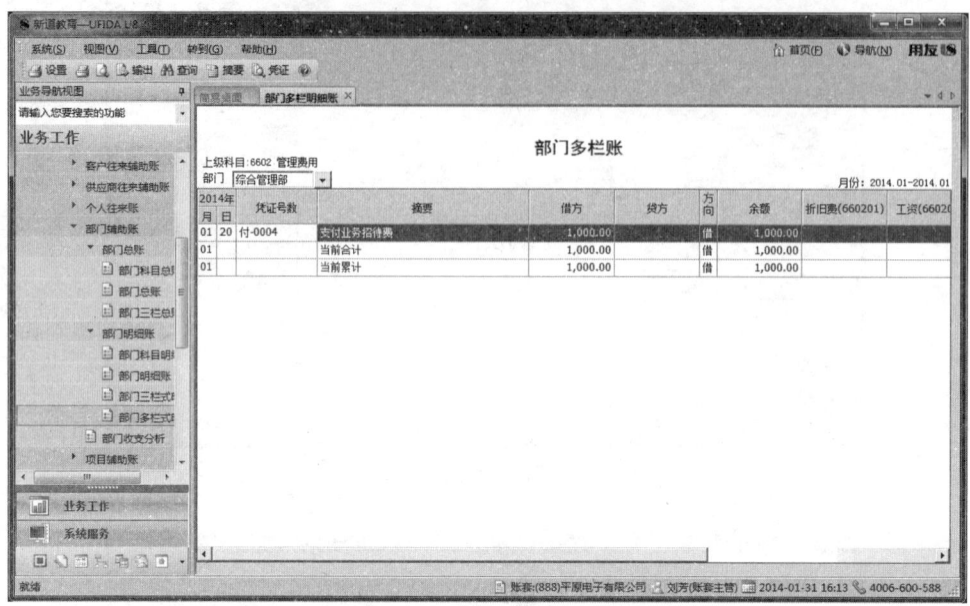

图 4-21　显示部门明细账

（3）执行【财务会计】|【总账】|【账表】|【部门辅助账】|【部门收支分析】|命令，进入"部门收支分析条件"窗口。选择分析的科目：选择所有的部门核算科目；单击【下一步】按钮，选择分析的部门：选择所有的部门；单击【下一步】按钮，选择分析的月份：起止月份"2014.01—2014.01"；单击【完成】按钮，显示查询结果。如图 4-22 所示。

图 4-22　显示部门收支分析表

四、拓展提高

(一)修改凭证

对于会计凭证的修改,按照以下三种情况进行说明。

1. 凭证未审核、未记账前的修改。凭证填制完成后,在未审核前可以由制单人直接修改。具体操作步骤是:由制单人执行【财务会计】|【总账】|【凭证】|【填制凭证】命令,打开"填制凭证"窗口,查找要修改的凭证,直接对凭证的错误进行修改。

提　示

- 外部系统传来的凭证不能在总账管理系统中修改,只能在生成凭证的系统中进行修改。
- 如果在总账管理系统的选项中没有选中"允许修改、作废他人填制的凭证",则只能由原来的制单人在填制凭证功能中修改或作废凭证。

2. 凭证已经审核但未记账前的修改。若发现已审核但未记账的凭证有错误,不能直接由制单人修改。必须先由审核人对错误凭证取消审核,若出纳已进行签字的,还需由出纳人员取消签字,然后再由制单人按上述"凭证未审核、未记账前的修改"的方法,在"填制凭证"窗口进行修改。

3. 凭证记账后的修改。如果凭证已经记账,按照有关规定,只能对错误凭证采取红字冲销法或补充登记法进行更正,即对凭证修改采取有痕迹的修改,以保证留下审计线索。

补充登记法即相当于增加一张凭证,这里不再复述。

红字冲销法,即将错误凭证采用增加一张红字凭证全额或部分冲销,若需要,再增加一张正确的蓝字凭证进行补充的方法。会计信息化方式下,红字冲销凭证的适用条件和操作思路与手工会计相同。

例:1月31日,发现本月"付"字1号凭证的金额有错,应该提取5 000元,错填写成6 000元,该张凭证已经审核记账,现采用"红字冲销法"生成一张红字凭证,将多记的金额1 000元冲销。其具体操作步骤如下:

第一步:由制单人"陈明"执行【财务会计】|【总账】|【凭证】|【填制凭证】命令,打开"填制凭证"窗口。

第二步:执行【制单】|【冲销凭证】命令,打开"冲销凭证"对话框,选择要冲销的凭证类别【付】,输入凭证号"001",单击【确定】按钮。

第三步:系统自动生成一张红字冲销凭证,修改制单日期为"2014 - 01 - 31",修改红字金额为"1 000",单击【保存】按钮,系统提示"凭证已成功保存!",单击【确定】按钮。

提 示

● 对系统生成的红字凭证应予以审核、记账,才能冲销账簿上原有的错误记录。

(二) 取消记账

取消记账又称反记账或恢复记账前状态。在记账过程中,由于断电等原因使记账发生中断等情况,导致记账错误,或者记账后发现输入的记账凭证有错误,需进行修改,可调用恢复记账前状态功能,将数据恢复到记账前状态,待调整完成后再重新记账。系统提供两种恢复记账前状态的方式:一种是将系统恢复到最后一次记账前状态;另一种是将系统恢复到本月月初状态。取消记账的具体操作步骤如下:

第一步:执行【财务会计】|【总账】|【期末】|【对账】命令,打开"对账"对话框。按"Ctrl+H"组合键,系统提示"恢复记账前状态功能已被激活",单击【确定】按钮,单击【退出】按钮,返回"企业应用平台"窗口。

第二步:执行【总账】|【凭证】|【恢复记账前状态】命令,打开"恢复记账前状态"对话框。选择一种恢复方式,如选择恢复到"最近一次记账前状态",单击【确定】按钮。弹出"请输入口令"对话框,单击【确定】按钮。系统提示"恢复记账完毕!",单击【确定】按钮。如图 4-23 所示。

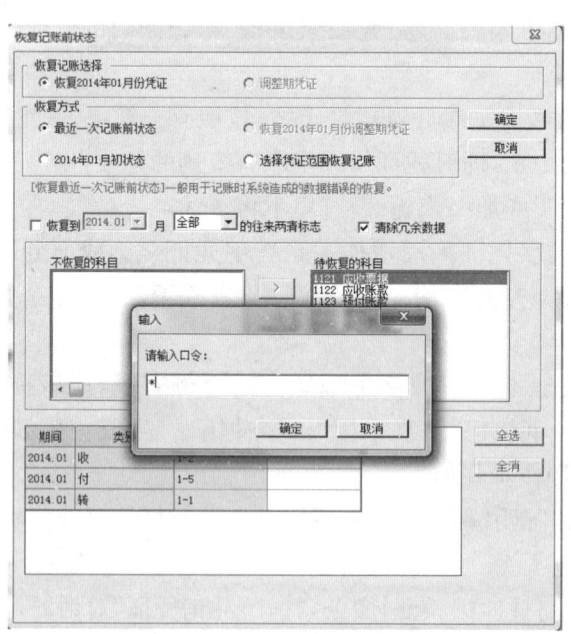

图 4-23　恢复记账前状态

提　示

● 已结账的月份不能取消记账,如果要恢复记账前状态,可先取消结账再取消记账。

任务四　总账管理系统期末处理

一、任务描述

(一)银行对账

平原电子有限公司银行账的启用日期为 2014-01-01,本单位开户行中国银行向阳路支行人民币户,企业银行存款日记账期初余额为 1 509 567 元,银行对账单期初余额为 1 569 567 元,未达账系银行已收、企业未收 60 000 元(2013 年 12 月 31 日,结算方式:其他;票号:ZX326)。根据以上资料录入"888"账套银行对账期初余额。

1. 输入平原电子有限公司 2014 年 1 月中国银行向阳路支行人民币户的银行账单,见表 4-3。

表 4-3　2014 年 1 月银行对账单(中国银行向阳路支行人民币户)

日期	结算方式	票号	借方金额	贷方金额	余额
2014.01.02	现金支票	No.201401		5 000.00	
2014.01.15	转账支票	No.201402		6 000.00	
2014.01.24	转账支票	No.201403		35 100.00	

2. 进行银行对账。

3. 查询余额调节表。

(二)自动转账

在企业应用平台总账管理系统中,以会计陈明的身份,进行如下操作。

1. 转账定义

(1)自定义转账——结转本月 I 型电脑完工成本。

借:库存商品——I 型电脑(取对方科目计算结果)

贷:生产成本——直接材料(取 500101 科目的借方期末余额;项目:I 型电脑)

————直接人工(取 500102 科目的借方期末余额,项目:I 型电脑)

————制造费用(取 500103 科目的借方期末余额,项目:I 型电脑)

（2）结转销售成本。

（3）结转期间损益。

2．转账生成

（1）生成自定义转账凭证——结转本月完工产品成本。（假定本月生产的产品全部完工，验收入库，且生产成本账户没有期初余额。）

（2）生成所设置的结转销售成本的凭证。

（3）生成所设置的结转期间损益的凭证。

（三）月末结账

在企业应用平台总账管理系统中，以账套主管刘芳的身份进行对账、结账。

二、知识链接

（一）银行对账

银行对账是企业货币资金管理的重要内容，由于凭证传递时间的不同，以及企业和银行在业务处理上可能存在一定的差错，往往会出现双方账面记录不一致的情况。为了及时发现记账错误，正确掌握银行存款实际可用的金额，企业必须定期将银行存款日记账和银行对账单进行核对并编制银行存款余额调节表。

银行对账一般是出纳通过以下程序来完成：

1．录入银行对账期初数据

在第一次利用总账管理系统进行银行对账前，应录入银行启用日期时的银行对账期初数据。银行对账的启用日期是指使用银行对账功能前最后一次手工对账的截止日期，银行对账不一定和总账管理系统同时启用，银行对账的启用日期可以晚于总账管理系统的启用日期。银行对账期初数据包括银行对账启用日的企业方银行日记账与银行方银行对账单调整前的余额，以及启用日期之前的银行日记账和银行对账单的未达账项。录入期初数据后，应保证银行日记账调整后的余额等于银行对账单调整后的余额，否则会影响以后的银行对账。

2．录入银行对账单

在开始对账前，必须将银行开出的银行对账单录入到系统中，以便将其与企业银行日记账进行核对。有些系统还提供了银行对账单导入的功能，避免了繁琐的手工录入过程。

3．进行银行对账

银行对账可采用自动对账和手工对账相结合的方式，先进行自动对账，然后在此基础上再进行手工对账。

自动对账是指系统根据设定的对账依据，将银行日记账（银行未达账项文件）与银行对账单进行自动核对和勾销。对于已核对上的银行业务，系统将自动在银行日记账和银行对账单双方打上两清标志，视为已达账项，否则视为未达账项。对账依据可由用户自己设置，但"方向＋金额"是必要条件，通常可设置为"结算方式＋结算号＋方向＋金额"。

采用自动对账后，可能还有一些特殊的已达账项没有核对上而被视为未达账项，为了保证对账的彻底性和正确性，在自动对账的基础上还需要进行手工补对。例如，自动对账只能针对"一对一"的情况进行对账,而对于"一对多"、"多对一"或"多对多"的情况,只能由手工对账来实现。

4. 查询、打印银行存款余额调节表

在进行对账后,系统会根据对账结果自动生成银行存款余额调节表,以供用户查询、打印或输出。对账后,还可以查询银行日记账和银行对账单对账的详细情况,包括已达账项和未达账项。

5. 核销银行账

为了避免文件过大,占用磁盘空间,可以利用核销银行账功能将已达账项删除。对企业银行日记账已达账项进行删除不会影响企业银行日记账的查询和打印。

6. 长期未达账项审计

有的软件还提供长期未达账项审计的功能。通过设置截止日期以及至截止日期未达天数,系统可以自动将至截止日期未达账项未达天数超过指定天数的所有未达账项显示出来,以便企业了解长期未达账项情况,从而采取措施对其追踪、加强监督,避免不必要的损失。

(二)自动转账

第一次使用总账管理系统进行期末业务处理,应先执行转账定义设置自动转账分录。在定义完转账分录后,以后的各月只需调用转账生成功能,即可快速生成转账凭证。

1. 使用自动转账的步骤

(1)定义凭证模板

定义凭证模板时,应设置凭证类别、摘要、借贷会计科目及其金额。其中,关键是金额公式的设置。因为各月金额不可能总是相同的,因而不能直接输入金额数,而必须利用总账管理系统提供的账务函数来提取账户数据,如期初余额函数、期末余额函数、发生额函数、累计发生额函数、净发生额函数等等。凭证模板只需定义一次即可,各月不必重复定义。

(2)生成记账凭证

凭证模板定义好之后,每个月发生相关经济业务时可不必再通过手工录入凭证,而可以直接调用已定义好的凭证模板来自动生成相关的记账凭证。利用凭证模板生成的记账凭证需要各月重复进行。

2. 自动转账的类型

总账管理系统的期末转账定义主要包括自定义转账、对应结转、销售成本结转、售价(计划价)销售成本结转、汇兑损益结转、期间损益结转、自定义比例转账以及费用分摊和预提等。

(1)自定义转账功能可以完成费用分摊、分配,税金计算,提取各项费用,部门核算、项目核算、个人核算、客户核算、供应商核算的结转等。

(2)对应结转功能只能结转期末余额。若要结转发生额,则应在自定义中设置。即可进行两个科目的一对一结转,还可进行科目的一对多结转。对应结转的科目可以分为上级科目,但其下级科目的科目结构必须一致,如有辅助核算,则两个科目的辅助账类也必须一一对应。

(3)销售成本结转设置功能主要是月末辅助没有启用购销存业务模块的企业完成销售成本的计算和结转。

(4)售价(计划价)销售成本结转功能主要是提供售价(计划价)结转销售成本或调整销售成本。

（5）汇兑损益结转功能主要用于期末自动计算外币账户的汇兑损益，并在转账生成中自动生成汇兑损益转账凭证。汇兑损益只处理以下外币账户：外汇存款户、外币现金户、外币结算的各项债权和债务。

（6）期间损益结转主要用于在一个会计期间终了后将损益类科目的余额结转到本年利润科目中，从而及时反映利润的盈亏情况。

3. 使用自动转账的注意事项

（1）利用自动转账生成凭证时，一定要确保相关凭证已经全部记账，这样才能保证取出的数据是完整的。

（2）如果定义了多张凭证模板，并且这些凭证之间又具有一定的数据联系，那么一定要注意这些凭证的生成顺序。

（3）利用自动转账生成的凭证属于机制凭证，也需要复核、记账。

（三）月末结账

总账管理系统的期末处理是在其他业务管理系统完成期末处理的基础上进行的，主要包括期末转账业务、对账、结账等内容。

总账管理系统的对账包括总账与明细账的核对、总账与辅助账的核对，以确定是否账账相符。试算平衡时，系统会将所有账户的期末余额按会计平衡公式"借方余额＝贷方余额"进行平衡检验，并输出科目余额表。正常情况下，系统自动记账后，账账应是相符的，账户余额也应是平衡的。但由于存在非法操作或计算机病毒等原因，数据有时可能会被破坏，因而引起账账不符。为了检查账证是否相符、账账是否相符以及账户余额是否平衡，应经常使用对账及试算平衡功能。每月工作结束后，月末应进行结账。结账时，系统一般会自动进行对账和试算平衡。结账前，最好进行数据备份；结账后，当月不能再填制凭证，并终止各账户的记账工作。同时，系统会自动计算当月各账户发生额合计及余额，并将其转入到下月月初。

三、任务实施

（一）银行对账

1. 输入 888 账套银行对账期初余额，详见任务资料。

（1）执行【财务会计】|【总账】|【出纳】|【银行对账】|【银行对账期初录入】命令，打开"银行科目选择"对话框。

（2）选择要对账的科目"中行向阳路支行"，单击【确定】按钮，打开"银行对账期初"设置窗口。

（3）在单位日记账"调整前余额"栏输入 1 509 567，在银行对账单"调整前余额"栏输入 1 569 567。如图 4－24 所示。

（4）单击【对账单期初未达项】按钮，打开"银行方期初"设置窗口，单击【增加】按钮，输入"银行已收、企业未收"未达账项数据。如图 4－25 所示。单击【退出】按钮，在"银行对账期初"窗口显示调整后余额。

（5）单击【退出】按钮，返回企业应用平台。

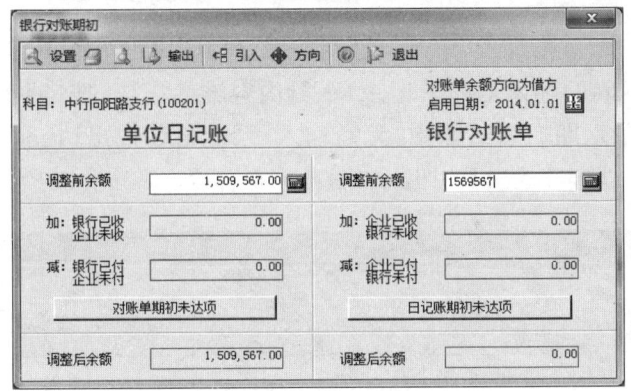

图 4 - 24　输入银行对账期初余额

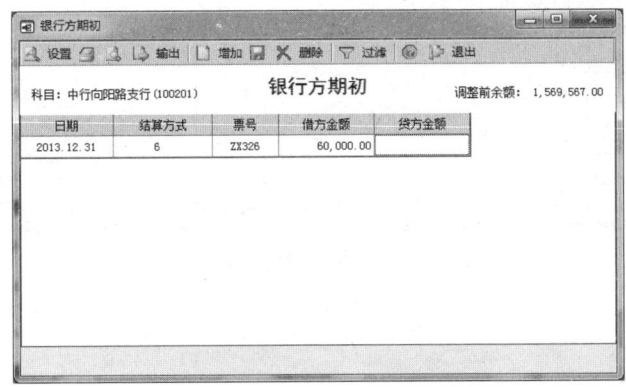

图 4 - 25　输入银行方期初数据

> **提　示**
>
> - 银行对账单余额方向为借方时,借方表示银行存款减少,贷方表示银行存款增加;反之,借方表示银行存款增加,贷方表示银行存款减少。系统默认银行对账单余额方向为借方,单击【方向】按钮可调整银行对账单余额方向。
> - 在执行对账功能之前,应将"银行对账期初"中的"调整后余额"调平。否则,在对账后编制"银行存款余额调节表"时会造成银行存款与单位银行账的账面余额不平。
> - 在录入完单位日记账、银行对账单期初未达账项后,请不要随意调整启用日期,尤其是向前调,可能会造成启用日期后的期初数不能再参与对账。

2. 输入银行对账单

(1) 执行【财务会计】|【总账】|【出纳】|【银行对账】|【银行对账单】命令,打开"银行科目

选择"对话框。

（2）选择对账科目、对账月份，单击【确定】按钮，打开"银行对账单"对话框。

（3）单击【增加】按钮，输入对账单记录，一行内容输入完毕，按【回车键】，继续下一行内容的输入（第一条记录是期初未达账项，无需输入，系统自动带出；余额无需输入，系统自动生成），全部输入完毕，单击【退出】按钮。如图4-26所示。

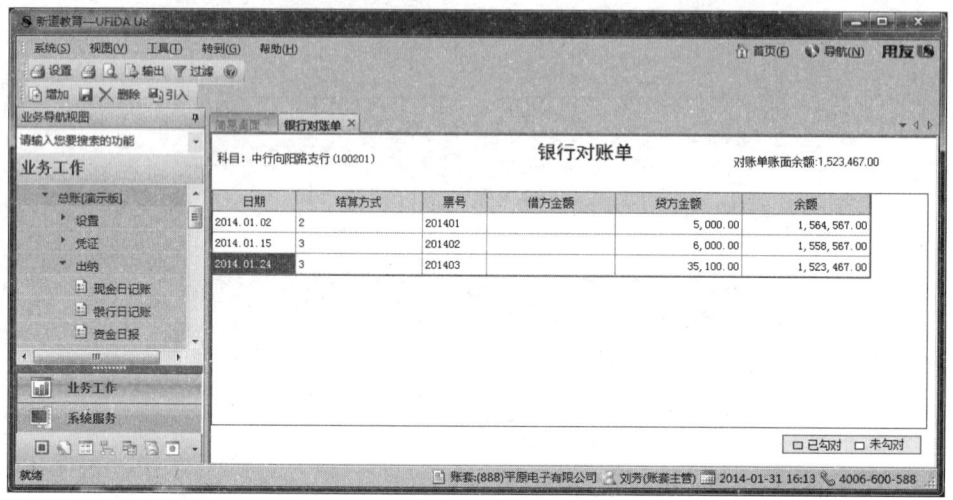

图4-26　输入银行对账单

> **提　示**
>
> - 输入银行对账单时，其余额由系统根据银行对账单期初自动计算生成。
> - 企业如果在多家银行开户，对账单应与其对账号所对应的银行存款下的末级科目一致。

---

3. 银行对账

（1）执行【财务会计】|【总账】|【出纳】|【银行对账】命令，打开"银行科目选择"对话框，单击【确定】按钮，打开"银行对账"窗口。

（2）单击【对账】按钮，打开"自动对账"条件选择窗口。输入截止日期，选择对账条件。如图4-27所示。

（3）单击【确定】按钮，系统进行自动勾对并作出勾对符号。如果对账单中有与日记账相对应但却未选中的已达账记录，可进行手工对账，分别双击银行对账单和单位日记账金额行的"两清"栏，标上两清标志"Y"。

（4）对账完毕，单击【检查】按钮，可查看检查平衡结果。如图4-28所示。

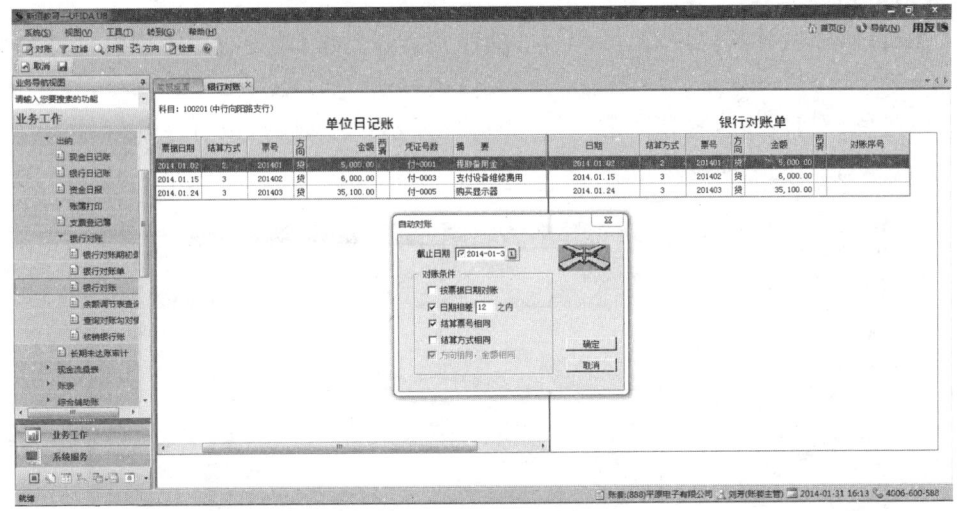

图 4-27 进行自动对账

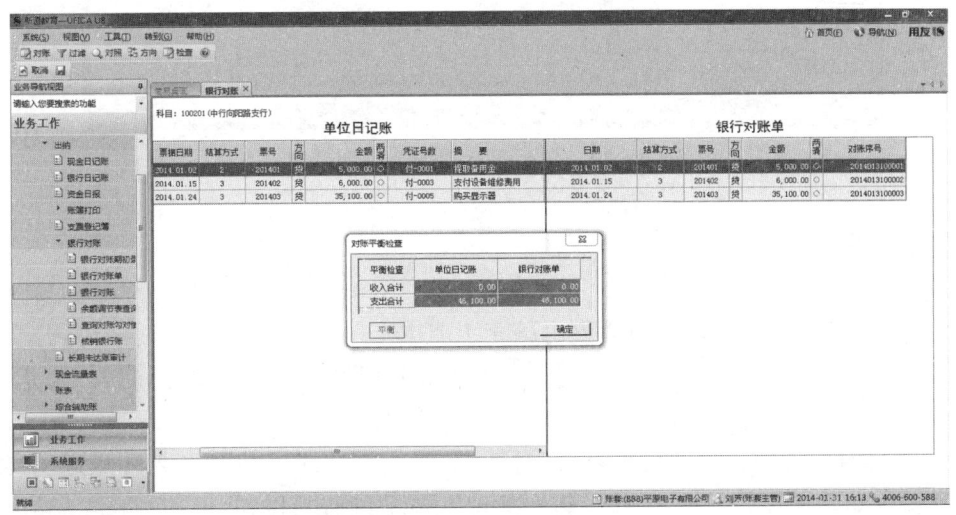

图 4-28 显示对账结果

提 示

- 银行对账方式包括自动对账和手工对账两种。自动对账是计算机根据对账条件将银行日记账与银行对账单进行自动核对、勾销,自动对账两清的标志为"〇"。手工对账是对自动对账的补充,手工对账两清的标志为"Y"。
- 在自动对账后如果发现一些应勾对而未勾对的账项,可以分别双击"两清"栏,直接进行手工勾对。

4. 查询余额调节表

（1）执行【财务会计】|【总账】|【出纳】|【余额调节表查询】命令，打开"银行存款余额调节表"窗口。

（2）单击【查看】按钮或直接双击该行，系统即显示出生成的"银行存款余额调节表"，单击【退出】按钮返回。如图 4 - 29 所示。

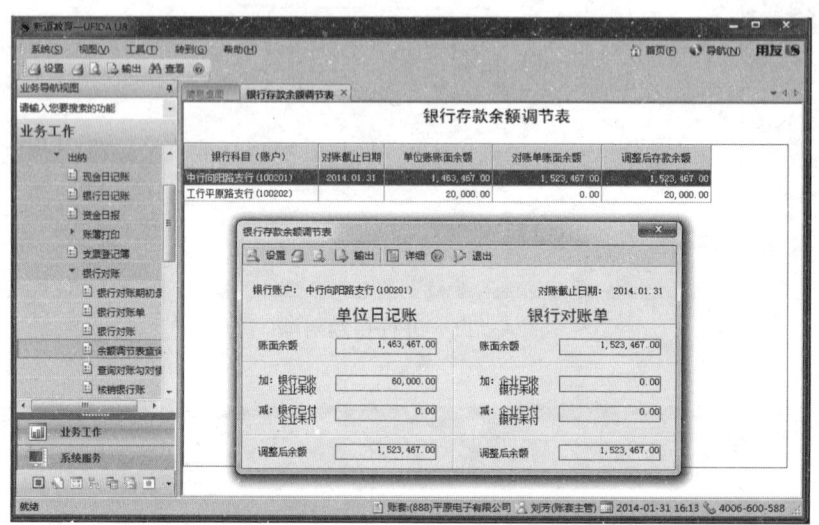

图 4 - 29 显示银行存款余额调节表

（二）自动转账

1. 转账定义

（1）自定义转账——结转本月Ⅰ型电脑完工成本

① 执行【财务会计】|【总账】|【期末】|【转账定义】|【自定义转账】命令，打开"自定义转账设置"对话框。

② 单击【增加】按钮，打开"转账目录"对话框，输入转账序号"1"，录入转账说明"结转Ⅰ型电脑完工成本"，选择凭证类别"转 转账凭证"，单击【确定】按钮，返回"自定义转账设置"对话框。

③ 单击【增行】按钮，输入分录的借方科目编码"140501"、金额公式"JG（）"等栏目内容。

④ 单击【增行】按钮，输入分录的贷方科目编码"500101"，方向"贷"，双击金额公式栏，单击随后出现的【...】参照按钮，选择"期末余额"，单击【下一步】按钮，打开"公式向导"对话框。

⑤ 系统默认会计科目"500101"；期间"月"，单击"项目"栏的【...】参照按钮，选择"Ⅰ型电脑"项目，单击【完成】按钮，返回"自定义转账设置"对话框。

⑥ 重复④和⑤的操作步骤，完成第三条分录和第四条分录的定义，全部设置完毕，单击【保存】按钮后退出。如图 4 - 30 所示。

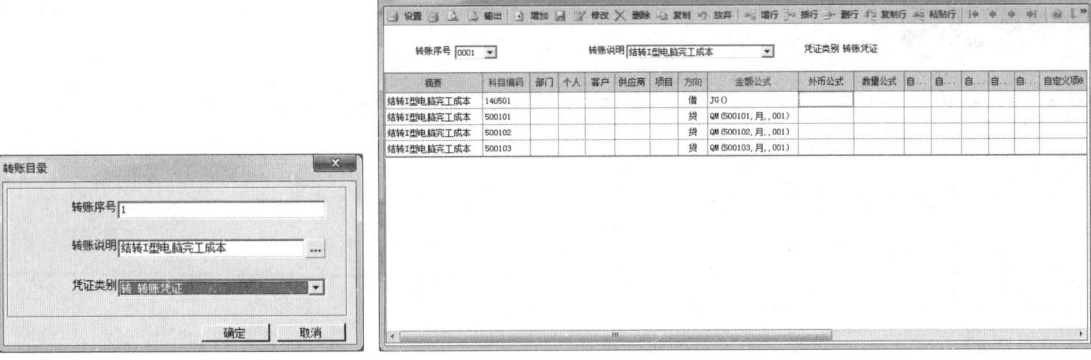

图 4-30 自定义转账设置——结转 I 型电脑完工成本

提 示

- 转账科目可以是非末级科目,部门可为空,表示所有部门。
- 如果用户使用了应收、应付管理系统,那么,在总账管理系统中,不能按客户、供应商辅助项进行结转,只能按科目总数进行结转。
- 输入转账计算公式有两种方法:一是直接选择计算公式;二是以引导方式录入公式。

(2) 结转销售成本

① 执行【财务会计】|【总账】|【期末】|【转账定义】|【销售成本结转】命令,打开"销售成本结转设置"对话框。

② 选择凭证类别"转 转账凭证",在"库存商品科目"文本框中输入科目编码"1405";在"商品销售收入科目"文本框中输入科目编码"6001";在"商品销售成本科目"文本框中输入科目编码"6401",单击【确定】按钮。如图 4-31 所示。

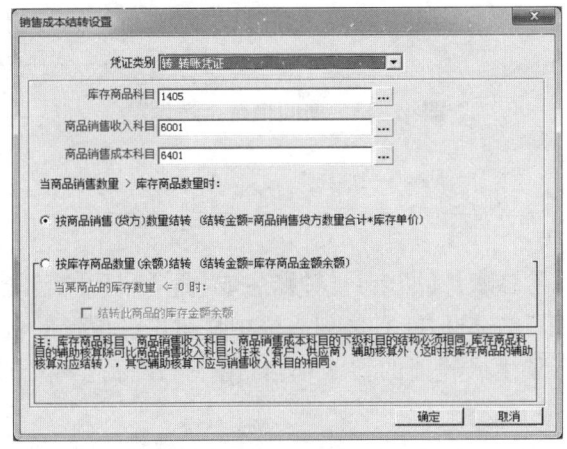

图 4-31 销售成本结转设置

> **提　示**
>
> - 库存商品、商品销售收入科目、商品销售成本科目的下级科目的结构必须相同。
> - 库存商品科目的辅助核算除可以比商品销售收入科目少往来辅助核算外,其他辅助核算应与销售收入科目相同。

（3）结转期间损益

① 执行【财务会计】|【总账】|【期末】|【转账定义】|【期间损益】命令,打开"期间损益结转设置"对话框。

② 在"本年利润科目"文本框中输入科目编码"4103",单击【确定】按钮。如图 4－32 所示。

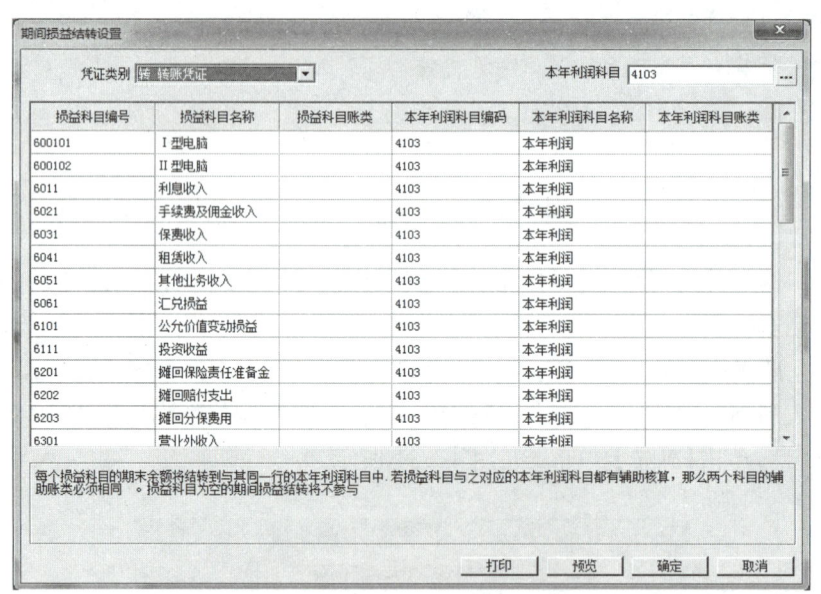

图 4－32　期间损益结转设置

2. 转账生成

（1）自定义转账生成

① 执行【财务会计】|【总账】|【期末】|【转账生成】命令,打开"转账生成"对话框。

② 选定"自定义转账"单选框,在右边列表框中显示出已设置的自定义转账凭证的内容,双击"是否结转"栏,选择要生成凭证的转账项目,出现"**Y**"标志,单击【确定】按钮。如图 4－33 所示。

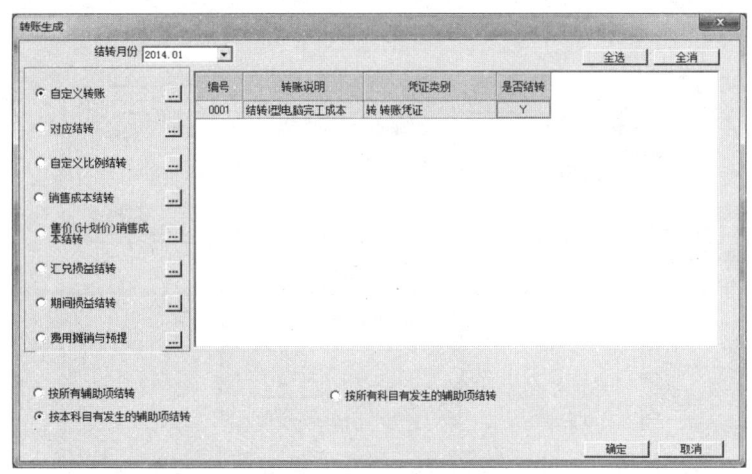

图 4-33 自定义转账生成

③ 系统自动生成转账凭证,单击"140501"科目所在的行,单击辅助项按钮,输入完工数量"10",单击【保存】按钮,凭证上出现"已生成"标志,单击【退出】按钮。系统自动将当前凭证追加到未记账凭证中。如图 4-34 所示。

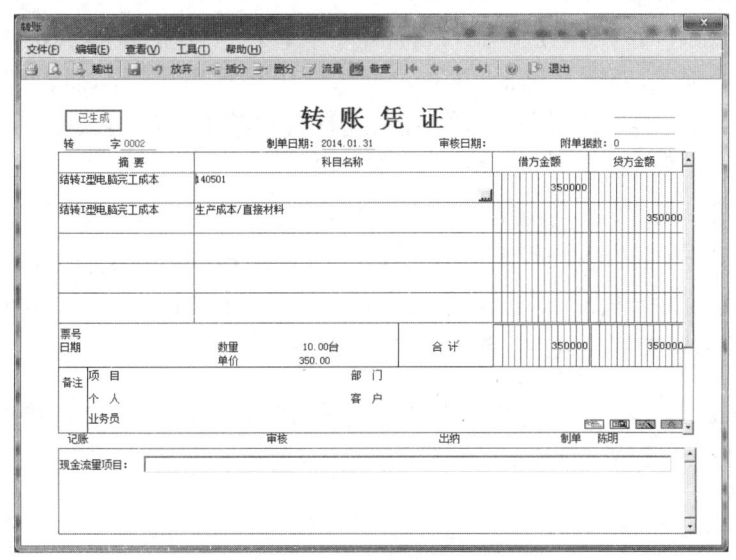

图 4-34 生成转账凭证

(2)销售成本结转生成

① 执行【财务会计】|【总账】|【期末】|【转账生成】命令,打开"转账生成"对话框。

② 选定"销售成本结转"单选框,在右边列表框中显示出已设置好的成本科目编码、成本科目名称以及计量单位等,单击【确定】按钮。

③ 打开"销售成本结转一览表"窗口,单击【确定】按钮,系统提示"没有生成销售成本转账凭证",单击【确定】按钮。(之所以"没有生成销售成本转账凭证",是因为本章节所涉及的业务例题中,没有发生销售业务,也就没有销售成本结转业务。)如图 4-35

所示。

图 4-35 销售成本结转生成

（3）期间损益结转生成

① 检查当月所有凭证均已审核、记账。

② 执行【财务会计】|【总账】|【期末】|【转账生成】命令，打开"转账生成"对话框。

③ 选定"期间损益结转"单选框，在右边列表框中显示出所有的损益类会计科目，单击"类型"下拉按钮，选定类型为"收入"，单击【全选】按钮，单击【确定】按钮，系统提示"所选科目余额为零，没有生成转账凭证"，单击【确定】按钮。

④ 单击"类型"下拉按钮，选定类型为"支出"，单击【全选】按钮，单击【确定】按钮，系统自动生成支出类型账户结转的转账凭证，单击【保存】按钮，在凭证左上方显示出"已生成"字样，系统自动将当前凭证追加到未记账凭证中，单击【退出】按钮。如图 4-36 所示。

⑤ 对生成的结转期间损益的凭证进行审核、记账。

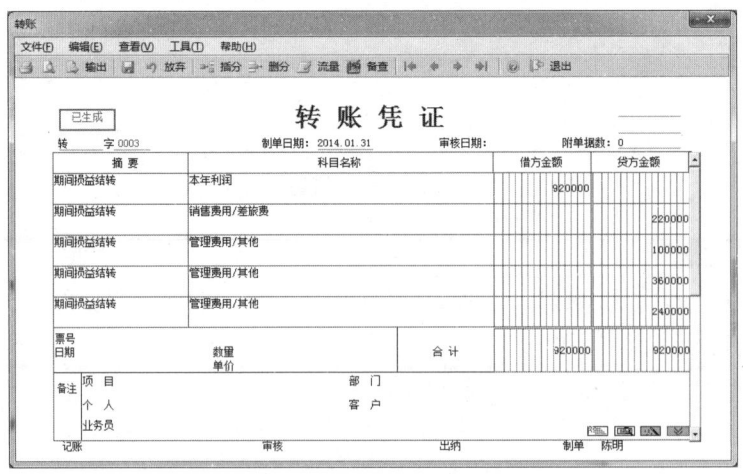

图 4-36 期间损益结转生成

> **提 示**
>
> - 由于转账是按照已记账凭证的数据进行的,所以在月末进行转账之前,请先将所有未记账凭证记账,否则,生成的转账凭证数据可能有误。
> - 生成转账凭证后退出时返回转账生成界面,若不进行其他类型的转账生成,应单击【取消】按钮退出,如果单击【确定】按钮,系统会重复生成凭证。
> - 转账凭证每月只生成一次,不要重复生成。如果已生成的转账凭证有误,必须删除后再重新生成。
> - 通过转账生成功能生成的转账凭证必须保存,否则将视同放弃。
> - 自动转账生成的凭证仍需审核、记账。

(三) 月末结账

1. 对账

(1) 执行【财务会计】|【总账】|【期末】|【对账】命令,打开"对账"窗口。

(2) 将光标定位在要进行对账的月份"2014.01"。

(3) 单击【选择】按钮,单击【对账】按钮,开始自动对账,并显示对账结果。

(4) 单击【试算】按钮,可以对各科目类别余额进行试算平衡。如图 4 - 37 所示。

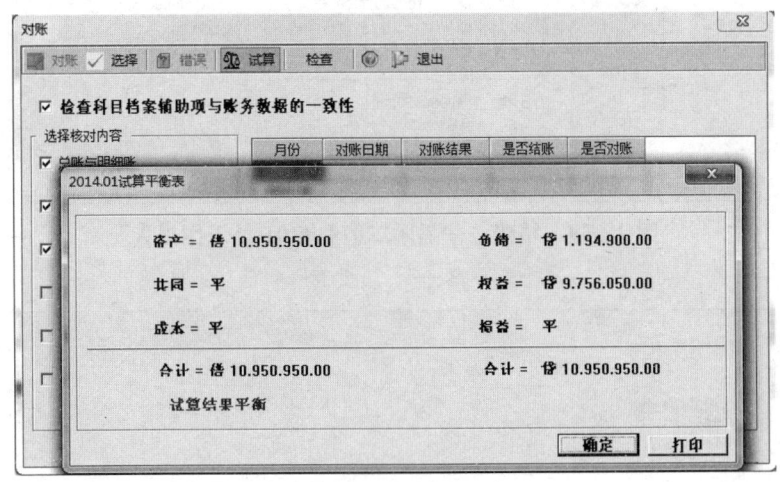

图 4 - 37 对账

2. 结账

(1) 执行【财务会计】|【总账】|【期末】|【结账】命令,打开"结账——开始结账"对话框,单击【下一步】按钮。

(2) 打开"结账——核对账簿"对话框,单击【对账】按钮,系统自动进行对账,对账完毕后,单击【下一步】按钮。如图 4 - 38 所示。

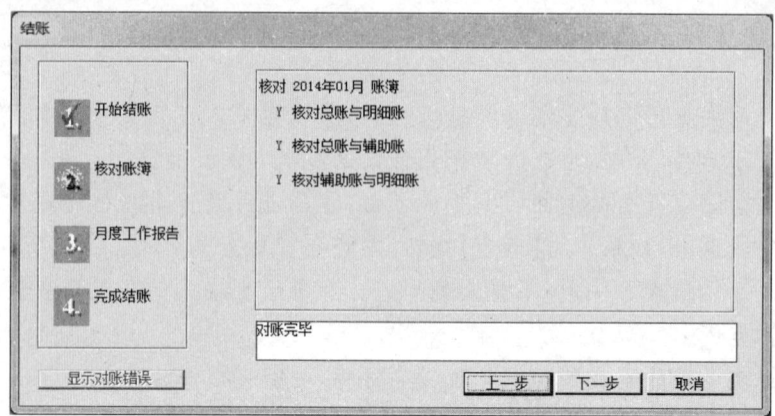

图 4 - 38　结账——核对账簿

（3）打开"结账——月度工作报告"对话框。如图 4 - 39 所示。单击【下一步】按钮。

（4）打开"结账——完成结账"对话框，系统提示"2014 年 01 月未通过工作检查，不可以结账"，单击【取消】按钮。如图 4 - 40 所示。

图 4 - 39　结账——显示"2014 年 01 月工作报告"

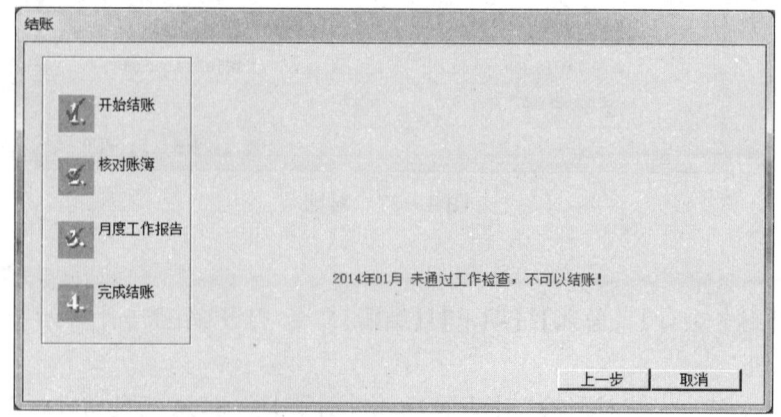

图 4 - 40　结账提示

通过"结账——月度工作报告"可以看出,之所以未完成结账工作,是因为本月还有应收款管理、应付款管理、薪资管理系统未结账,所以总账管理系统也无法进行结账。只有各个子系统结账完成后,才能执行总账管理系统的结账工作。

提 示

● 结账必须按月连续进行,上月未结账,则本月不能结账。

● 每月对账正确后才可以进行结账。

● 若与其他子系统联合使用,其他子系统未全部结账,则本系统不能结账。

● 若结账后发现结账错误,可以取消结账。其操作方法为:进入"结账"对话框,选择要取消结账的月份,按"Ctrl＋Shift＋F6"组合键即可。取消结账前,需进行数据备份。

★★★★★ 小结 ★★★★★

本模块主要介绍了总账管理系统的基本功能、操作流程以及总账管理系统与其他子系统之间数据的传递关系。通过总账管理系统初始化设置的操作,熟悉总账管理系统初始化的主要内容,理解如何通过总账选项的设置来实现对凭证、账簿等的控制。通过对总账管理系统日常业务处理、期末业务处理的学习,掌握总账管理系统凭证的填制与修改、签字、审核,以及凭证记账、银行对账、期末自动转账和结账等操作。

思考题

1. 总账管理系统主要包括哪些功能?

2. 会计科目的辅助核算包括哪些内容?

3. 简述总账管理系统的应用流程。

4. 填制凭证时应注意哪些问题?

5. 修改凭证有哪几种情况? 分别采用哪种方式?

6. 出纳人员无法对填制无误的收款凭证进行签字,存在哪些原因?

7. 进行银行对账的步骤是什么?

8. 什么是自动转账?

9. 反结账如何操作?

10. 结账前需要进行哪些检查工作?

项目五
应收款管理系统

知识目标

1. 熟悉应收款管理系统的功能结构。

2. 明确应收款管理系统与其他系统的关系。

3. 掌握应收款管理系统的业务处理、账表查询。

4. 掌握应收款管理系统期末业务处理的原则和方法。

能力目标

1. 能结合企业实际,进行应收款管理系统初始化参数设置。

2. 能结合企业实际,进行应收款管理系统期初数据录入、日常业务处理及期末处理。

任务一 认知应收款管理系统

一、任务描述

平原电子有限公司已成功完成了账套号为"888"的公司账套的建立。从2014年1月1日起,公司启用了总账管理系统,并在总账管理系统中进行了相关业务的实际操作。接着让我们来了解应收款管理系统的基本功能和业务处理流程。

二、知识链接

(一)应收款管理系统的基本功能

应收款管理系统主要负责核算与管理客户往来款项,即日常活动中产生的应收款数据信息。在企业实际经营过程中,客户产生的应收账款、其他人产生的其他应收款数据量是非常庞大的,通过启用应收款管理系统,就可以将所有的应收款规范化、精细化管理,多维度实现对应收款的核算、管理、统计、分析。应收款管理系统的具体应用是依据各种单据,如销售发票、收款单、其他应收单等,记录销售业务及其他业务的往来款项,处理往来款项的收回、坏账准备的计提与处理、转账等情况,它将企业销售业务与财务系统有机地结合起来。

一般来说,应收款管理系统的基本功能主要包括系统初始化、日常业务处理、信息查询、统计分析、期末处理,各模块结构如图5-1所示。

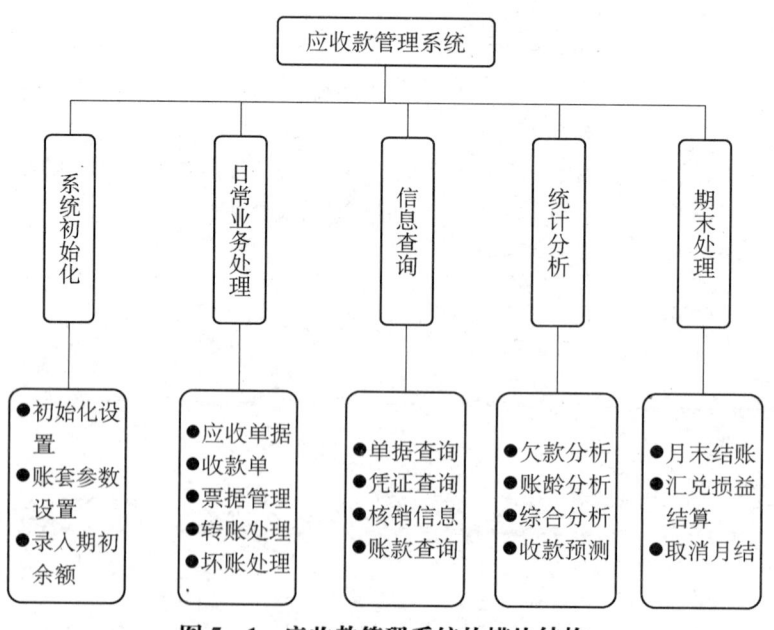

图5-1 应收款管理系统的模块结构

(二) 应收款管理系统的核算方案

应收款管理系统在核算时根据企业实际需求,可提供两种核算方案,分别是:"简单核算"和"详细核算",这两种方案可以在应收款管理系统参数设置中进行选择。

简单核算的应用方案适用于:销售出口业务简单,现结业务多,应收款业务少的企业。其功能包括:接受销售管理系统的发票并审核;制单后传递给总账管理系统;注重对客户的应收款进行查询与分析。

详细核算的应用方案适用于:企业的销售与应收款核算较复杂,追求精细化管理的企业。其功能包括:记录商品交易与非商品交易产生的应收款项;处理收款、转账业务;将业务处理生成的凭证传递至总账管理系统;记录管理应收票据;处理外币业务及汇兑损益等。

以详细核算为例,我们来了解应收款管理系统与其他子系统的数据传递关系。如图5-2所示。

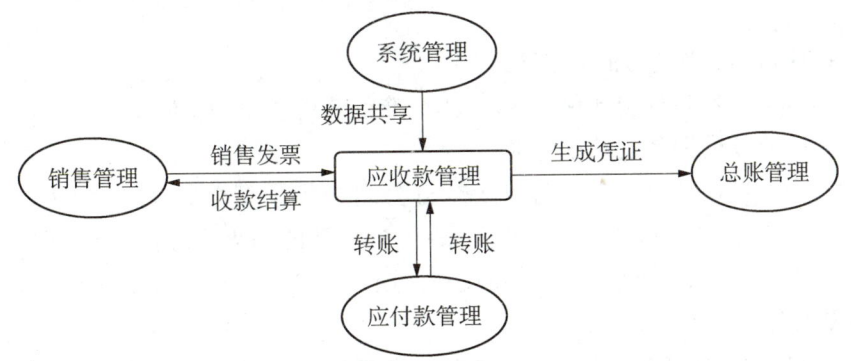

图5-2　应收款管理系统与其他子系统的数据传递关系

任务二　应收款管理系统初始化设置

一、任务描述

平原电子有限公司在"888"账套中,已经成功启用应收款管理系统。从2014年1月1日起,在企业应用平台中,以账套主管刘芳的身份,进行如下操作。

(一) 设置应收款管理系统控制参数,见表5-1

表5-1　应收款管理系统参数设置

选项卡	参数设置
常规	单据审核日期依据为单据日期;坏账处理方式为应收余额百分比法;其他采用系统默认值
凭证	受控科目制单方式为明细到单据;销售科目依据按存货,其他采用系统默认值
权限与预警/核销设置	采用系统默认值

（二）设置应收款管理系统的会计科目，见表5-2

表5-2 应收款管理系统科目设置

基本科目		控制科目		结算方式科目	
应收科目	1122	应收科目	1122	现金	1001
预收科目	2203	预收科目	2203	现金支票	100201
商业承兑科目	1121	产品科目		转账支票	100201
银行承兑科目	1121	收入	Ⅰ型电脑600101	其他	100201
票据利息科目	6603		Ⅱ型电脑600102		
票据费用科目	6603	应交增值税	22210102		

（三）设置应收款管理系统的坏账准备

坏账准备科目：1231；计提比例0.5%；坏账准备期初余额：0；对方科目6701。

（四）录入应收款管理系统期初余额

1. 2013-08-15，凭证号：10，向河南东方公司销售Ⅰ型电脑100台，无税单价2 500元/台，价税合计292 500元，收到对方开来的6个月的商业承兑汇票一张，票据面值：292 500元，票号：66750，票据签发日期和收到日期：2013-08-15，到期日：2014-02-15，增值税专用发票号：5678900001。

2. 2013-11-26，凭证号：20，向北京立信中学销售Ⅱ型电脑200台，无税单价3 000元/台，价税合计702 000元，款项尚未收到。增值税专用发票号：5678945123。

3. 2013-12-06，凭证号：5，向福州宏达公司销售Ⅰ型电脑150台，无税单价2 500元/台，价税合计438 750元，款项尚未收到。增值税专用发票号：5678945256。

二、知识链接

在应收款管理系统应用之前，应做一些基本准备工作。譬如说基础资料的收集录入，以便能够有效地运用应收款管理系统。内容包括客户资料：客户名称、地址、联系方式、开户银行、客户行业性质、公司信用状况等；存货资料：可供销售的存货数量、名称、规格型号、成本、价格等；客户的应收账款、预收账款、应收票据信息等。

三、任务实施

（一）设置应收款管理系统控制参数

1. 执行【财务会计】|【应收款管理】|【设置】|【选项】命令，打开"账套参数设置"对话框。

2. 单击【编辑】按钮，系统弹出"选项修改需要重新登录才能生效"提示框，点击【确定】按钮，然后按照表5-1进行【常规】选项卡的设置，修改单据审核日期依据为"单据日期"，单击坏账处理方式栏的下三角按钮，选择"应收余额百分比法"。如图5-3所示。

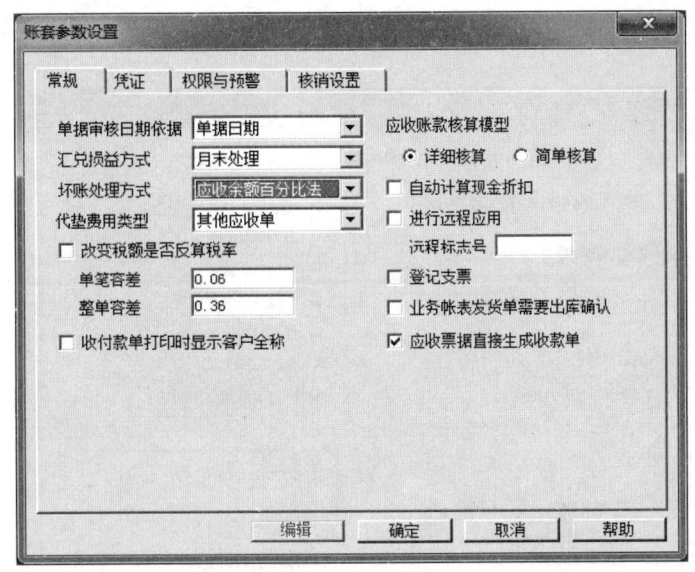

图 5 - 3 设置应收款管理系统参数——常规选项卡

提　示

- 单据审核日期依据有两种:"单据日期"与"业务日期"。选择单据日期时,单据审核时的日期自动保存为单据日期;选择业务日期时,单据审核时的日期则保存为登录日期。执行业务总账、明细账等查询功能时,筛选的即是单据审核日期,如若采用单据日期为审核日期,那么月末结账时就必须保证所有单据通过审核。相比较来说,业务日期则较为灵活,不受结账限制。
- 系统有三种坏账处理方式可供选择:这三种方式都需要录入期初数据与计提比例或账龄期间等。当年坏账准备一经计提,则坏账处理方式不允许修改,只能在下一年度修改。
- 应收账款核算模型分"详细核算"与"简单核算"两种,为更加详细地核算管理应收款项,建议选择"详细核算"。
- 登记支票。勾选此选项后,系统会自动将具有票据管理结算方式的收款单登记在支票登记簿上;若不勾选,企业则可通过收款单上的【登记】按钮,手工登记。此处我们设置为不勾选。

3. 同理,单击【凭证】选项卡,选择受控科目制单方式"明细到单据"。如图 5 - 4 所示。

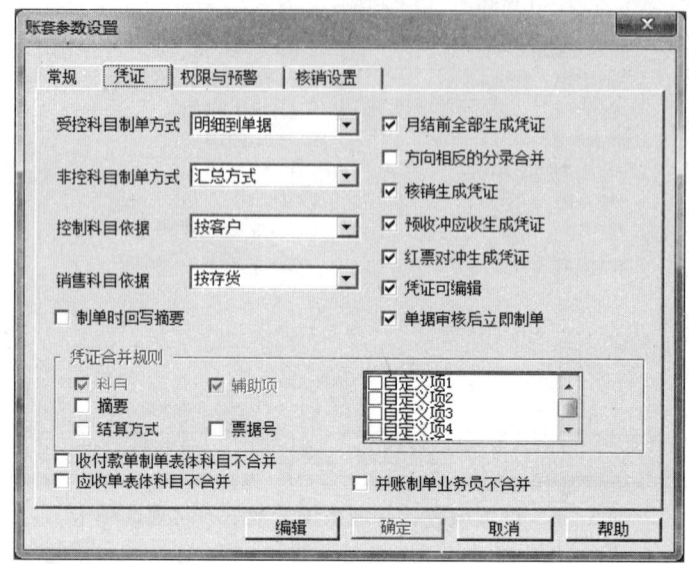

图 5 - 4 设置应收款管理系统控制参数——凭证选项卡

提　示

- 受控科目制单方式,选择"明细到客户",则在生成凭证时,一个客户的多笔业务在相同控制科目条件下自动合并为一条分录;选择"明细到单据",则相同情况下每笔业务形成一条分录,便于查询客户每笔业务的详细情况。
- 非控科目制单方式,选择"汇总方式",则在多个客户多张单据生成一张凭证的情况下,非控科目的金额会合并成一条分录,这有助于数据精简,查询方便。
- 控制科目依据选择"按客户",是指针对不同的客户,可以设置不同的应收科目和预收科目。
- 销售科目依据选择"按存货"分类设置,适用于存货种类较多的企业,可按存货大类设置不同的科目;"按存货"则适用于存货种类不多的企业。
- "核销生成凭证"勾选后,核销双方的单据在入账科目不一致的情况下,系统会自动生成一张调整凭证。否则,不需要进行制单。

　　4. 其余选项卡按照系统默认值设置,如图 5 - 5、5 - 6 所示。设置完毕后单击【确定】按钮,返回到企业应用平台。

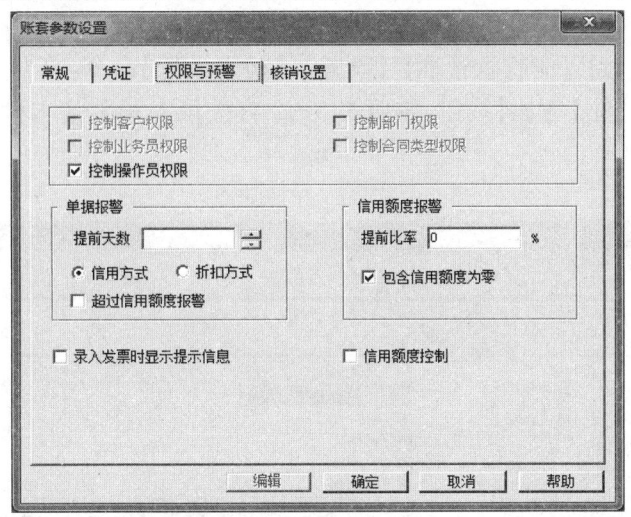

图5-5 设置应收款管理系统控制参数——权限与预警
选项卡

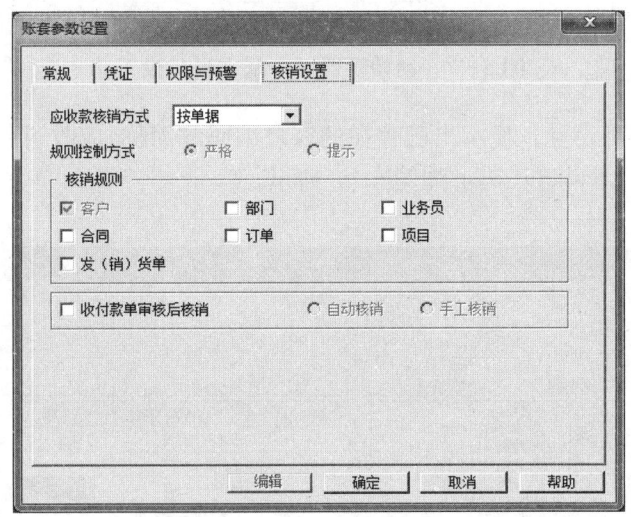

图5-6 设置应收款管理系统控制参数——核销设置选项卡

提 示

● 勾选"录入发票时显示提示信息"后,录入发票时会显示客户的信用额度余额以及
最后的交易情况。否则不显示。

● 应收款的核销方式。"按单据",则系统会列出所有未结算的单据供用户核销选择;
"按产品",则系统会将所有未结算单据按存货列出,供用户核销选择。

(二)设置应收款管理系统的会计科目

1. 执行【财务会计】|【应收款管理】|【设置】|【初始设置】命令,打开"初始设置"窗口,单击【基本科目设置】,点击【增加】按钮,按照表5-2直接录入相关基本科目代码。如图5-7所示。

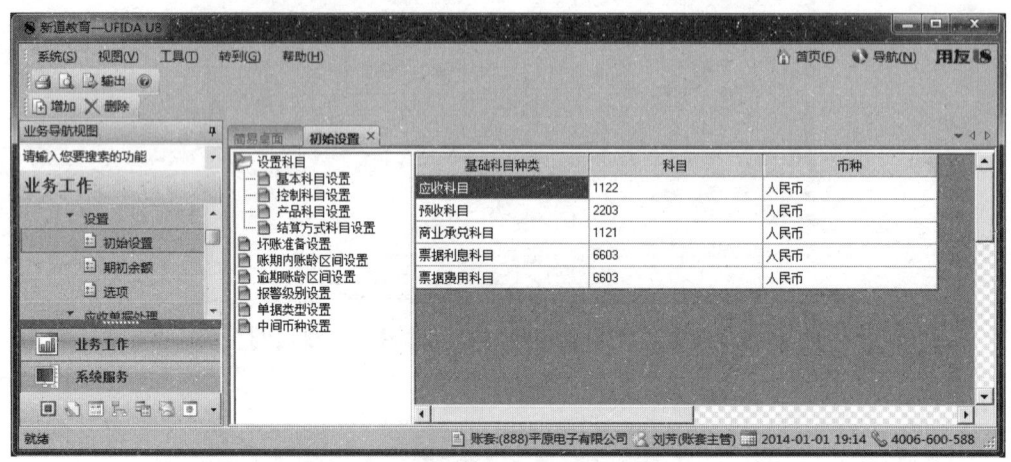

图5-7 初始设置——基本科目设置

2. 单击【控制科目设置】,显示出已存在的客户编码和简称,应收科目与预收科目按照表5-2直接录入相关基本科目代码。如图5-8所示。

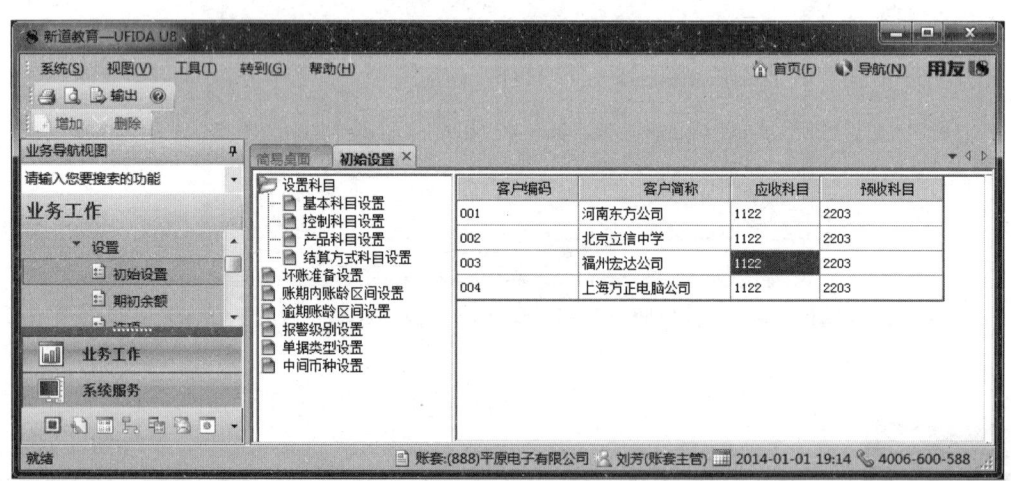

图5-8 初始设置——控制科目设置

3. 单击【结算方式科目设置】,点击【增加】按钮,在【结算方式】栏下拉列表中选择【现金】,单击【币种】栏,选择【人民币】,按照表5-2在科目栏选择或输入对应的科目代码,同理,录入其他的结算方式科目。如图5-9所示。

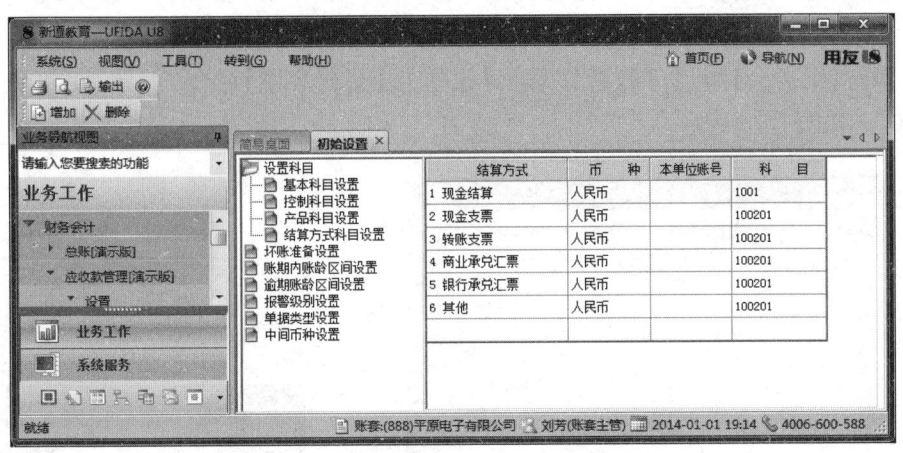

图 5-9 初始设置——结算方式科目设置

> **提　示**

> ● "基本科目设置"的科目必须是总账管理系统中的末级科目。
> ● 设置科目的目的是生成凭证时能直接生成凭证中的会计科目,便于提高工作效率;
>   如果未设置科目,则在生成凭证时需要手工输入会计科目。
> ● 应付和预付科目已经在科目档案中指定为应付管理系统的受控科目。

(三) 设置应收款管理系统的坏账准备

在应收管理系统中,执行【设置】|【初始设置】命令,单击【坏账准备设置】窗口,输入表 5-3 相关数据,单击【确定】按钮,系统弹出"储存完毕",单击【确定】按钮。如图 5-10 所示。

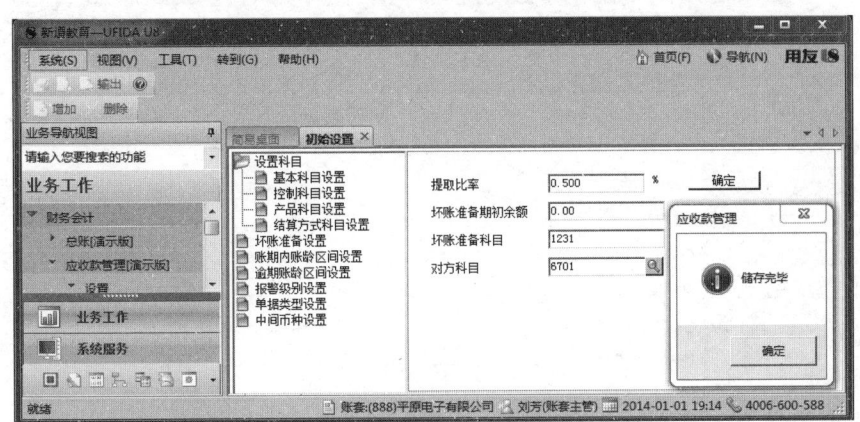

图 5-10 初始设置——坏账准备设置

（四）录入应收款管理系统期初余额

1. 录入应收票据期初余额

（1）执行【财务会计】|【应收款管理】|【设置】|【期初余额】命令，打开"期初余额——查询"对话框。如图 5-11 所示。

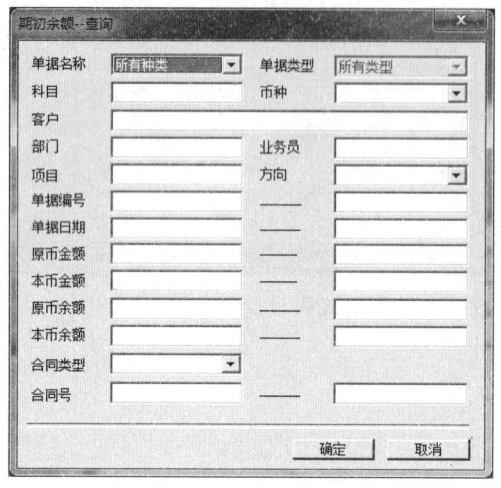

图 5-11　期初余额查询

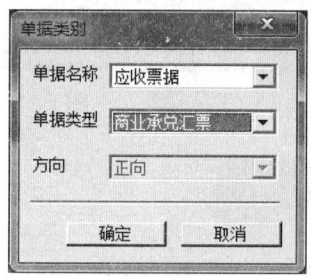

图 5-12　单据类别

（2）单击【确定】按钮，在打开的"期初余额明细表"窗口，单击【增加】按钮，弹出"单据类别"对话框。如图 5-12 所示。

（3）选择单据名称为"应收票据"，单据类型为"商业承兑汇票"，然后单击【确定】按钮，弹出"期初票据"窗口。

（4）单击【增加】按钮，录入票据编号"66750"，票据面值"292500"，票据签发日期"2013-08-15"，到期日"2014-02-15"，开票单位选择"河南东方公司"，科目选择"1121"应收票据，收到日期"2013-08-15"。如图 5-13 所示。

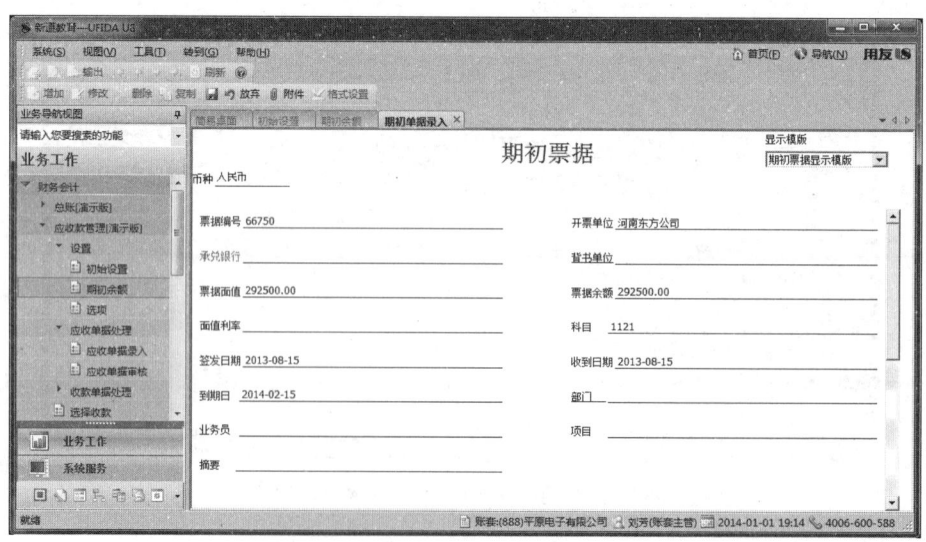

图 5-13　应收票据期初余额

（5）单击【保存】按钮，返回"期初余额明细表"窗口。

2．录入应收账款期初余额

（1）在"期初余额明细表"窗口，单击【增加】按钮，弹出"单据类别"对话框，选择单据名称为"销售发票"，单据类型为"销售专用发票"，然后单击【确定】按钮，弹出"销售专用发票"窗口。

（2）单击【增加】按钮，修改开票日期为"2013－12－31"、发票号为"5678945123"，客户名称选择"北京立信中学"，其余客户信息系统自动带出。税率输入 17％，科目栏点击下拉框选择"1122"应收账款。销售部门选择"销售部"，货物名称栏选择"Ⅱ型电脑"，在数量栏输入"200"，在无税单价栏输入"3 000"。如图 5－14 所示。

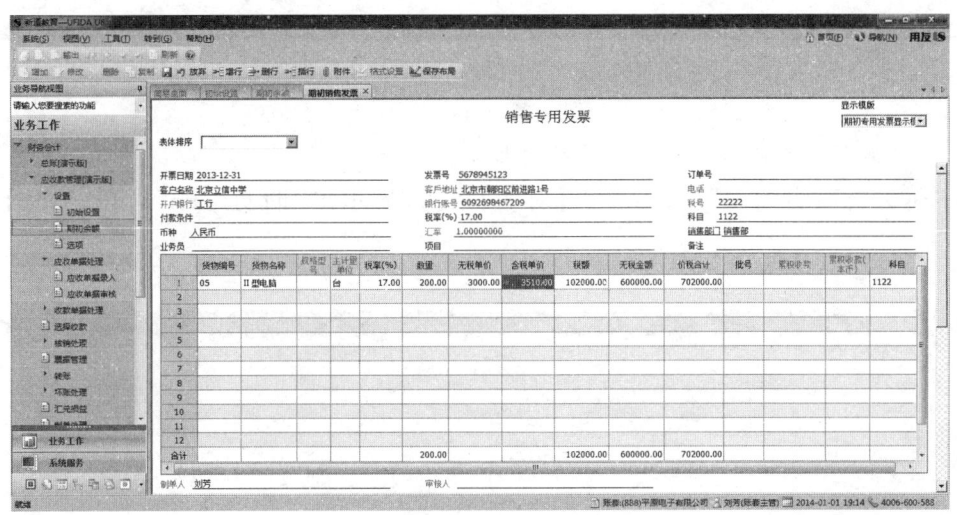

图 5－14　应收账款期初余额录入(1)

（3）单击【保存】按钮，继续输入第 2 张销售专用发票。如图 5－15 所示。

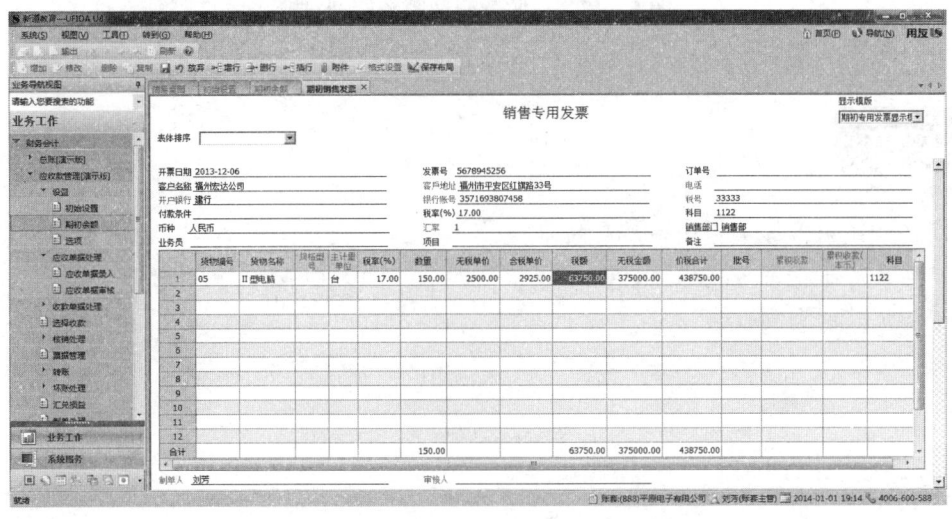

图 5－15　应收账款期初余额录入(2)

（4）单击【保存】按钮，返回"期初余额明细表"窗口。单击【刷新】按钮，系统会显示出输入的所有单据列表。如图 5-16 所示。

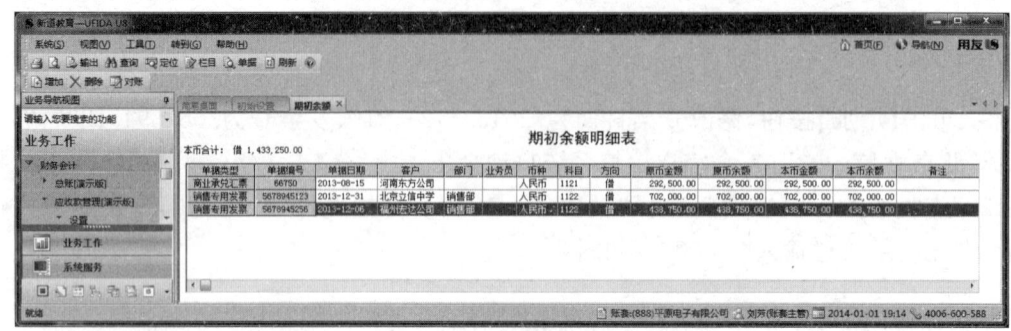

图 5-16 应收款管理系统期初余额明细表

3. 应收款管理系统与总账管理系统对账

在"期初余额明细表"窗口，单击【对账】按钮，显示出"期初对账"窗口。如图 5-17 所示。

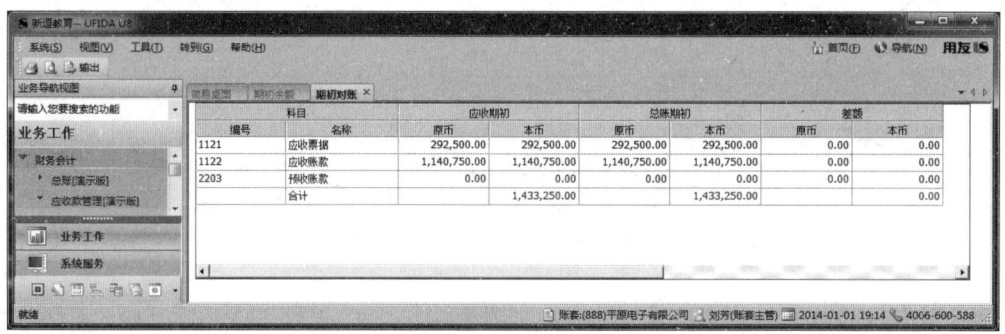

图 5-17 应收款管理系统期初对账

提 示

- 期初余额录入的单据保存后自动审核。
- 期初余额单据录入完毕后，点击"刷新"按钮后才能在"期初余额明细表"窗口中看到新录入的期初余额。

任务三　应收款管理系统日常业务处理

一、任务描述

1月份平原电子有限公司发生以下应收款或收款业务，以账套主管刘芳的身份登录企业应用平台，进入应收款管理系统进行如下业务处理，操作日期2014-1-31。

1. 应收单据处理。1月3日，销售部开出增值税专用发票（票号：5678945278），向上海方正电脑有限公司销售Ⅱ型电脑100台，无税单价2 000元/台，货已发出，款项尚未收到，同时以现金代垫了运费3 000元。

2. 收款单据处理。1月9日，收到北京立信中学寄来的转账支票一张，金额702 000元，支票号LX001，用于支付2013年11月26日购货款702 000元，并进行核销处理。

3. 票据管理。1月17日，将2013年8月15日收到的河南东方公司开出的支票号为66750、金额为292 500元的支票进行贴现，贴现率是6%。

4. 坏账发生。1月20日，将福州宏达公司的应收账款438 750元确认为坏账。

5. 坏账收回。1月30日，收到银行通知，收到福州宏达公司的现金支票一张，票号56784444，金额438 750元，进行坏账收回的处理。

6. 计提坏账准备。1月31日，计提坏账准备。

二、知识链接

（一）应收单据处理

应收单据处理是应收款管理系统的起点，通过输入销售发票或其他应收单据来达到单据管理的目的，同时可以查阅各类单据，并完成应收业务管理的日常工作。其主要流程包括以下几方面：

1. 单据输入。根据单据名称、类型选择相应单据，进行添加，然后输入相关业务内容：客户代码一旦输入，其他客户信息如银行账号、开户银行、客户地址会自动带出；还需输入货物名称、数量、单价等内容。

2. 单据审核。单据审核是为了保证单据的正确性所进行进一步确认的必经程序，单据一经审核不可修改，取消审核后方可修改。审核与制单可为同一人。

3. 单据制单。单据审核后可根据单据内容直接生成凭证，也可以统一制单。应收款管理系统产生的凭证会自动传递到总账管理系统以进行审核与记账。

4. 单据查询。通过"单据查询"功能可以查看未经审核的单据。

（二）收款单据处理

收款单据用来记录企业收到的客户款项，包括应收货款、预收货款、代垫费用等。应收款与预收款还应与发票、应收单、付款单进行核销处理。

1. 单据输入。根据企业交来的收款单据输入应收款管理系统，输入内容包括客户信息、结算方式、收款金额、结算科目等。

2. 单据核销。对于已结清的往来已达账项可以进行删除处理,这称为单据的核销,表示本笔业务已结清,更便于对未结清业务的管理。

(三)票据管理

在票据管理中,可以对企业收到的银行承兑汇票和商业承兑汇票进行管理,包括记录票据详细信息,查询票据处理情况,根据应收票据生成收款单,冲减客户应收账款,另外还包括对票据的计息、贴现、转出、背书等处理。

(四)坏账处理

坏账是指客户因某种原因不能付款,造成货款不能收回的信用风险。坏账处理就是对坏账进行的风险防范措施,包括坏账准备的计提、发生的确认、坏账的收回等。

除以上基本业务处理外,应收款管理系统日常业务处理还包括转账处理、账表查询、期末处理等。

三、任务实施

以账套主管刘芳的身份进入企业应用平台应收款管理系统:

1. 录入销售专用发票

(1)在应收款管理系统中,执行【应收单据处理】|【应收单据录入】命令,打开"单据类别"对话框,单据名称选择"销售发票",单据类型选择"销售专用发票",单击【确定】按钮。

(2)打开"销售专用发票"窗口,点击【增加】按钮,输入日期"2014-01-03",选择客户"上海方正电脑公司",销售部门选择"销售部",税率输入17(%),输入销售产品数据后,单击【保存】。再单击【审核】按钮。系统弹出"是否立即制单?"。如图5-18所示。

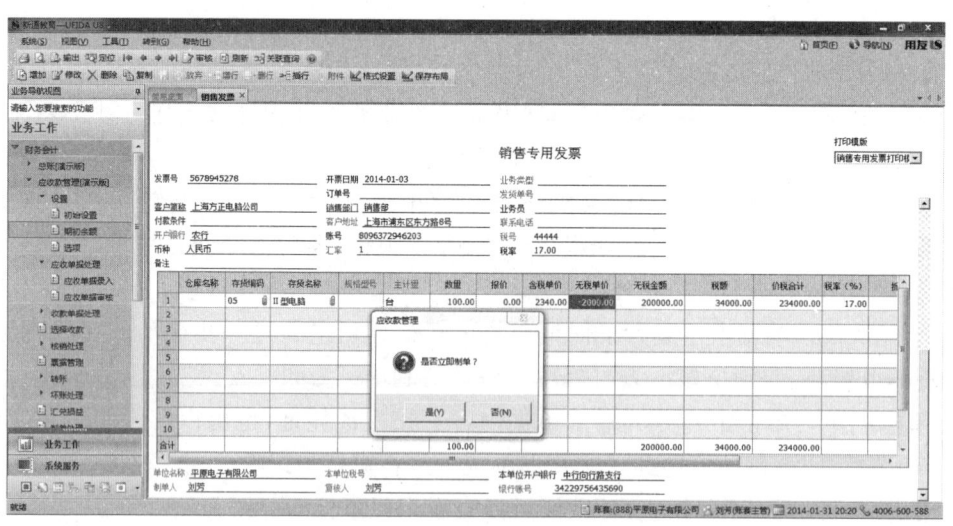

图5-18 录入销售专用发票并审核

(3)单击【是】按钮,生成确认收入的凭证,更改凭证类别为【转】字凭证,单击【保存】按钮。如图5-19所示。

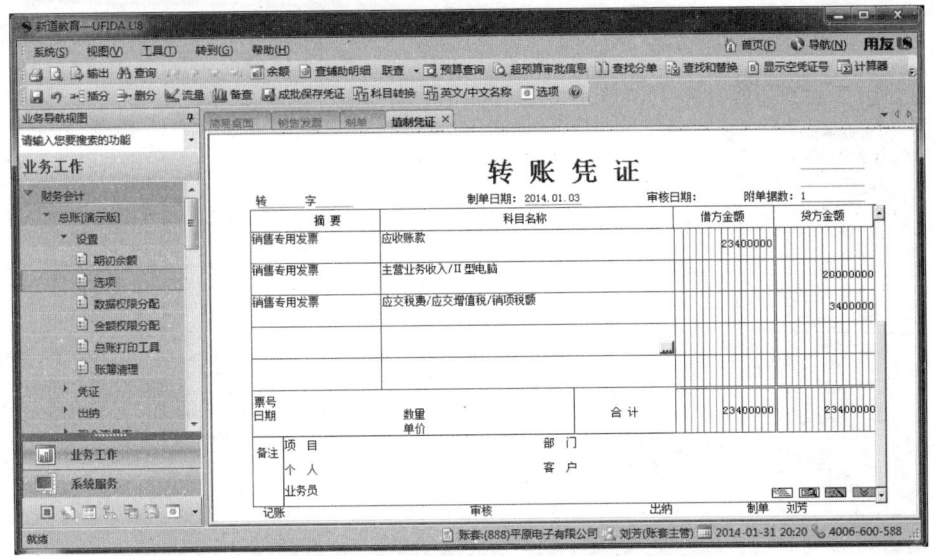

图 5-19 销售专用发票生成转账凭证

（4）执行【应收单据处理】|【应收单据录入】命令，选择单据名称"应收单"，单据类型"其他应收单"，单击【确定】按钮，打开"应收单"窗口，单击【增加】按钮，修改单据日期为"2014-01-03"，选择客户"上海方正电脑公司"，单击"科目"下三角符号选择"1122 应收账款"，输入金额"3 000"，摘要"代垫运费"，输入对应科目"1001"，单击【保存】按钮。如图 5-20 所示。

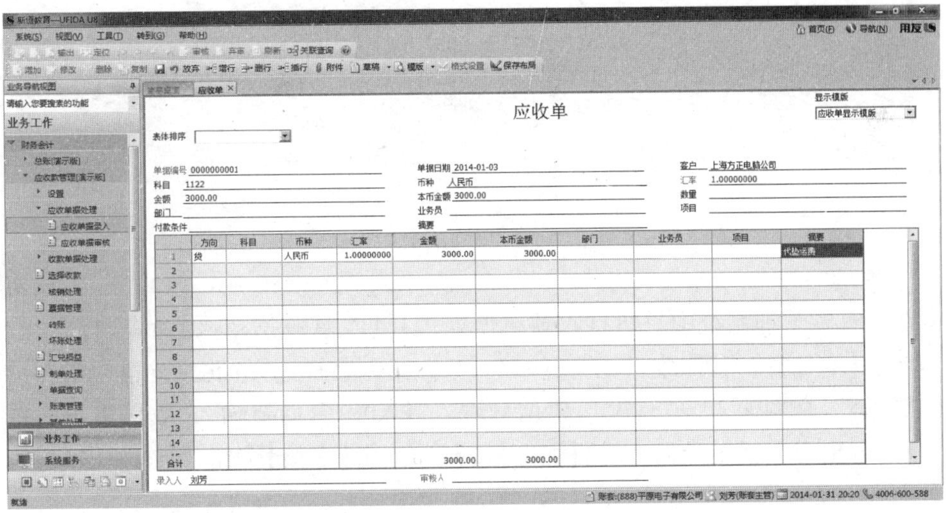

图 5-20 录入应收单

（5）单击【审核】按钮，系统弹出"是否立即制单?"，单击【是】按钮，生成代垫运费的凭证，修改凭证类别为【付】字，并录入现金流量代码"07"，单击【保存】按钮。如图 5-21 所示。单击【退出】按钮，凭证自动传递到总账管理系统以进行审核并记账。

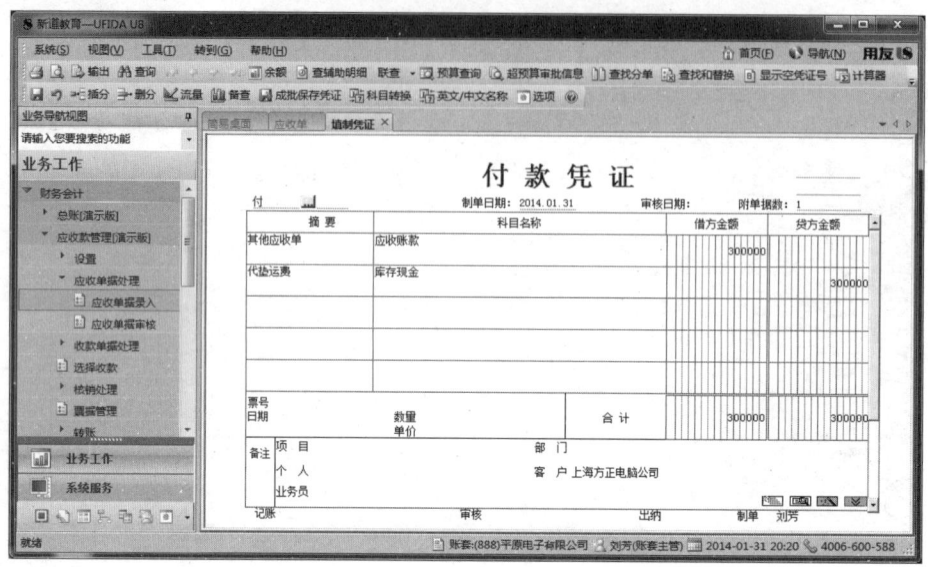

图 5-21 生成运费付款凭证

提 示

- 填制应收单时,录入上半部分的内容后,下半部分内容除对方科目外,系统会自动生成。对方科目可以手工录入,或生成凭证后再录入。
- 已生成凭证的单据无法修改或删除。需在【单据查询】|【凭证查询】中将凭证删除、取消单据审核后,才能进行单据修改或删除。

2. 录入收款单

(1) 在应收款管理系统中,执行【收款单据处理】|【收款单据录入】命令,打开"收款单录入"窗口,单击【增加】按钮,修改日期为"2014-01-09",客户选择"北京立信中学",结算方式选择"转账支票",金额输入"702 000",票据号输入"LX001",摘要输入"收回欠款",单击表体第一行,自动带出应收明细数据,单击【保存】按钮。单击【审核】按钮,系统弹出"是否立即制单?"。如图 5-22 所示。

(2) 单击【是】按钮,生成收款凭证,修改凭证时间为"2014-01-09",输入现金流量科目:"01",单击【保存】按钮。如图 5-23 所示。单击【退出】按钮,系统自动将凭证传递至总账,凭证待审核并记账。

(3) 执行【核销处理】|【手工核销】命令,打开"核销条件"对话框,选中"北京立信中学",单击【确定】按钮,出现"单据核销"窗口,上方显示"收款单",下方显示"销售专用发票",在发票"本次结算"栏输入"702 000",单击【保存】按钮。如图 5-24 所示。

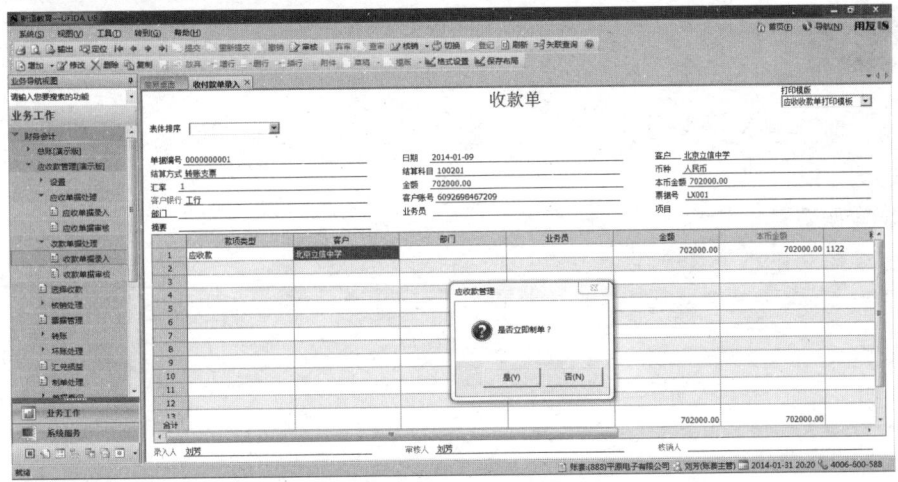

图 5-22　录入收款单

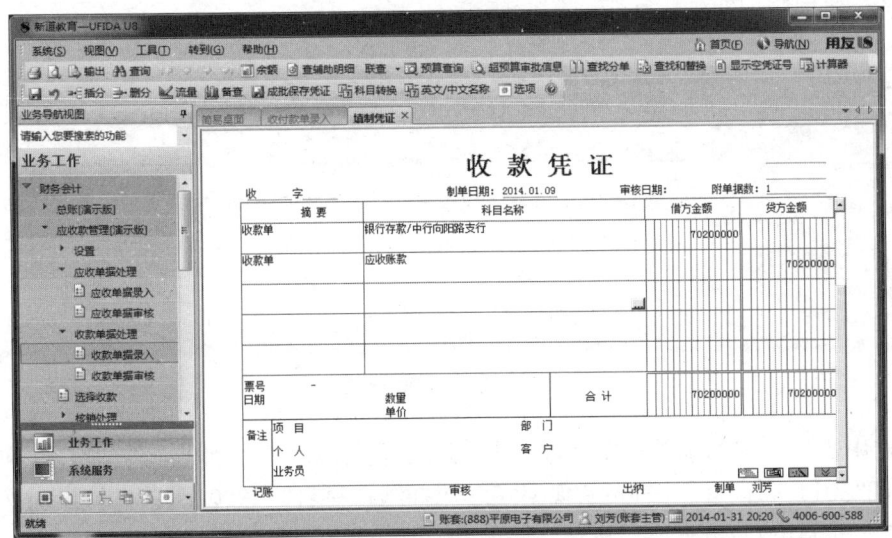

图 5-23　生成收款凭证

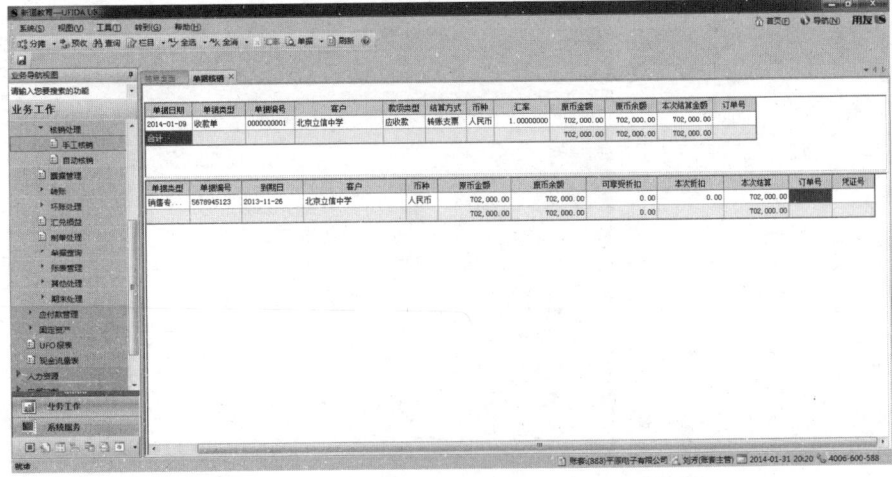

图 5-24　核销收款单与销售专用发票

提　示

- 核销处理就是指对收款单与发票、应收单进行勾稽核销,冲减本期应收款的操作。
- 收款单据必须审核后,才能进行核销。
- 核销金额只能小于等于原币金额。
- 核销后可通过【其他处理】||【取消操作】命令来恢复到核销前状态。

3. 商业汇票贴现

(1)在应收款管理系统中,执行【票据管理】,打开"查询条件选择"窗口,单击【确定】按钮,系统显示票据管理明细。如图 5-25 所示。

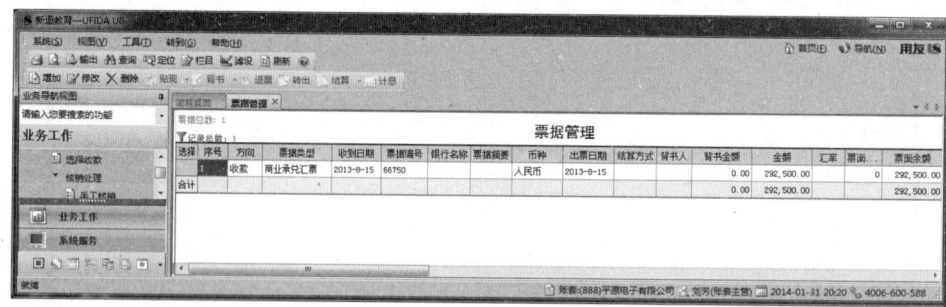

图 5-25　票据管理

(2)选中需要贴现的承兑汇票所在行,单击【贴现】按钮,系统弹出"票据贴现"对话框,输入贴现日期"2014-01-17",输入贴现率"6",选择结算科目"100201",单击【确定】按钮,系统弹出"是否立即制单?",单击【是】按钮。修改凭证时间"2014-01-17",现金流项目为"1",点击【保存】按钮。系统自动将凭证传递至总账,凭证待审核并记账。如图 5-26 所示。

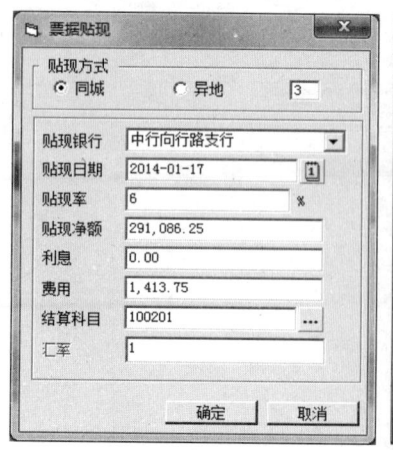
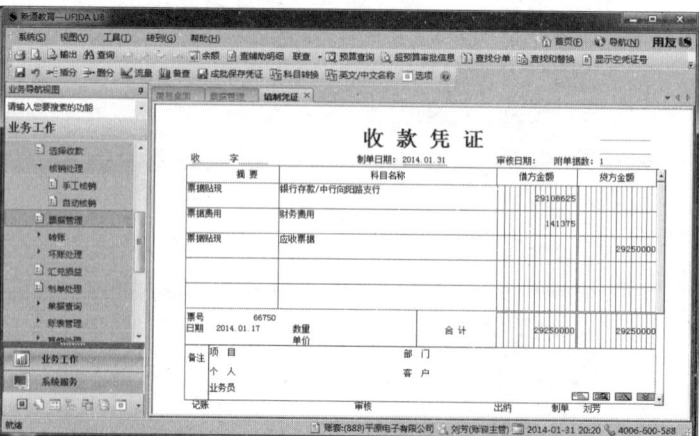

图 5-26　票据贴现生成凭证

4. 坏账发生与收回

（1）1月20日，执行【坏账处理】|【坏账发生】命令，打开"坏账发生"窗口，选择客户"003 福州宏达公司"。如图5-27所示。

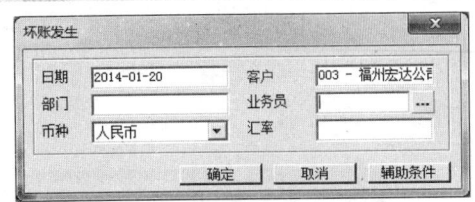

图 5-27 应收账款坏账发生窗口

（2）单击【确定】按钮，打开"坏账发生单据明细"窗口，输入本次发生坏账金额"438 750"。如图5-28所示。

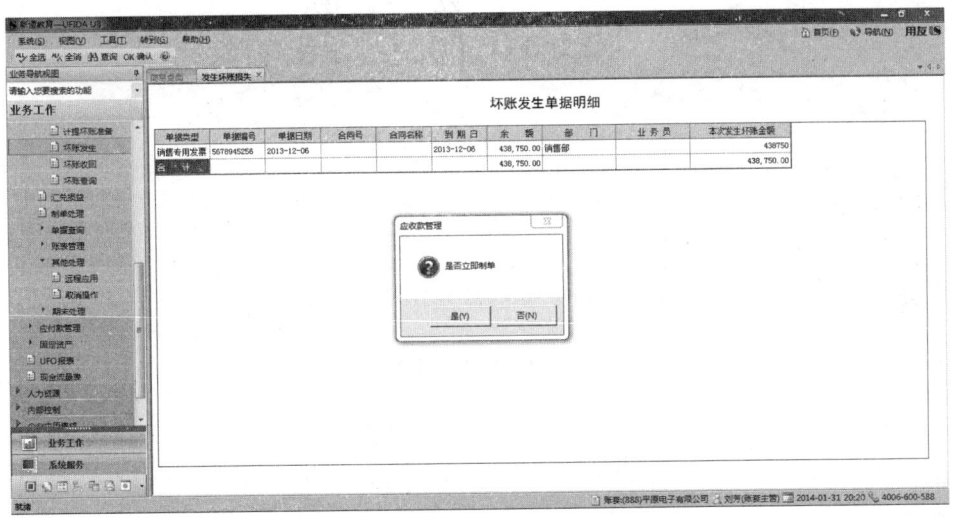

图 5-28 坏账发生单据明细窗口

（3）单击【确定】按钮，选择立即制单生成凭证，凭证类别为"转账凭证"，单击【保存】按钮，生成凭证。如图5-29所示。

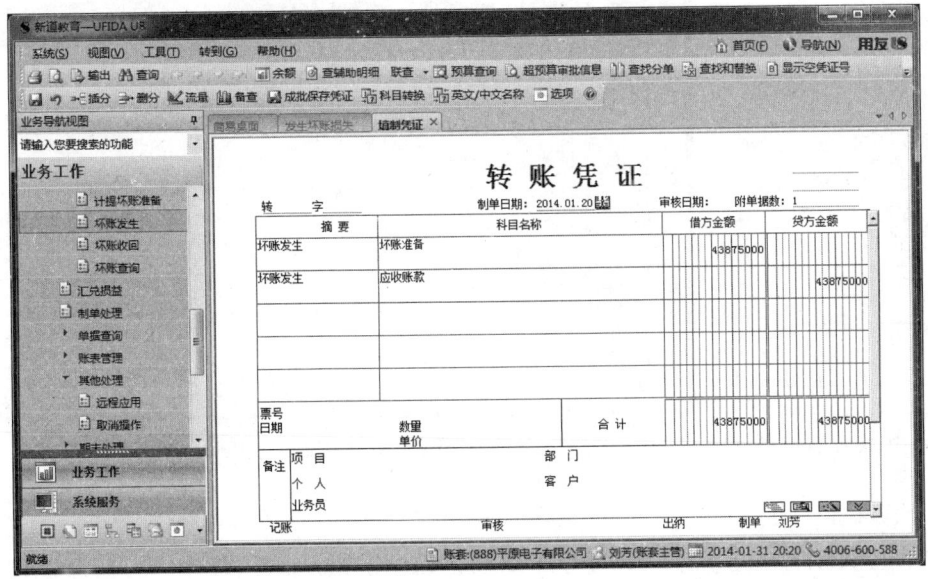

图 5-29 坏账发生制单凭证

（4）执行【收款单据处理】|【收款单据录入】命令，打开"收款单"窗口，客户选择"福州宏达公司"，结算方式选择"现金支票"，金额"438 750"，票据号"56784444"，单击【保存】按钮。如图 5 - 30 所示。

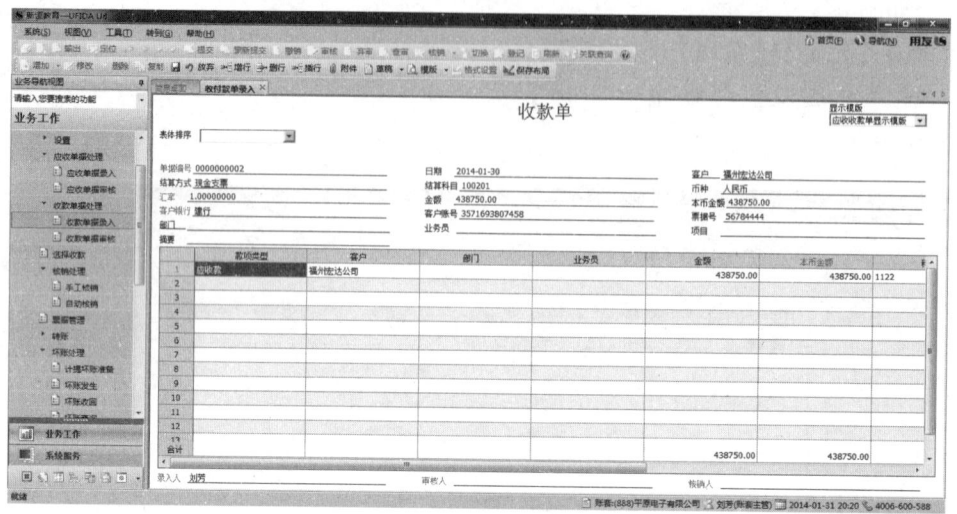

图 5 - 30　坏账收回收款单录入

（5）执行【坏账处理】|【坏账收回】命令，打开"坏账收回"窗口，客户选择"福州宏达公司"，金额输入"438 750"，结算单号选择"002"，单击【确定】按钮，如图 5 - 31 所示。显示"是否立即制单?"，单击【是】按钮。更改凭证日期为"2014 - 01 - 30"。单击【保存】按钮。如图5 - 32 所示。

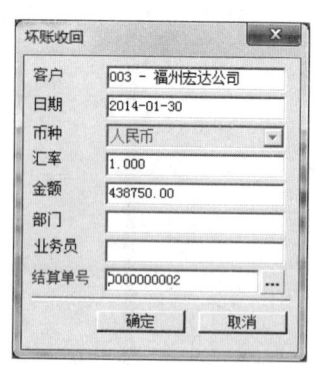

图 5 - 31　坏账收回窗口

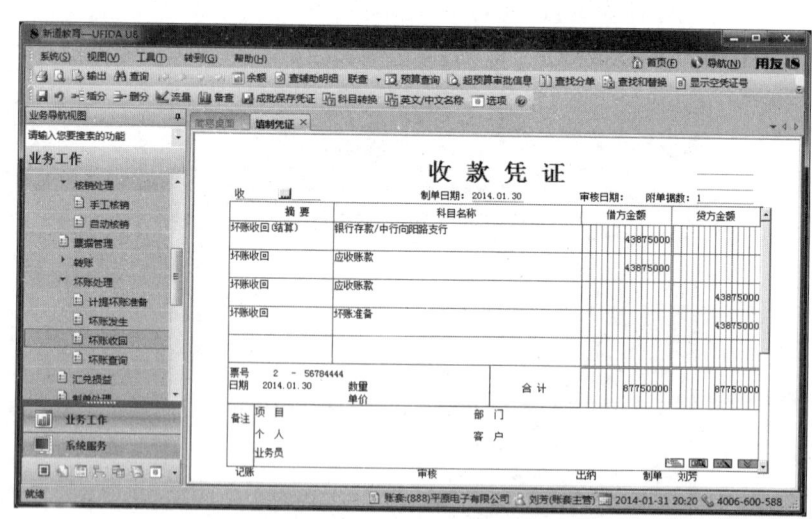

图 5 - 32　坏账收回制单凭证

5. 计提坏账准备

（1）在应收款管理系统中，执行【坏账处理】|【计提坏账准备】命令，打开"应收账款百分比法"窗口。如图 5 - 33 所示。

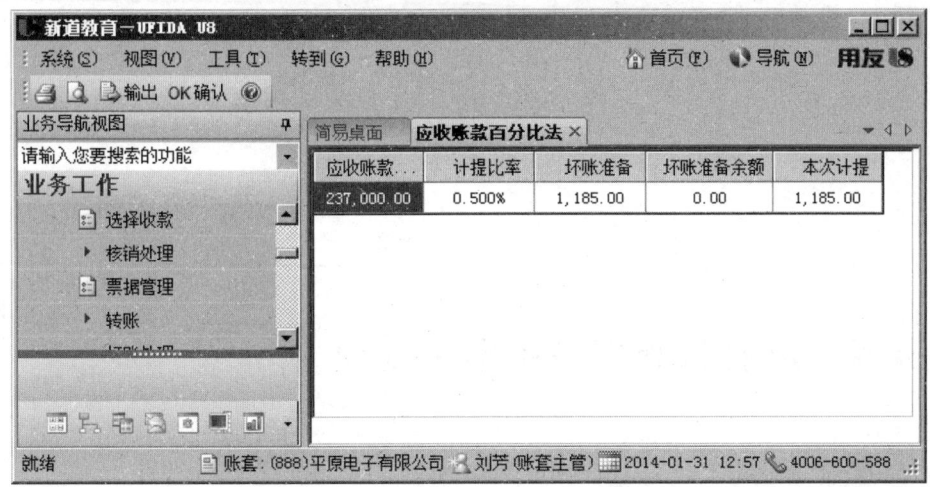

图 5 - 33　应收账款百分比法窗口

（2）单击【确认】按钮，系统提示"是否立即制单？"，单击【是】按钮，生成转账凭证。如图 5 - 34 所示。

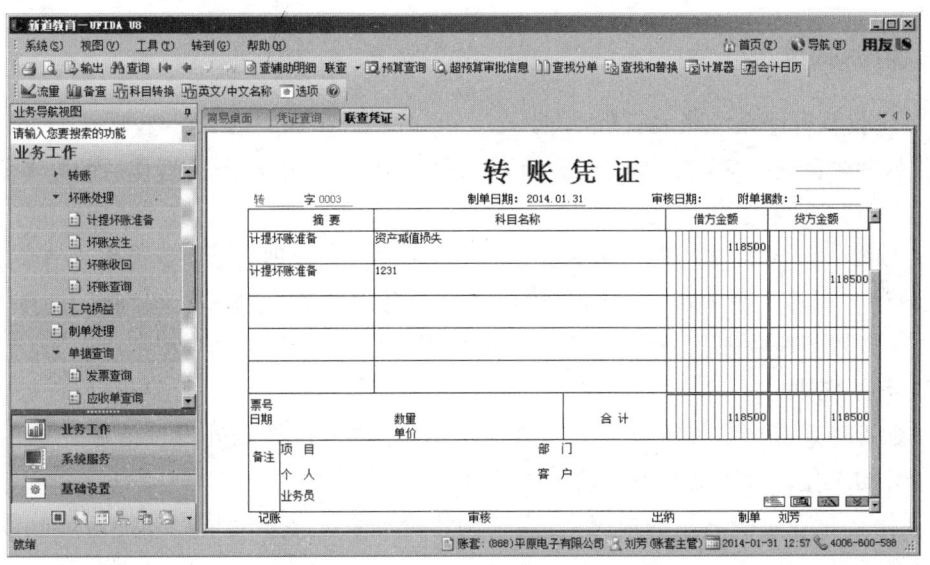

图 5 - 34　计提坏账准备制单凭证

提　　示

● 凭证填制完成后，在未审核前可以直接修改。若凭证中会计科目的辅助项内容有错误，应先单击含有错误辅助项的会计科目，将鼠标移到备注栏中错误的辅助项所在位置，双击打开辅助项对话框后进行修改。

● 坏账处理执行有误情况下,可通过【其他处理】|【取消操作】命令来恢复到操作前状态。

任务四 应收款管理系统期末处理

一、任务描述

2014 年 1 月 31 日,以账套主管刘芳的身份进行如下操作:

1. 查询所有客户的欠款情况。

2. 进行月末结账。

二、知识链接

(一) 应收款管理系统账表管理功能

应收款的收回直接影响企业的资金流,从而影响企业的正常经营运作,所以与客户的对账、信用管理对企业有着重要的意义。

用友 ERP-U8V10.1 应收款管理系统中,对应收款的管理包括:业务账表查询、科目账表查询、统计分析等。业务账表查询功能可查询业务总账表、余额表、明细账、对账单;统计分析功能可以进行应收账款分析、应收款账龄分析、欠款分析等。

(二) 月结规则

应收款管理系统在当月所有业务处理完毕后,需要进行结账处理。结账完毕后才能进行下一个月的工作。月末结账需要遵循以下规则。

1. 在销售管理系统启用的情况下,需要销售管理系统结账完毕后才能对应收款管理系统进行结账处理。

2. 本月的结算单必须全部审核完成,才能进行结账处理。

3. 若应收款管理选择设置中,单据审核日期依据设置为"单据日期",则本月销售发票、应收单、收款单在结账前应确保已全部审核完毕;若设置为"业务日期",则月末即使有未审核的单据,也可以进行月末结账处理。

三、任务实施

1. 查询所有客户的欠款情况

(1) 执行【统计分析】|【欠款分析】命令,打开"欠款分析"对话框,单击【确定】按钮。如

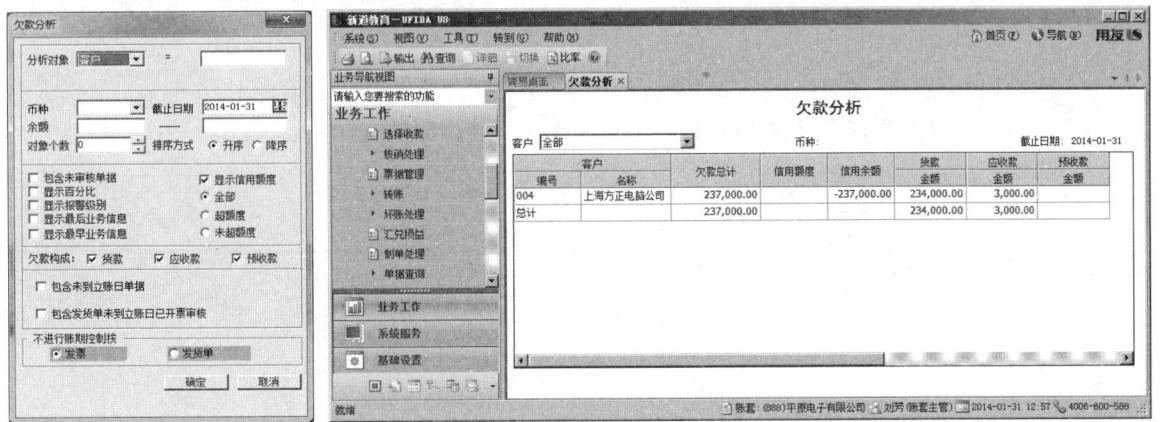

图 5-35 欠款分析对话框   图 5-36 欠款分析报表窗口

图 5-35 所示。

(2)打开"欠款分析"窗口,显示出客户的欠款分析报表。如图 5-36 所示。

2．进行月末结账

(1)执行【期末处理】|【月末结账】命令,打开"月末处理"窗口,双击"一月"的结账标志栏,出现"Y",单击【下一步】按钮。

(2)打开"月末处理"提示窗口,系统显示各种处理类型已处理完毕,单击【完成】按钮,系统弹出"1月份结账成功"对话框,单击【确定】按钮。如图 5-37 所示。

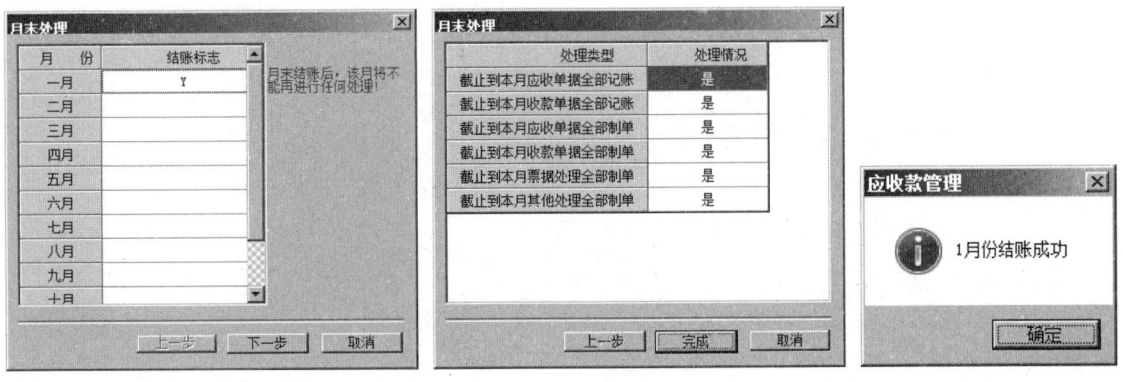

图 5-37 月末结账

★★★★★ 小结 ★★★★★

本模块主要介绍了应收款管理系统的基本功能、初始设置、期初余额的录入、日常业务处理流程及月末结账流程。

思考题

1. 应收款管理系统主要包括哪些功能？
2. 简述应收款管理系统与其他子系统的数据传递关系。
3. 应收款管理系统的初始设置包括什么？
4. 应收款管理系统的日常业务处理有哪些？
5. 应收款管理系统的月末操作流程是什么？

项目六
应付款管理系统

知识目标

    1. 熟悉应付款管理系统的功能结构。

    2. 明确应付款管理系统与其他子系统的关系。

    3. 掌握应付款管理系统的业务处理、账表查询。

    4. 掌握应付款管理系统期末业务处理的原则和方法。

能力目标

    1. 能结合企业实际,进行应付款管理系统初始化参数设置。

    2. 能结合企业实际,进行应付款管理系统期初数据录入、日常业务处理及期末处理。

任务一　认知应付款管理系统

一、任务描述

平原电子有限公司已成功完成了账套号为"888"的公司账套的建立。从 2014 年 1 月 1 日起,公司开始启用应付款管理系统。让我们先来了解一下应付款管理系统的基本功能和业务处理流程。

二、知识链接

(一) 应付款管理系统的基本功能

应付款管理系统主要负责核算与管理供应商往来款项,即日常活动中产生的应付款数据信息。在企业实际经营过程中,供应商发生的应付账款、其他人产生的其他应付款数据量都是巨大的,通过启用应付款管理系统,就可以将所有的应付款规范化、精细化管理,实现对应付款的核算、管理、统计、分析。应付款管理系统的具体应用是依据各种单据,如采购发票、付款单、其他应付单等,记录采购业务及其他业务的往来款项,处理往来款项的支付、转账等情况,它将企业采购业务与财务系统有机地结合起来。

一般来说,应付款管理系统的基本功能主要包括系统初始化、日常业务处理、信息查询、统计分析、期末处理,各模块结构如图 6-1 所示。

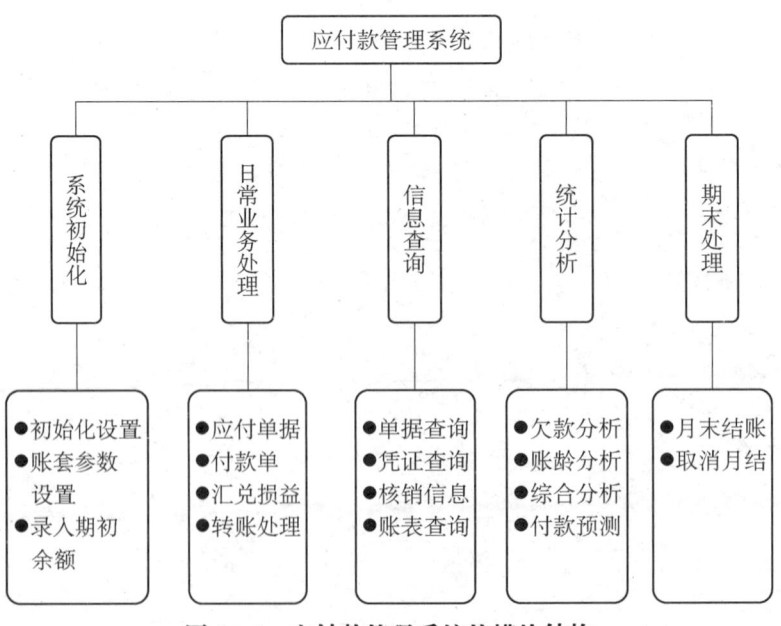

图 6-1　应付款管理系统的模块结构

（二）应付款管理系统的核算方案

应付款管理系统同应收款管理系统一样，在核算时根据企业实际需求，可提供两种核算方案，分别是："简单核算"和"详细核算"，这两种方案可以在应付款管理系统参数设置中进行选择。

简单核算的应用方案适用于：采购进口业务简单，现结业务多，应付款业务少的企业。其功能包括：接受采购管理系统的发票并审核；制单后传递给总账管理系统；注重对客户应付款的查询与分析。

详细核算的应用方案适用于：采购与应付款核算较复杂，追求精细化管理的企业。其功能包括：记录商品交易与非商品交易产生的应付款项；处理付款、转账业务；将业务处理生成的凭证传递至总账管理系统；记录管理应付票据；处理外币业务及汇兑损益等。

以详细核算为例，我们来了解应付款管理系统与其他子系统的数据传递关系。如图6－2所示。

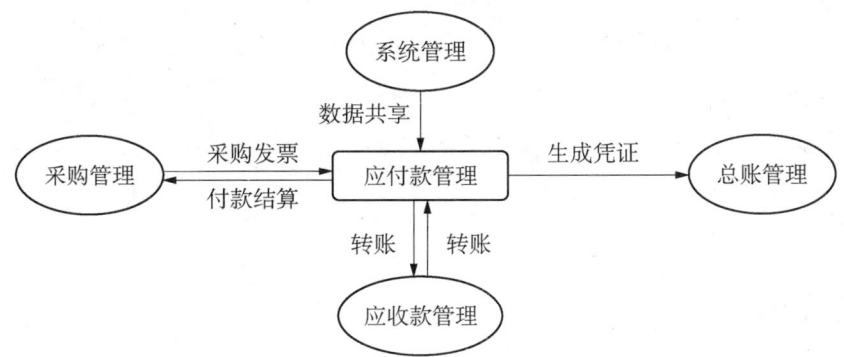

图6－2　应付款管理系统与其他子系统的数据传递关系

任务二　应付款管理系统初始化设置

一、任务描述

平原电子有限公司在"888"账套中，已经成功启用应付款管理系统。从2014年1月1日起，在企业应用平台中，以账套主管刘芳的身份，进行如下操作。

（一）设置应付款管理系统控制参数，见表6－1

表6－1　应付款管理系统参数设置

选项卡	参数设置
常规	单据审核日期依据为单据日期；取消"应付票据直接生成付款单"；其他采用系统默认值

续　表

选项卡	参数设置
凭证	受控科目制单方式为明细到单据；采购科目依据按存货，其他采用系统默认值
权限与预警/核销设置	采用系统默认值

（二）设置应付款管理系统的会计科目，见表 6-2

表 6-2　应付款管理系统科目设置

基本科目		控制科目		结算方式科目	
应付科目	220201	应付科目	220201	现金	1001
预付科目	1123	预付科目	1123	现金支票	100201
商业承兑科目	2201			转账支票	100201
银行承兑科目	2201	产品科目		其他	100201
票据利息科目	6603	采购科目	1401		
票据费用科目	6603	采购税金科目	22210101		

二、知识链接

在应付款管理系统应用之前，应做一些基本准备工作。譬如说基础资料的收集录入，以便能够有效地运用应付款管理系统。内容包括供应商资料：供应商名称、地址、联系方式、开户银行、供应商行业性质、公司信用状况等；存货资料：用于采购的存货数量、名称、规格型号、成本、价格等；供应商的应付账款、预付账款、应付票据信息等。

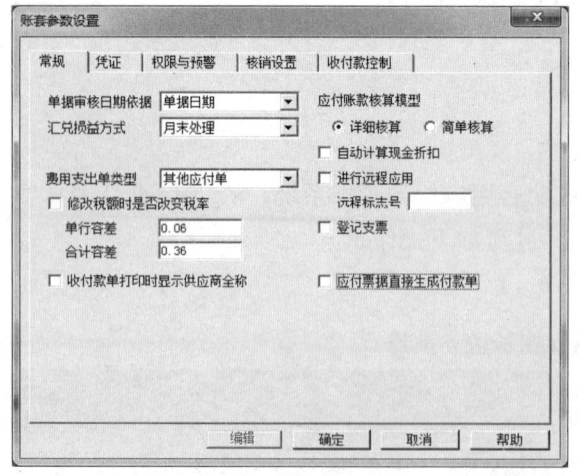

图 6-3　设置应付款管理系统参数——常规选项卡

三、任务实施

（一）设置应付款管理系统控制参数

1. 执行【财务会计】|【应付款管理】|【设置】|【选项】命令，打开"账套参数设置"对话框。

2. 单击【编辑】按钮，系统弹出"选项修改需要重新登录才能生效"提示框，点击【确定】按钮，然后按照表 6-1 进行【常规】选项卡的设置，修改单据审核日期依据为"单据日期"，取消"应付票据直接生成付款单"框的勾选标志。如图 6-3 所示。

提　　示

● 单据审核日期依据有两种："单据日期"与"业务日期"。选择单据日期时,单据审核时的日期自动保存为单据日期;选择业务日期时,单据审核时的日期则保存为登录日期。执行业务总账、明细账等查询功能时,筛选的即是单据审核日期,如若采用单据日期为审核日期,那么月末结账时就必须保证所有单据通过审核。相比较来说,业务日期则较为灵活,不受结账限制。

● 汇兑损益方式包括:"外币结清"和"月末处理",一般应选择"月末处理"。

● 应付账款核算模型分"详细核算"与"简单核算"两种。为更加详细地核算管理应付款项,建议选择"详细核算"。

● 应付票据直接生成付款单。若勾选此复选框,则应付票据保存时自动生成付款单。

3. 同理,单击【凭证】选项卡,选择受控科目制单方式"明细到单据"。如图 6-4 所示。

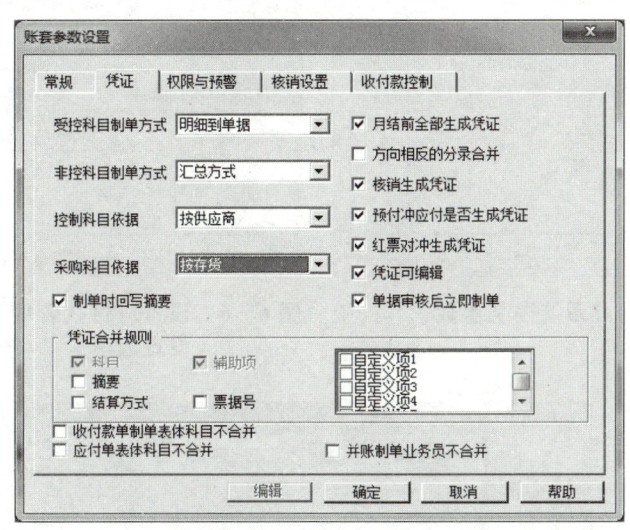

图 6-4　设置应付款管理系统控制参数——凭证选项卡

提　　示

● 受控科目制单方式,选择"明细到供应商",则在生成凭证时,一个供应商的多笔业务在相同控制科目条件下自动合并为一条分录;选择"明细到单据",则相同情况下每笔业务形成一条分录,便于查询供应商每笔业务的详细情况。

- 控制科目依据"按供应商",是指针对不同的供应商,可以设置不同的应付科目和预付科目。
- 采购科目依据选择"按存货"分类设置,适用于存货种类较多的企业,可按存货大类设置不同的科目。
- "核销生成凭证"勾选后,核销双方的单据在入账科目不一致的情况下,系统会自动生成一张调整凭证。否则,不需要进行制单。

4. 其余选项卡按照系统默认值设置,如图 6-5、6-6、6-7 所示。设置完毕后单击【确定】按钮,返回到企业应用平台。

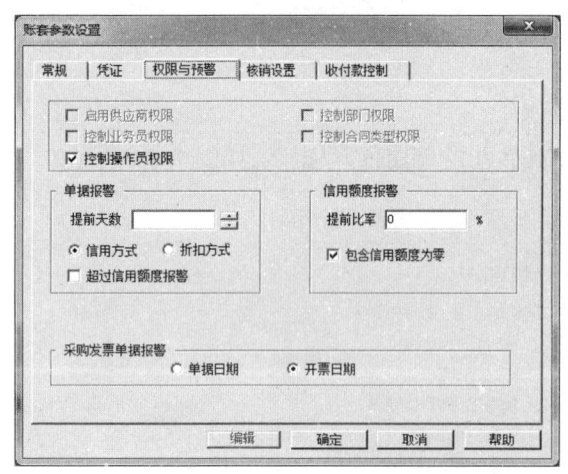

图 6-5 设置应付款管理系统控制参数——权限与预警选项卡

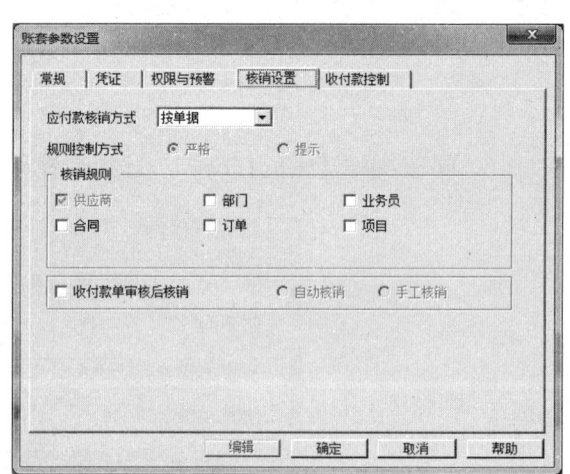

图 6-6 设置应付款管理系统控制参数——核销设置选项卡

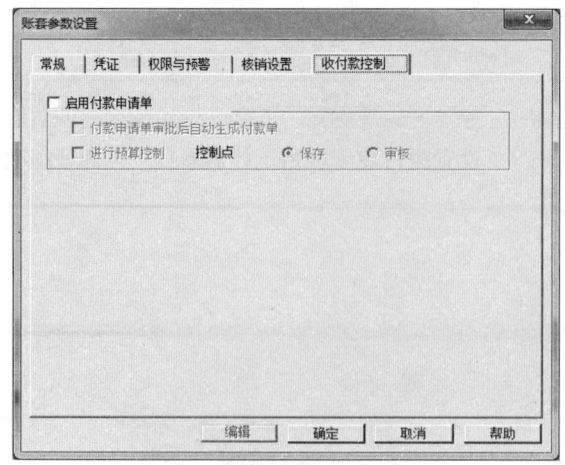

图 6-7 设置应付款管理系统控制参数——收付款控制选项卡

(二) 设置应付款管理系统的会计科目

1. 执行【财务会计】|【应付款管理】|【设置】|【初始设置】命令,打开"初始设置"窗口,单击【基本科目设置】,点击【增加】按钮,按照表6-2直接录入相关基本科目代码。如图6-8所示。

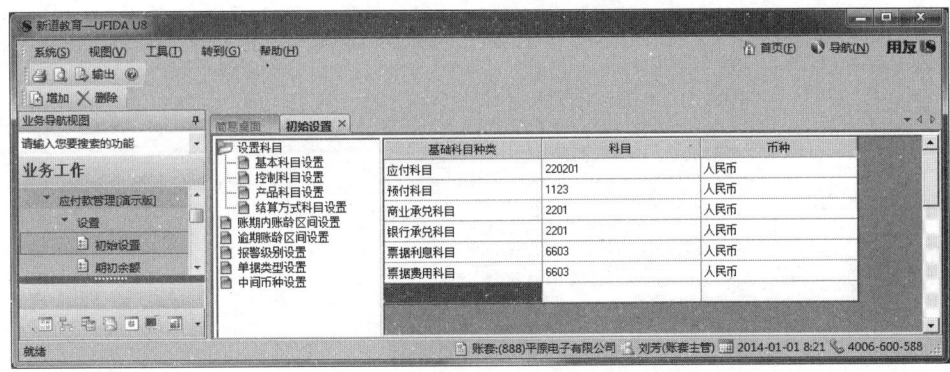

图6-8 初始设置——基本科目设置

2. 单击【控制科目设置】,显示出已存在的供应商编码和简称,应付科目与预付科目按照表6-2直接录入相关基本科目代码。如图6-9所示。

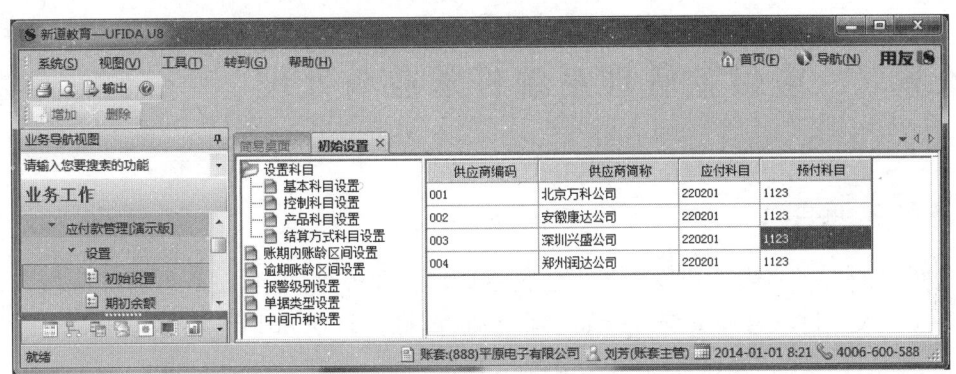

图6-9 初始设置——控制科目设置

3. 单击【产品科目设置】,显示出已存在的存货名称,应付科目与预付科目按照表6-2直接录入相关基本科目代码。如图6-10所示。

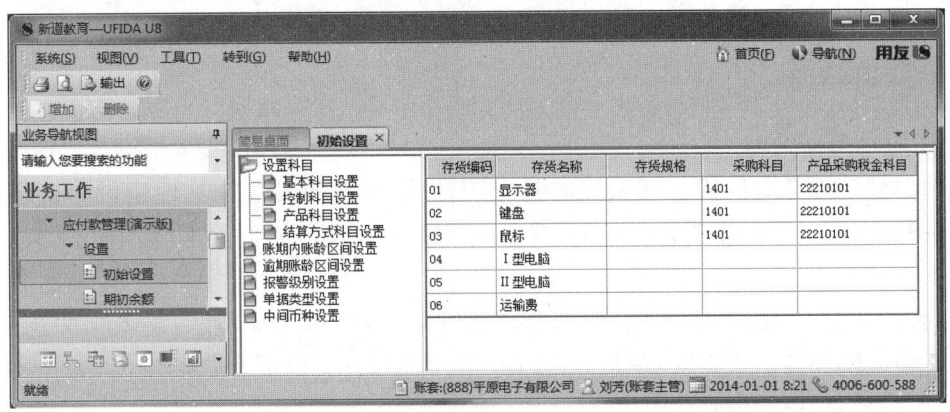

图6-10 初始设置——产品科目设置

4. 单击【结算方式科目设置】，点击【增加】按钮，在【结算方式】栏下拉列表中选择【现金】，单击【币种】栏，选择【人民币】，按照表 6-2 在科目栏选择或输入对应的科目代码。同理，录入其他的结算方式科目。如图 6-11 所示。

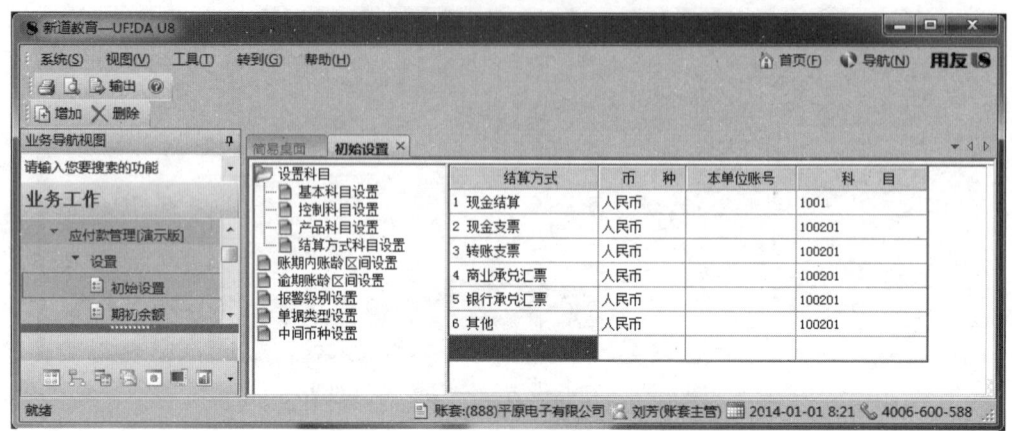

图 6-11　初始设置——结算方式科目设置

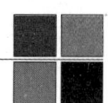

任务三　应付款管理系统日常业务处理

一、任务描述

1 月份平原电子有限公司发生如下应付款或付款业务，以账套主管刘芳的身份登录企业应用平台，进入应付款管理系统进行如下业务处理，操作日期 2014-1-31。

1. 1 月 5 日，采购部向北京万科公司购入鼠标一批，收到对方开来的增值税专用发票（票号：56782233），注明鼠标 600 个，不含税价 20 元/个。

2. 1 月 10 日，开出转账支票一张（票号：BW201401），支付北京万科公司 1 月 5 日购入鼠标的货款 14 040 元，财务部生成记账凭证后，进行核销处理。

3. 1 月 15 日，预付郑州润达公司货款 15 000 元，开出现金支票付讫（票号：789087）。

二、知识链接

（一）应付单据处理

应付单据处理是应付款管理系统的起点，通过输入采购发票或其他应付单据来达到单据管理的目的，同时可以查阅各类单据，并完成应付业务管理的日常工作。其主要流程包括以下几方面：

1. 单据输入。根据单据名称、类型选择相应单据，进行添加，然后输入相关业务内容。其中供应商代码一旦输入，其他信息如银行账号、开户银行、地址会自动带出，另外还需输入货物名称、数量、单价等内容。

2.单据审核。单据审核是为了保证单据的正确性所进行进一步确认的必经程序,单据一经审核不可修改,取消审核后方可修改。审核与制单可为同一人。

3.单据制单。单据审核后可根据单据内容直接生成凭证,也可以统一制单。应付款管理系统产生的凭证会自动传递到总账管理系统以进行审核与记账。

4.单据查询。通过"单据查询"功能可以查看未经审核的单据。

(二)付款单据处理

付款单据用来记录企业付出的供应商款项,包括应付货款、预付货款、供应商代垫费用等。应付款与预付款还应与采购发票、付款单进行核销处理。

1.单据输入。根据企业交来的付款单据输入应付款管理系统,输入内容包括供应商信息、结算方式、付款金额、结算科目等。

2.单据核销。对于已结清的往来已达账项可以进行删除处理,这称为单据的核销,表示本笔业务已结清,更便于对未结清业务的管理。

■ 三、任务实施

以账套主管刘芳的身份重新登录企业应用平台,进入应付款管理系统进行如下业务处理,操作日期 2014-01-31。

1.录入、审核采购专用发票

(1)在应付款管理系统中,执行【应付单据处理】|【应付单据录入】命令,打开"单据类别"对话框,单据名称选择"采购发票",单据类型选择"采购专用发票",单击【确定】按钮。如图 6-12 所示。

(2)打开"采购专用发票"窗口,点击【增加】按钮,输入日期"2014-01-05",选择供应商"北京万科公司",部门名称选择"采购部",存货编码输入"03",数量栏输入"600",原币单价输入"20",单击【保存】按钮。如图 6-13 所示。

图 6-12 "单据类别"窗口

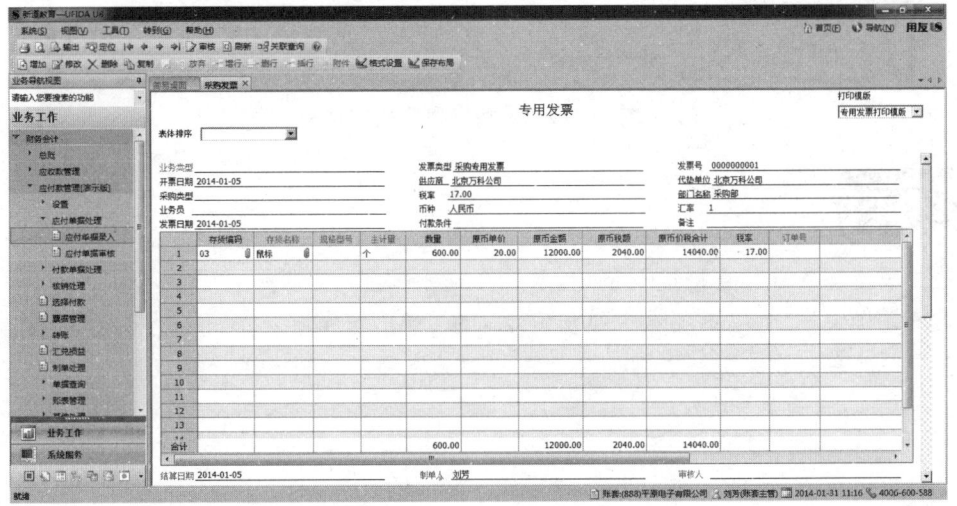

图 6-13 专用发票

提　示

- 采购发票与应付单是应付款管理系统日常核算的单据。当应付款管理系统与供应链里的采购系统集成使用时,采购发票在采购管理系统中录入,则在应付系统中就可以进行查询、核销及制单等操作,此时的应付款管理系统只能录入应付单而不能录入采购发票。
- 在不启用供应链管理系统的情况下,在应付款管理系统中只能对采购业务的资金流进行会计核算,而其物流的核算及存货入库成本的核算还需要在总账管理系统中进行手工结转。

（3）单击【审核】按钮,系统弹出"是否立即制单?",单击【是】按钮,生成采购凭证,修改制单日期为"2014-01-05",修改"材料采购"科目为"原材料——鼠标",在弹出的辅助窗口输入数量"600",选择凭证类别【转】字,单击【保存】按钮,单击【退出】按钮,凭证自动传递到总账管理系统以进行审核并记账。如图 6-14 所示。

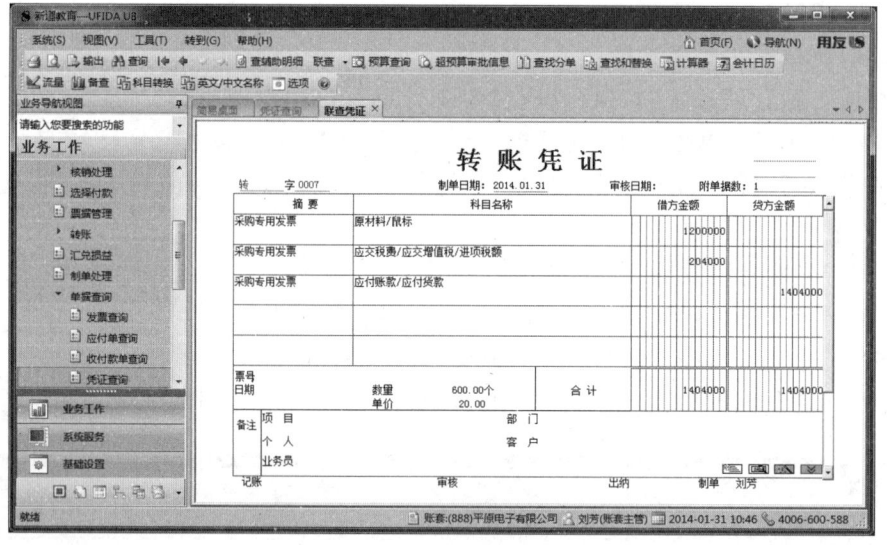

图 6-14　采购发票生成凭证

提　示

- 录入采购发票后可直接进行审核,系统会提示"是否立即制单?",可以直接制单;如果不直接审核,可以单独在审核功能中审核、制单功能中制单。
- 已审核的单据在未进行其他处理之前应取消审核后再进行修改。

2. 录入、审核付款单并核销

（1）在应付款管理系统中，执行【付款单据处理】|【付款单据录入】命令，打开"收付款单录入"窗口，单击【增加】按钮，修改日期为"2014-01-10"，选择供应商为"北京万科公司"，单击结算方式栏，选择"转账支票"，在本币金额栏输入"14 040"，在票据号一栏输入"BW201401"，部门选择"采购部"，摘要输入"支付货款"，单击表体第一行"应付款"，单击【保存】按钮。如图 6-15 所示。

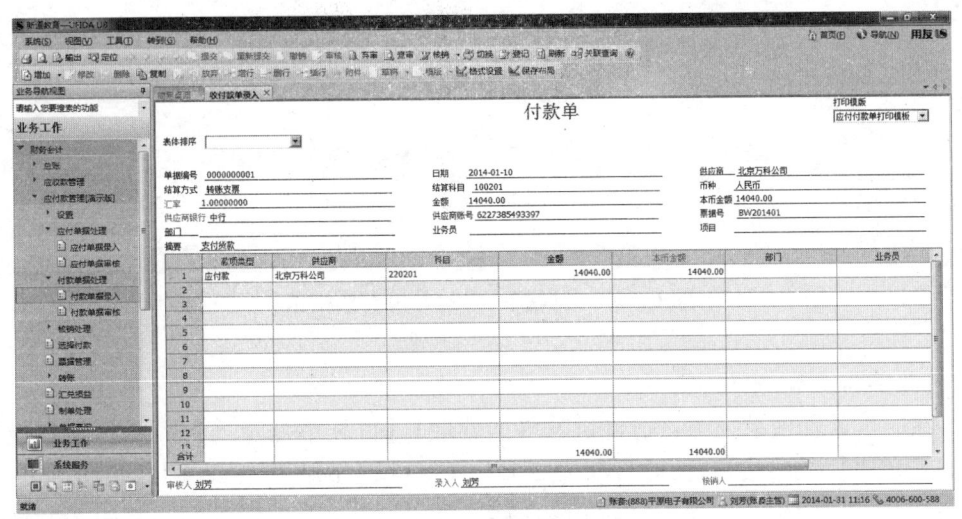

图 6-15　付款单录入

（2）单击【审核】按钮，系统弹出"是否立即制单?"，单击【是】按钮，生成付款凭证，修改制单日期为"2014-01-10"，凭证"付"字，现金流项目为"04"，单击【保存】按钮。单击【退出】按钮。系统自动将凭证传递至总账管理系统，以进行审核并记账。如图 6-16 所示。

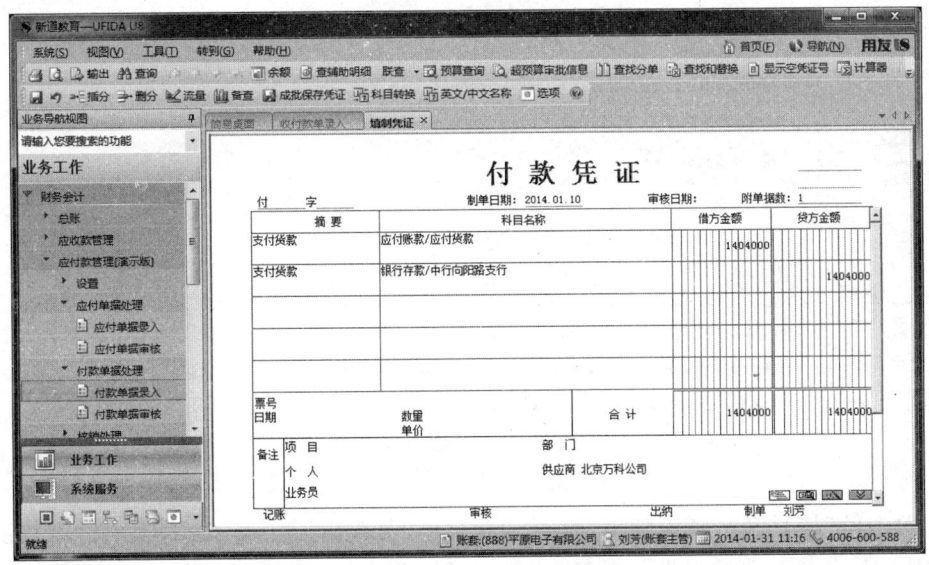

图 6-16　付款单生成凭证

（3）返回"收付款单录入"窗口，单击【核销】按钮，打开"核销条件"对话框，单击【确定】按钮，出现"单据核销"窗口，上方显示"付款单"，下方显示"采购专用发票"，在发票"本次结算栏"输入"14040"。如图6-17所示。单击【保存】按钮。

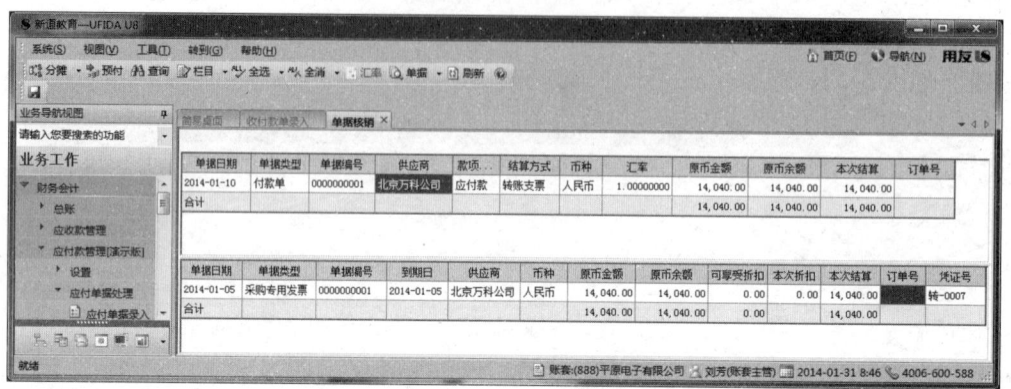

图6-17　付款单、采购专用发票核销

3. 付款单据录入、审核、制单

（1）在应付款管理系统中，执行【付款单据处理】|【付款单据录入】命令，打开"收付款单录入"窗口，单击【增加】按钮，修改日期为"2014-01-15"，选择供应商为"郑州润达公司"，单击结算方式栏，选择"现金支票"，在本币金额栏输入"15 000"，在票据号一栏输入"789087"，摘要输入"预付货款"，单击表体第一行改成"预付款"，单击【保存】按钮。如图6-18所示。

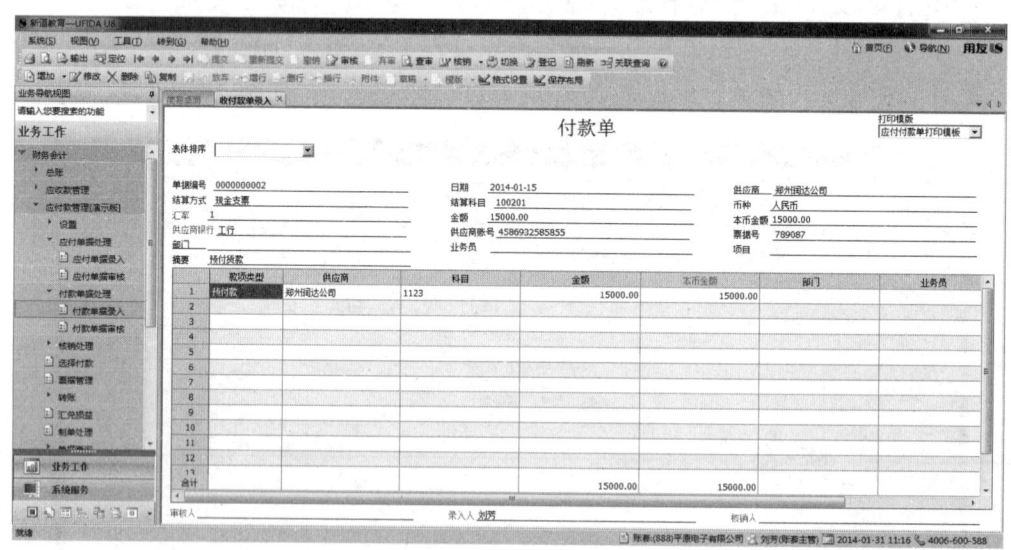

图6-18　付款单录入

（2）单击【审核】按钮，系统弹出"是否立即制单？"，单击【是】按钮，生成预付款凭证，选择凭证类别【付】字，修改制单日期为"2014-01-15"，现金流选择"04"，单击【保存】按钮。单击【退出】按钮。系统自动将凭证传递至总账管理系统，以进行审核并记账。如图6-19所示。

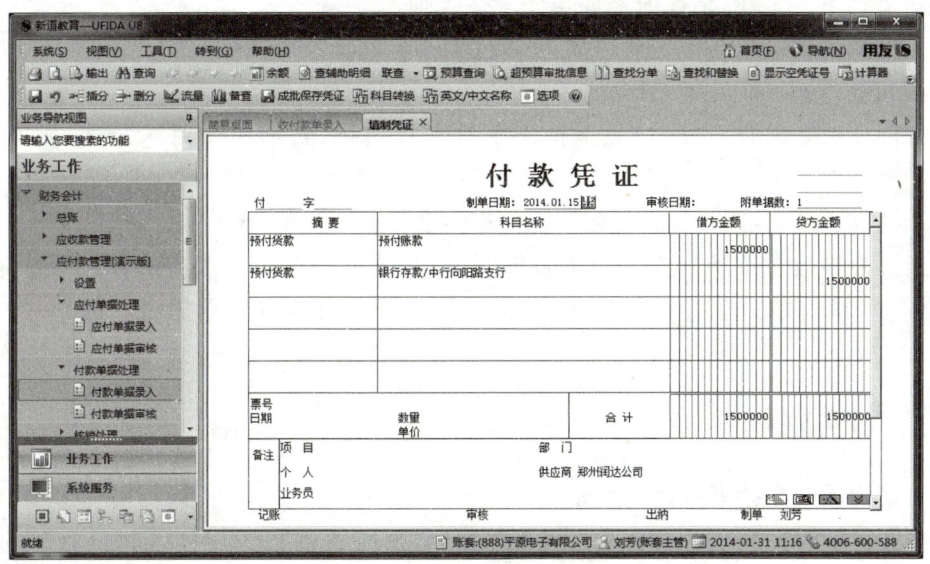

图 6-19 付款单生成凭证

- 表体中的款项类型系统默认为"应付款",可以进行修改,改成"预付款"。
- 已审核的单据不能修改或删除,已生成凭证或进行过核销的单据在单据核销界面中不再显示。

任务四 应付款管理系统期末处理

一、任务描述

2014 年 1 月 31 日,以账套主管刘芳的身份进行如下操作:

1. 查询所有供应商的往来科目明细账。
2. 进行月末结账。

二、知识链接

应付款管理系统中,在当月所有业务已处理完毕的情况下,就可以进行结账了。结账完成后,方可进行下月工作,结账时需要遵循一些规则。

1. 应付款管理系统与供应链系统的采购管理子系统集成使用时,需要采购管理子系统结账后,应付款管理系统才能结账。

2. 进行月末结账时,一次只能选择一个月进行结账,若前一个月未结账,则本月不能结账。

3. 在执行了月末结账后,本月将不能再进行业务处理。

4. 当选项中设置审核日期为单据日期时,本月的单据在结账前应确保已全部审核;当选项中设置审核日期为业务日期时,截止到本月末若还有未审核单据,照样可以进行月末处理。

三、任务实施

(一) 查询供应商往来科目明细账

1. 在应付款管理系统中,执行【账表管理】|【科目账查询】|【科目明细账】命令,选择【供应商明细账】。

2. 单击【确定】按钮,打开"单位往来科目明细账"窗口。如图 6－20 所示。

图 6－20　供应商明细账

3. 单击【退出】按钮。

(二) 结账

1. 在应付款管理系统中,执行【期末处理】|【月末结账】命令,打开"月末处理"窗口。

2. 双击一月【结账标志】按钮,出现【Y】标记。

3. 单击【下一步】按钮,弹出"月末处理——处理情况表"对话框。

4. 单击【完成】按钮,系统弹出"1 月份结账成功"对话框。

5. 单击【确定】按钮。如图 6－21 所示。

 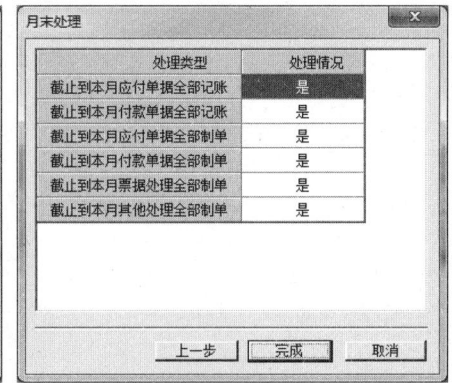 

图 6-21 月末处理

★★★★★ 小结 ★★★★★

本模块主要介绍了应付款管理系统的基本功能、初始设置、期初余额的录入、日常业务处理流程及月末结账流程。

思考题

1. 应付款管理系统主要包括哪些功能?
2. 简述应付款管理系统与其他子系统的数据传递关系。
3. 应付款管理系统的初始设置包括什么?
4. 应付款管理系统的日常业务处理有哪些?
5. 应付款管理系统的月末操作流程是什么?

项目七
固定资产管理系统

知识目标

1. 了解固定资产管理系统的基本功能。
2. 熟悉固定资产管理系统的业务流程。
3. 掌握固定资产管理系统初始设置的主要内容。
4. 掌握固定资产管理系统日常业务处理的基本方法。
5. 掌握固定资产管理系统折旧的处理过程。

能力目标

1. 能够熟练进行固定资产管理系统的初始化设置。
2. 能够熟练进行固定资产增加、减少、变动的处理。
3. 能够正确进行折旧的计算与处理。
4. 能够熟练进行固定资产月末处理。

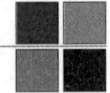

任务一　认知固定资产管理系统

一、固定资产管理系统的基本功能

固定资产管理系统总的功能是完成企业固定资产日常业务的核算和管理,生成固定资产卡片,按月反映固定资产的增加、减少、原值变化及其他变动,并输出相应的增减变动明细账,按月自动计提折旧,生成折旧分配凭证,及时输出一些相关的报表和账簿。固定资产管理系统主要功能有以下几方面。

1. 初始设置。固定资产管理系统初始化过程中需完成对固定资产日常核算和管理所必需的各种系统参数和基本信息的设置,并输入固定资产子系统的原始业务数据。初始设置主要包括固定资产账套建立、基础信息设置和原始卡片录入。

2. 卡片管理。固定资产的卡片管理提供了灵活进行固定资产的增加、删除、修改、查询、统计和汇总的功能,并可以随时输出固定资产的各种综合性统计信息。

3. 日常业务处理。固定资产的日常业务处理主要是当发生固定资产增加、减少、原值变动、部门转移、使用状况变动、使用年限调整和折旧方法调整时,更新固定资产卡片,生成固定资产的相关凭证以及进行凭证的修改和删除。

4. 期末处理。固定资产的期末处理主要包括计提固定资产折旧和固定资产减值准备、进行对账与月末结账。

固定资产管理系统功能模块结构,如图 7-1 所示。

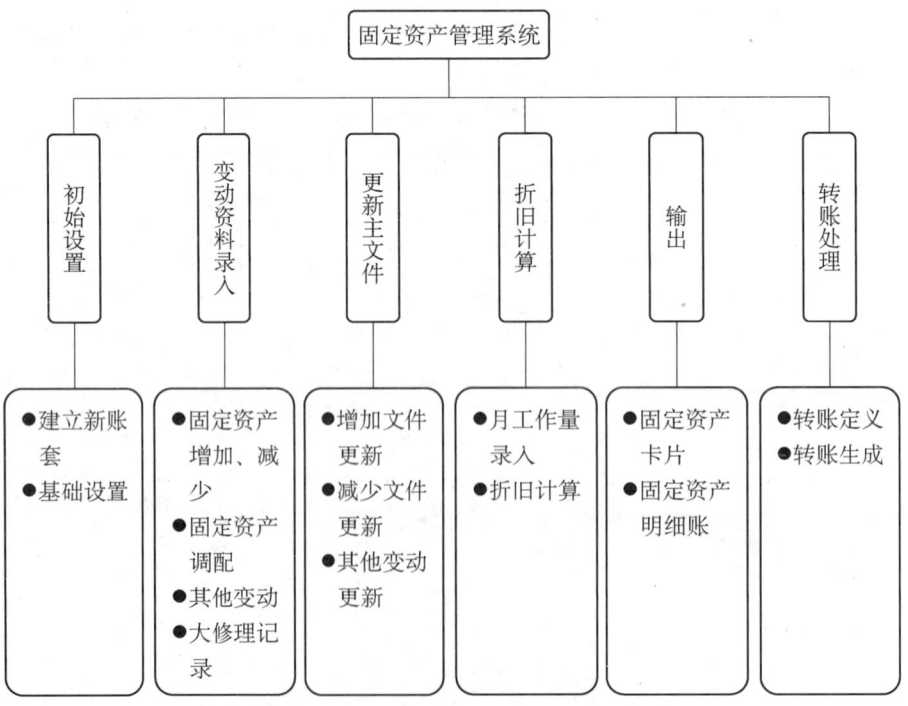

图 7-1　固定资产管理系统的模块结构

二、固定资产管理系统与其他系统的关系

固定资产管理系统与其他系统的主要关系,如图 7 - 2 所示。

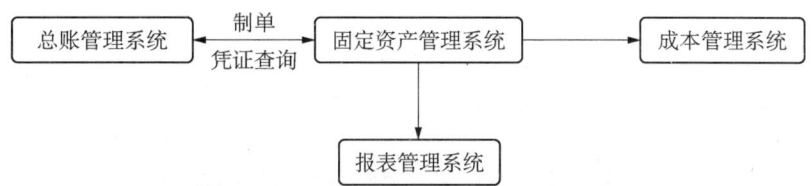

图 7 - 2　固定资产管理系统与其他系统的主要关系图

1. 固定资产管理系统与总账管理系统的关系。固定资产管理系统中资产的增加、减少、原值和累计折旧的调整、折旧的计提都要将有关数据通过自动生成机制记账凭证的形式传输到总账管理系统,两个系统均可查询生成的凭证,在总账管理系统中还可以联查部门折旧明细。

2. 固定资产管理系统与成本管理系统的关系。固定资产管理系统为成本管理系统提供其核算所需要的折旧费用数据,是成本核算的基础数据之一。

3. 固定资产管理系统与报表管理系统的关系。报表管理系统可以通过调用固定资产管理系统核算结果数据编制相关报表。

三、固定资产管理系统的应用流程

固定资产管理系统的应用流程,如图 7 - 3 所示。

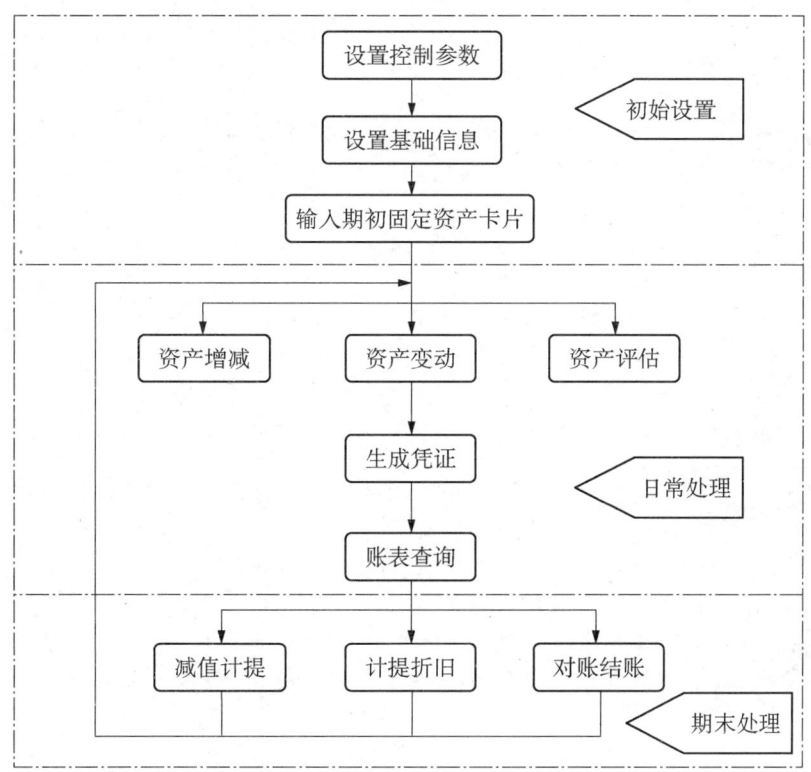

图 7 - 3　固定资产管理系统应用流程

任务二　固定资产管理系统初始化设置

一、任务描述

平原电子有限公司已经成功建立了账套号为"888"的公司账套,从 2014 年 1 月 1 日起启用了固定资产管理系统。在企业应用平台中,以会计陈明的身份,进行如下操作。

(一) 控制参数

设置固定资产系统账套控制参数,见表 7-1。

表 7-1　固定资产系统账套控制参数

控制参数	参数设置
约定及说明	我同意
启用月份	2014.01
折旧信息	本账套计提折旧; 折旧方法:平均年限法(二); 折旧汇总分配周期:1 个月; 当(月初已计提月份=可使用月份-1)时,将剩余折旧全部提足。
编码方式	资产类别编码方式:2112; 固定资产编码方式; 按"类别编码+部门编码+序号"自动编码; 卡片序号长度为3。
财务接口	与账务系统进行对账; 对账科目: 固定资产对账科目:1601 固定资产; 累计折旧对账科目:1602 累计折旧; 在对账不平情况下允许固定资产月末结账。
补充参数	业务发生后立即制单; 月末结账前一定要完成制单登账业务; 固定资产缺省入账科目:1601; 累计折旧缺省入账科目:1602; 固定资产减值准备缺省入账科目:1603; 增值税进项税额缺省入账科目:22210101; 固定资产清理缺省入账科目:1603。

（二）资产类别

设置固定资产类别，见表 7-2。

表 7-2　固定资产类别

类别编码	类别名称	净残值率	计提属性	折旧方法	卡片样式
01	房屋及建筑物	5%	正常计提	平均年限法（二）	通用样式
02	机器设备	5%	正常计提	平均年限法（二）	通用样式
03	电子设备	5%	正常计提	平均年限法（二）	通用样式
04	交通运输设备	5%	正常计提	平均年限法（二）	通用样式

（三）部门及对应折旧科目

设置部门及对应折旧科目，见表 7-3。

表 7-3　固定资产部门及对应折旧科目

部门	对应折旧科目
管理中心、采购部、总务部	管理费用/折旧费（660201）
销售部	销售费用/折旧费（660101）
生产中心	制造费用/折旧费（510101）

（四）增减方式对应入账科目

设置增减方式对应入账科目，见表 7-4。

表 7-4　固定资产增减方式及对应入账科目

增加方式	对应入账科目	减少方式	对应入账科目
直接购入	100201,中行向阳路支行	出售	1606,固定资产清理
在建工程转入	1604,在建工程	报废	1606,固定资产清理

（五）原始卡片

录入固定资产原始卡片，见表 7-5。

表 7-5　原始卡片

固定资产名称	类别编号	使用部门	增加方式	可使用年限	开始使用日期	原值	累计折旧	使用状况
办公楼	01	综合管理部占30%,财务部、采购部、销售部各占20%,总务部占10%	在建工程转入	30	2013-10-18	4 182 000	57 674	在用

续　表

固定资产名称	类别编号	使用部门	增加方式	可使用年限	开始使用日期	原值	累计折旧	使用状况
Ⅰ型电脑装配线	02	生产一部	直接购入	10	2013-10-10	600 000	9 500	在用
Ⅱ型电脑装配线	02	生产二部	直接购入	10	2013-10-10	700 000	11 083	在用
联想台式电脑	03	综合管理部	直接购入	5	2012-12-10	10 000	1 900	在用
联想台式电脑	03	财务部	直接购入	5	2012-12-10	10 000	1 900	在用
复印机	03	财务部	直接购入	5	2013-4-10	15000	1900	在用
奥迪轿车	04	综合管理部	直接购入	10	2013-6-26	300000	13360	在用
合计						5817000	97317	

注：净残值率均为 5%，折旧方法均采用平均年限法(二)。

固定资产管理系统基础设置是指在进行固定资产业务处理之前必须完成的系统功能设置和固定资产核算数据录入，主要包括启用固定资产系统、建立固定资产账套、设置固定资产类别、设置固定资产核算默认科目和录入固定资产原始卡片。

二、知识链接

固定资产管理系统初始化，是指根据单位的具体情况，建立一个符合企业财务工作要求的固定资产子账套的过程。固定资产管理系统在初次使用的时候，必须经过初始化才能用于固定资产的日常管理。固定资产管理系统初始化工作的内容包括建立账套和基础设置。其中，建立账套主要包括账套的启用月份、折旧信息、资产编码方式、财务接口等。

固定资产计提折旧后，需将折旧费用分配到相应的成本或费用中去，根据不同企业的情况可以按照部门或类别进行汇总。固定资产折旧费用的分配去向与其所属部门密切相关，因此需要给每个部门设定对应折旧科目，属于该部门的固定资产在计提折旧时，折旧费用将自动分配到其对应的折旧科目中去。

固定资产种类繁多、规格不一，为了及时、准确地核算固定资产，强化固定资产管理，需建立科学的固定资产分类核算体系，同时也为固定资产的核算和管理提供依据。国家标准(GT/T14885—96)规定的类别编码最多可以设置 4 级，编码总长度为 6 位，即 2112。企业可根据自身的特点和管理要求，确定较为合理的资产分类方法。

原始卡片是指固定资产管理系统启用前，就已使用过并已计提折旧的固定资产卡片。在使用固定资产管理系统进行核算前，必须将原始卡片资料录入系统，保持历史资料的连续性。原始卡片的录入不限制必须在第一个期间结账前完成，企业任何时候都可以录入原始卡片。

三、任务实施

（一）控制参数

1. 执行【业务工作】｜【财务会计】｜【固定资产】命令，进入固定资产管理系统。

2. 第一次打开固定资产管理系统时，系统会弹出询问："这是第一次打开此账套，还未进行过初始化，是否进行初始化？"。如图7-4所示。单击【是】按钮，打开"初始化账套向导"对话框，开始初始设置。

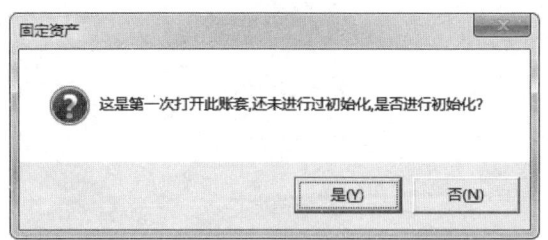

图7-4　注册固定资产管理系统提示框

3. 显示"约定及说明"，单击【我同意】单选按钮进入下一步设置。如图7-5所示。

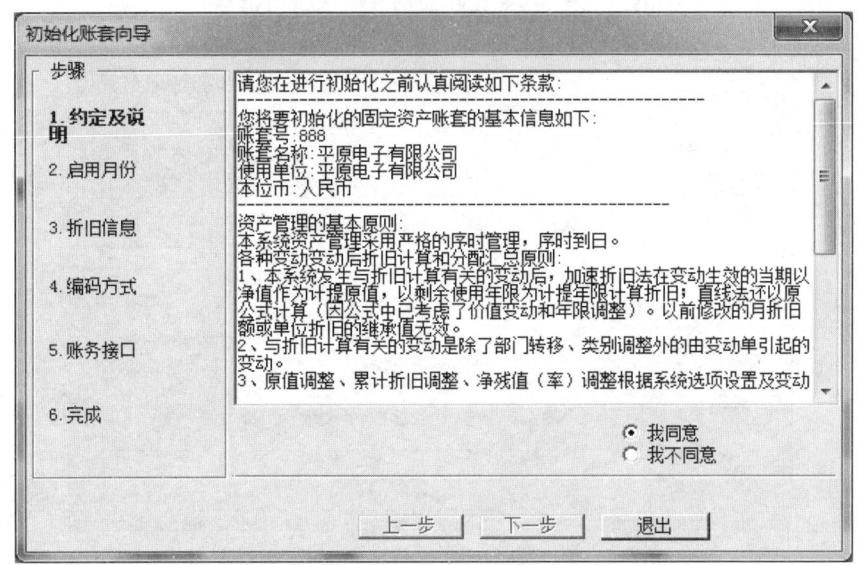

图7-5　打开初始化账套向导——约定及说明

4. 显示启用月份，单击【下一步】按钮进入下一步设置。

5. 选中"本账套计提折旧"复选框，选择主要折旧方法"平均年限法（二）"和折旧汇总分配周期"1"个月等参数。如图7-6所示。

6. 单击【下一步】按钮，打开固定资产"初始化账套向导——编码方式"对话框，确定资产类别编码长度"2112"，单击"自动编码"单选按钮，选择固定资产编码方式"类别编号＋部门编号＋序号"，选择序号长度"3"。如图7-7所示。

7. 单击【下一步】按钮，打开固定资产"初始化账套向导——账务接口"对话框。选中"与账务系统进行对账"复选框，选择固定资产对账科目"1601，固定资产"、累计折旧对账科目"1602，累计折旧"。如图7-8所示。

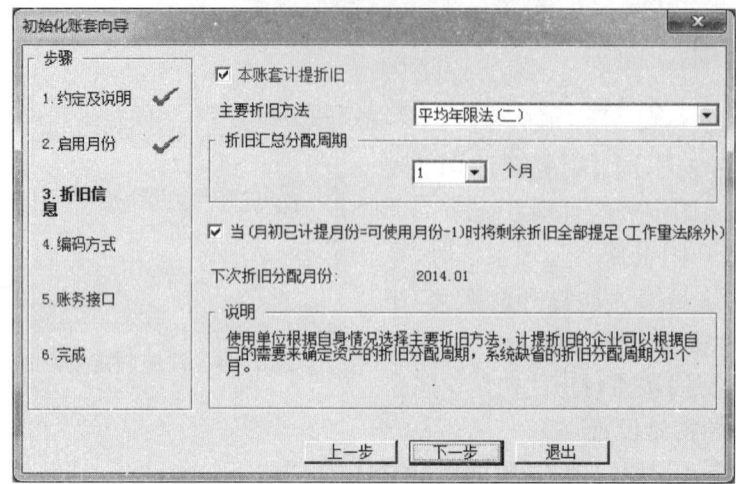

图 7-6 初始化账套向导——折旧信息

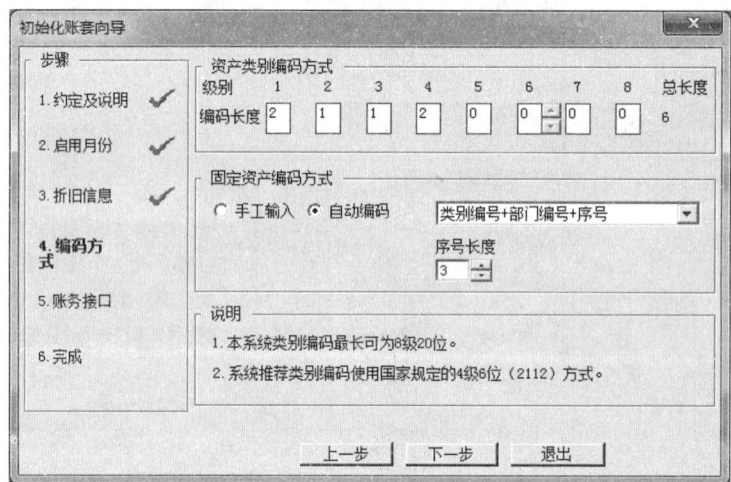

图 7-7 初始化账套向导——编码方式

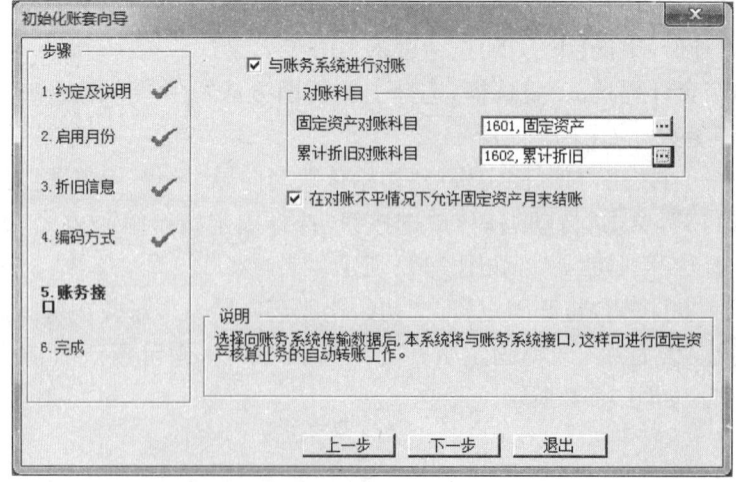

图 7-8 初始化账套向导——账务接口

8. 单击【下一步】按钮,打开固定资产"初始化账套向导——完成"对话框。如图7-9所示。单击【完成】按钮。完成本账套初始化。系统弹出对话框询问"已经完成了新账套的所有设置工作,是否确定所设置的信息完全正确并保存对新账套的所有设置?",单击【是】按钮,完成系统初始设置。

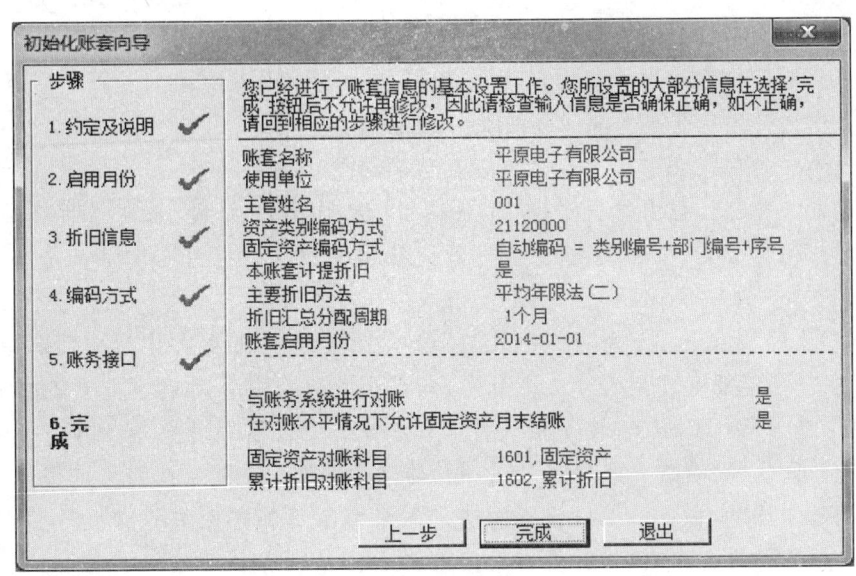

图7-9　初始化账套向导——完成

9. 在固定资产管理系统窗口中,执行【固定资产】|【设置】|【选项】命令,在选项对话框中,单击【编辑】按钮,参照资料对参数进行修改、输入。修改、输入完毕后,单击【确定】按钮退出。如图7-10所示。

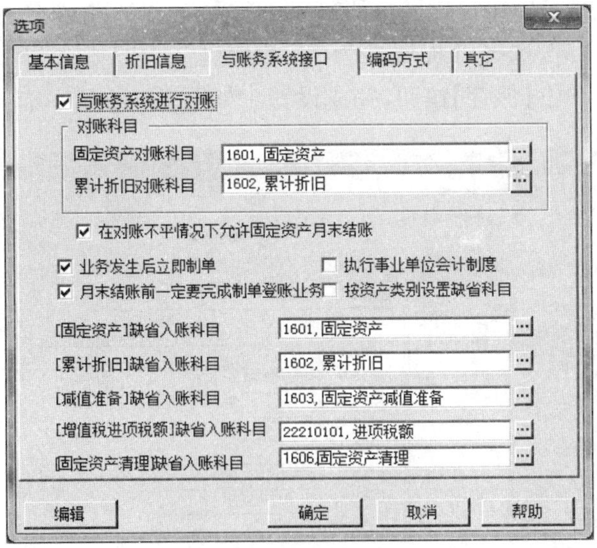

图7-10　补充参数设置

提　示

- 在"初始化账套向导——启用月份"中所列示的启用月份只能查看,不能修改。如果需要修改,必须到固定资产管理系统启用设置中进行。启用月份确定后,在此月之前的所有固定资产都将作为期初数据,而系统从启用月份开始计提折旧。
- 固定资产对账科目和累计折旧对账科目应与总账管理系统内对应科目一致,一般情况下应选择固定资产和累计折旧的一级科目。
- 固定资产初始化账套中有些参数可以在选项设置中进行修改。
- 如果在系统运行过程中发现错误,无法通过"选项"进行纠错,只能通过选择"维护→重新初始化账套"命令实现,但应注意此操作将删除之前对固定资产账套所做的一切工作。
- 如果在"选项"对话框"与财务系统接口"选项卡中选中"业务发生后立即制单"复选框,则在每一笔业务发生后会立即制单;当然也可以在批量制单功能下集中完成。
- 如果在"选项"对话框"与财务系统接口"选项卡中设置"【固定资产】缺省入账科目"、"【累计折旧】缺省入账科目"、"【减值准备】缺省入账科目",则固定资产系统在制作记账凭证时,会自动按所设置的缺省入账科目填制凭证中的有关科目;否则凭证中的相关科目会为空,届时需要手工填制。

(二) 固定资产类别

1. 执行【固定资产】|【设置】|【资产类别】命令,弹出"资产类别"窗口。

2. 单击工具栏【增加】按钮,打开【单张视图】选项卡,输入类别名称"房屋及建筑物"、使用年限"30"、净残值率"5"、选择计提属性为"正常计提"、折旧方法为"平均年限法(二)"、卡片样式为"通用样式",单击【保存】按钮,完成设置。如图 7-11 所示。

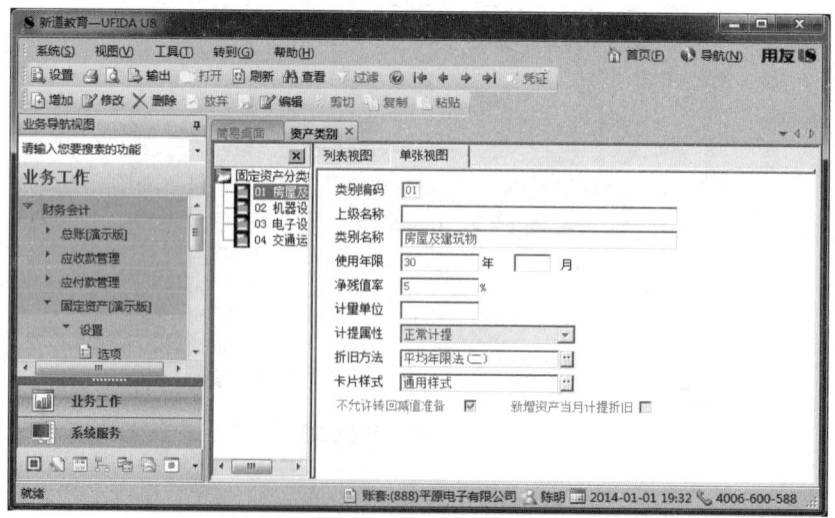

图 7-11　设置资产类别

3. 同理,完成对固定资产其他类别的设置。设置完成后,单击【退出】,系统提示"是否保存数据",单击【是】按钮。如图 7-12 所示。

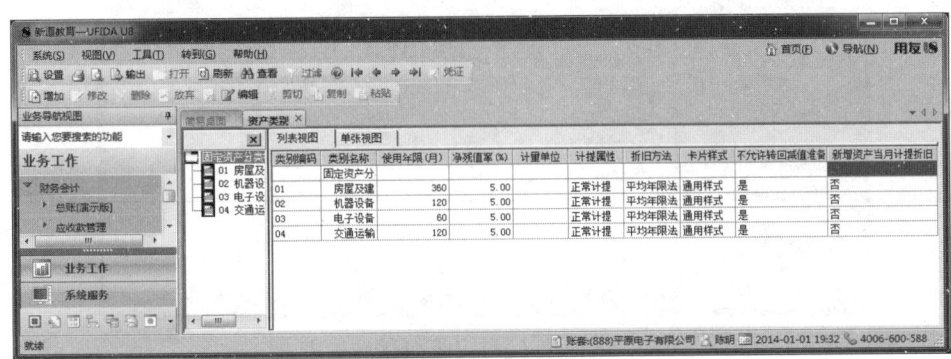

图 7-12 资产类别列表

提 示

● 资产类别编码不能重复,同一级的类别名称不能相同。
● 已使用过的类别不能设置新下级。

(三) 部门对应折旧科目

1. 执行【固定资产】|【设置】|【部门对应折旧科目】命令,弹出"部门对应折旧科目"窗口。

2. 单击左边列表框中的"固定资产部门编码目录",选择部门"管理中心",单击【修改】按钮(或单击【编辑】按钮再单击【编辑】命令),输入或选择"折旧科目"代码"660201",单击【保存】按钮,系统提示"是否将[管理中心]部门的所有下级部门的折旧科目替换为[折旧费]?如果选择是,请在成功保存后点【刷新】查看",单击【是】按钮。如图 7-13、7-14 所示。

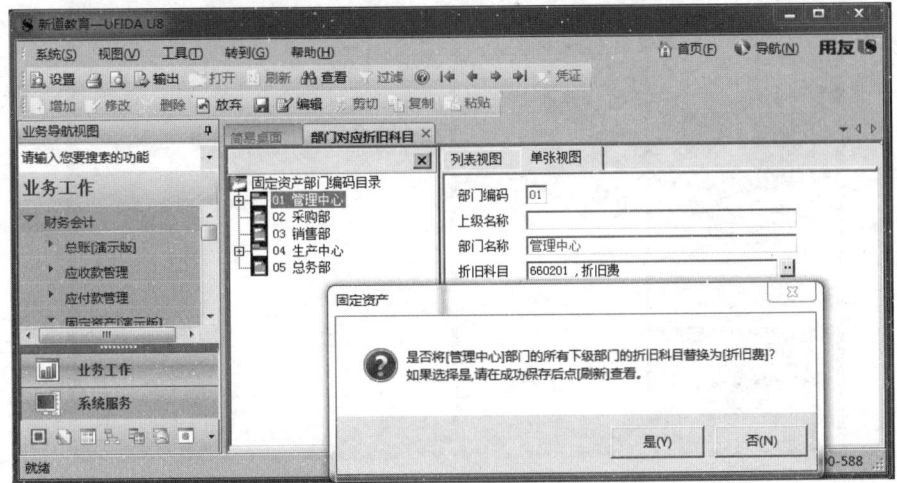

图 7-13 设置部门对应折旧科目

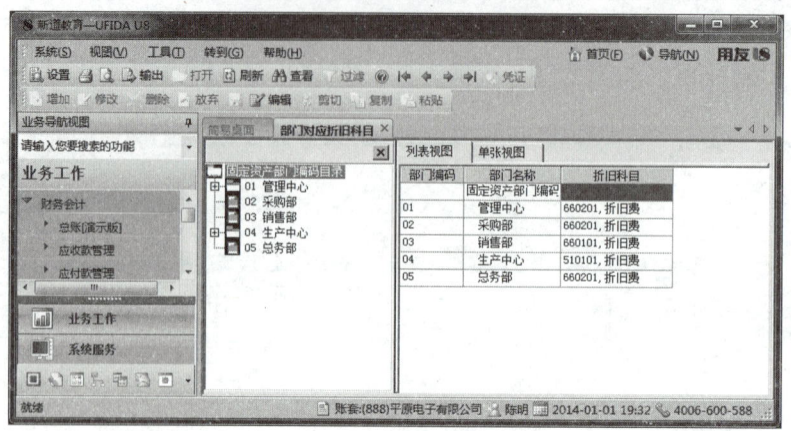

图 7-14 部门对应折旧科目列表

3. 同理,完成对固定资产其他部门对应折旧科目的设置。

提　　示

● 设置部门对应的折旧科目时,必须选择末级会计科目。

(四) 增减方式对应入账科目

1. 执行【固定资产】|【设置】|【增减方式】命令,弹出"增减方式"窗口。

2. 在"增减方式目录表"中,选择【直接购入】,单击【修改】按钮(或单击【编辑】按钮再单击【编辑】命令),输入或选择"对应入账科目"代码"100201",单击【保存】按钮。如图 7-15、7-16 所示。

3. 同理,完成对固定资产其他增减方式对应入账科目的设置。

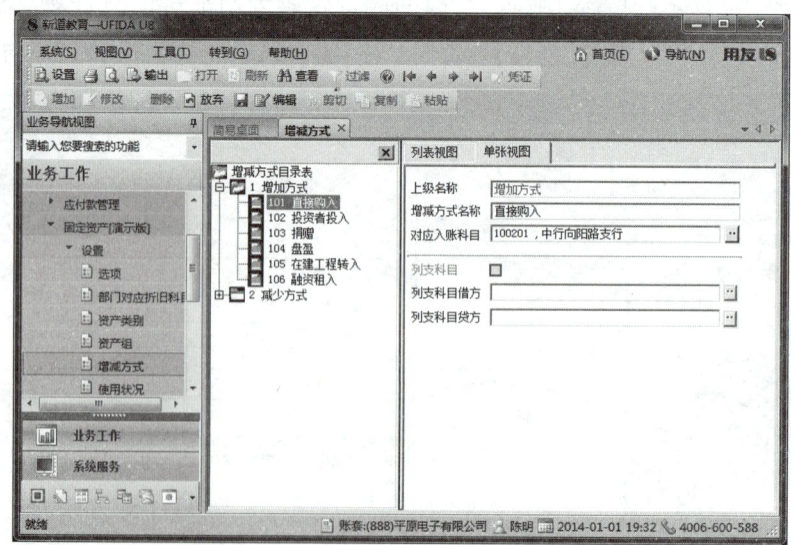

图 7-15 增减方式对应入账科目

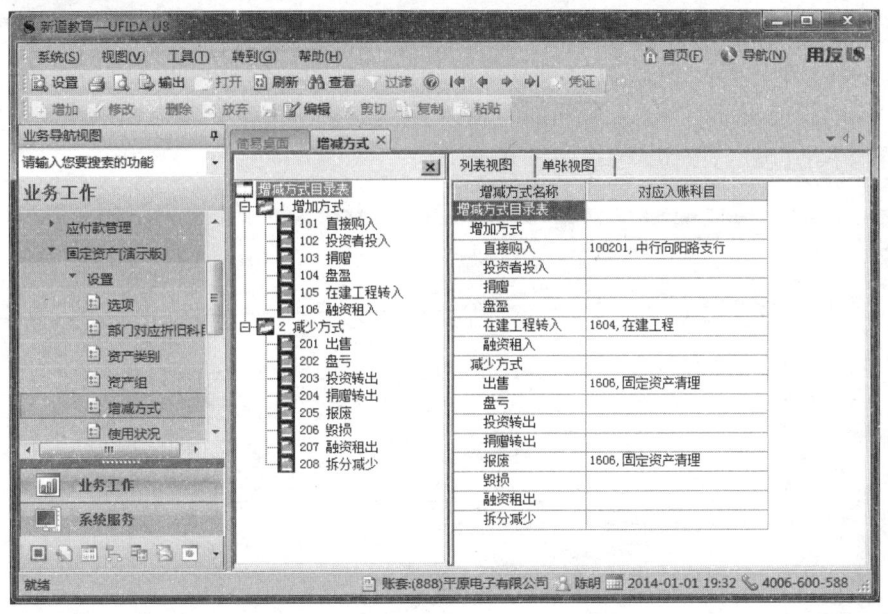

图 7-16　增减方式对应入账科目列表

提　示

● 当固定资产发生增减变动时,系统生成凭证会默认采用这些对应科目。若入账科目发生了变化,可即时修改。

(五) 原始卡片

1. 执行【固定资产】|【卡片】|【录入原始卡片】命令,弹出"固定资产类别档案"窗口。选择资产类别"01 房屋及建筑物",单击【确定】按钮。如图 7-17 所示。

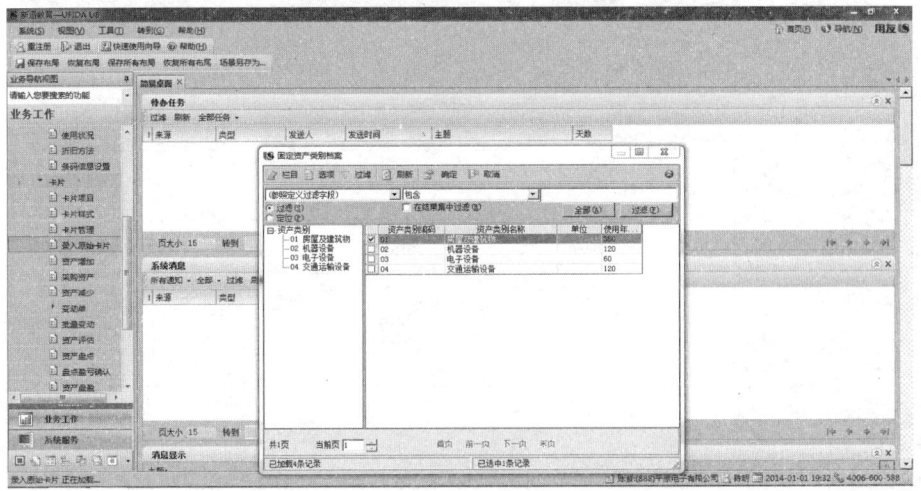

图 7-17　原始卡片录入——资产类别选择

2. 在"固定资产卡片"录入窗口中,录入固定资产名称"办公楼",单击"使用部门"栏目,选择本资产部门使用方式"多部门使用",单击【确定】按钮,在打开的"使用部门窗口",单击【增加】按钮,选择使用部门"综合管理部",输入使用比例"30％"。重复此操作,完成其他使用部门设置,单击【确定】按钮。如图 7‑18 所示。

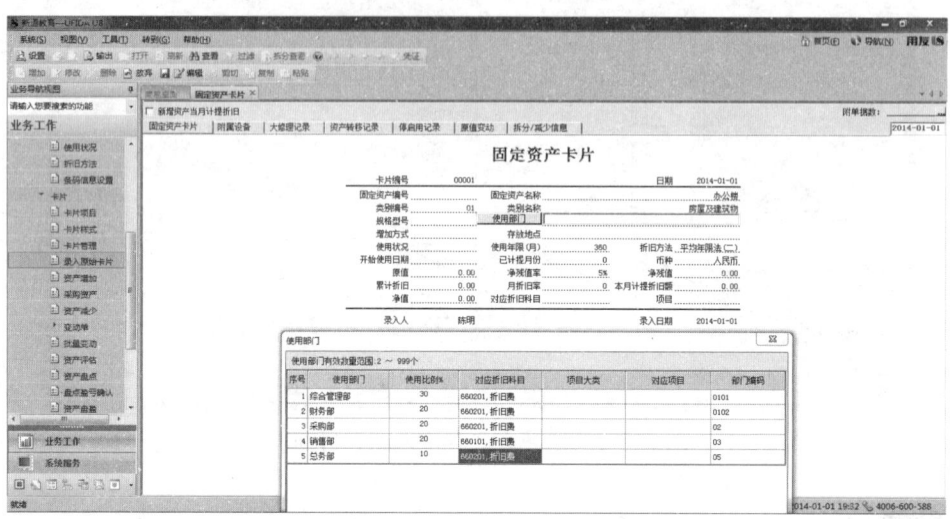

图 7‑18　原始卡片录入——使用部门录入

3. 双击"增加方式"栏目,打开"固定资产增加方式"窗口,选择"在建工程转入"方式。

4. 双击"使用状况"栏目,选择"在用"状况,单击【确定】按钮(或直接双击"在用"状况)。

5. 系统默认使用年限(月)"360"。

6. 输入开始使用日期"2013‑10‑18"。

7. 输入原值"4182000",累计折旧"57674",单击【保存】按钮,系统提示"数据成功保存!",单击【确定】按钮。如图 7‑19 所示。系统自动添加下一张卡片,同理完成其他固定资产卡片的录入。

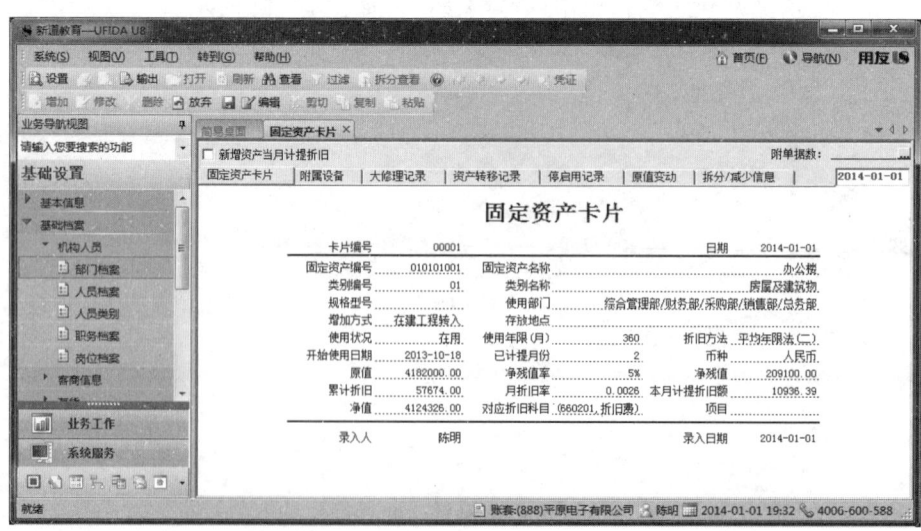

图 7‑19　原始卡片录入

提　示

- 卡片编号：系统会根据初始化时定义的编码方案自动设定,不能修改。如果删除一张卡片,它又不是最后一张时,系统将保留空号。
- 已计提月份：系统将根据开始使用日期自动算出,但可以修改,请将使用期间停用等不计提折旧的月份扣除。
- 月折旧率、月折旧额：与计算折旧有关的项目录入后,系统会按照输入的内容自动计算并显示在相应项目内,可与手工计算的值比较,核对是否有错误。
- 在进入"固定资产卡片"录入窗口后,若单击"取消"按钮,则表示不增加固定资产卡片,此时可查询以前输入的卡片并进行修改。
- 需要修改固定资产卡片的原值或累计折旧数值,且该资产已制作了记账凭证的,则需删除该凭证后才能修改卡片。
- 录入原始卡片时,卡片中的"录入人"自动显示为当前操作员,"录入日期"为当前登录日期。"开始使用日期"必须采用手工录入。
- 录入原始卡片时,应注意选择固定资产类别。

任务三　固定资产管理系统日常业务处理

一、任务描述

2014 年 1 月,平原电子有限公司已正常使用固定资产管理系统。以会计陈明的身份,进行如下业务处理：

1. 1 月 18 日,公司购进联想台式电脑 2 台,单价 8 000 元,增值税税率为 17%,预计使用年限 5 年,净残值率 5%,采用平均年限法(二)计提折旧。电脑交销售部、综合管理部各一台,并于当日投入使用。开出转账支票,从中行向阳路支行转账支付款项。

2. 1 月 31 日,经批准,将财务部的联想电脑(固定资产卡片编号 00005)交给采购部使用。

3. 1 月 31 日,计提 1 月份固定资产折旧。

4. 1 月 31 日,综合管理部毁损联想电脑一台(固定资产卡片编号 00004)。

二、知识链接

1. 固定资产增加是指企业通过购买或其他方式取得固定资产时要进行固定资产增加的处理,填制新的固定资产卡片。一方面要求对新增固定资产按经济用途或其他标准分类,并确定其原始价值。另一方面,要求办理交接手续,填制和审核有关凭证,作为固定资产核算的依据。

2. 固定资产的减少是指资产在使用过程中,由于毁损、出售、盘亏等各种原因而被处置。

此时需进行固定资产减少的处理,输入固定资产减少记录,说明减少的固定资产、减少方式、减少原因等。固定资产减少信息经过确认后,系统搜索出相应的固定资产卡片以固定资产减少记录中的信息更新卡片文件数据,反映固定资产减少的相关情况。

3. 固定资产在使用过程中可能会因为原值变动、部门转移、使用状况变动、使用年限调整、折旧方法调整、净残值(率)调整、工作问题调整、累计折旧调整、资产类别调整等需要而对固定资产卡片中的一些项目进行调整。这些变动在固定资产管理系统中通过固定资产变动单进行操作。而其他项目,如名称、编号、自定义项等的变动则可直接在卡片上进行修改。

4. 自动计提折旧是固定资产管理系统的主要功能之一。系统每期计提折旧一次,根据录入系统的资料自动计算每项资产的折旧,并自动生成折旧分配表,然后制作记账凭证,将本期的折旧费用自动登账。执行此功能后,系统将自动计提各个资产当期的折旧额,并将当期的折旧额自动累加到累计折旧项目。

5. 固定资产管理系统和总账管理系统之间存在数据的自动传输关系,这种传输是通过记账凭证来完成的。固定资产管理系统需要制作记账凭证的情况包括:资产增加、减少、卡片修改(涉及原值和累计折旧时)、资产评估(涉及原值和累计折旧时)、原值变动、累计折旧调整以及折旧费用分配等。

制作相关记账凭证有两种方法。第一种,当在"选项"中设置了"业务发生后立即制单",则以上需要制单的相关业务发生后,系统自动调出凭证供制单;第二种,如果在"选项"中没有设置"业务发生后立即制单",则可采用批量制单功能完成制单工作。批量制单功能可同时将一批需要制单的业务连续制作凭证并传输到总账管理系统,避免了多次制单的繁琐。凡是在业务发生时没有制单的,该业务会自动排列在批量制单表中,表中列示应制单的业务发生日期、类型、原始单据号、缺省的借贷方科目和金额以及制单选择标志。

三、任务实施

(一) 资产增加

1. 执行【固定资产】|【卡片】|【资产增加】命令,弹出"固定资产卡片"录入窗口。

2. 选择资产类别"03 电子设备",单击【确定】按钮,打开"固定资产卡片"录入窗口。

3. 输入固定资产名称"联想台式电脑",使用部门"销售部",增加方式"直接购入",使用年限(月)"60",折旧方法"平均年限法(二)",原值"8000"等资料。如图 7 - 20 所示。输入完毕,单击【保存】按钮,系统自动生成一张购入固定资产的记账凭证。单击【关闭】按钮,系统提示"还有一张凭证没保存",单击【确定】按钮。系统提示"还有没保存的凭证,是否退出?",单击【是】按钮,系统提示"数据成功保存",单击【确定】按钮。如图 7 - 21 所示。

4. 在系统自动增加的下一张卡片窗口,单击【放弃】按钮,系统提示"是否取消本次操作?",单击【是】按钮,返回到刚才增加的"联想电脑"卡片窗口。单击【复制】按钮,打开"固定资产批量复制"对话框,输入起始资产编号"0303002"、终止资产编号"0303002"以及卡片复制数量"1",单击【确定】按钮。系统提示"卡片批量复制完成",单击【确定】按钮。如图 7 - 22 所示。

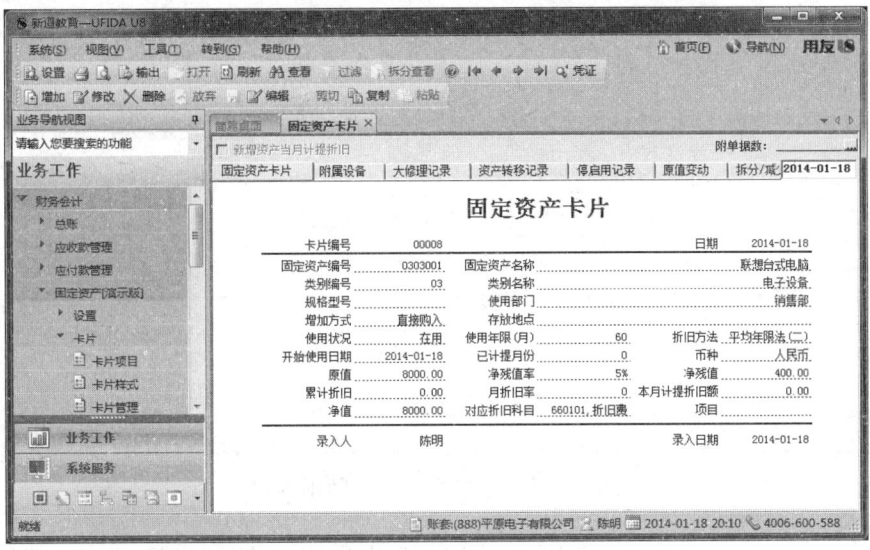

图 7-20　固定资产增加

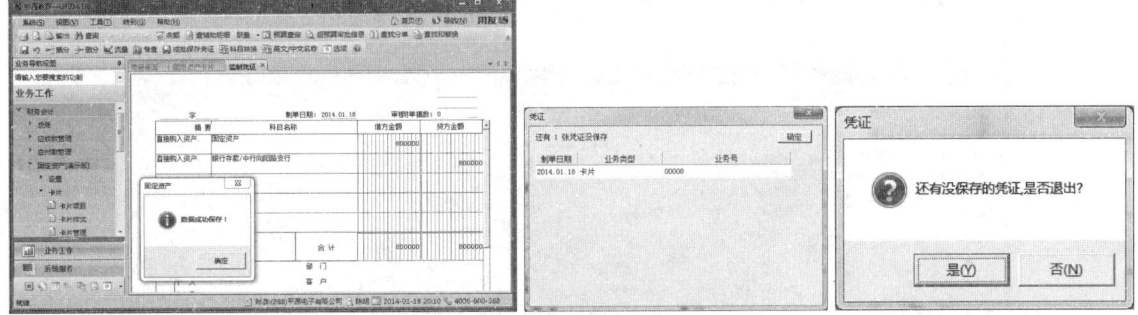

图 7-21　固定资产增加——凭证生成取消

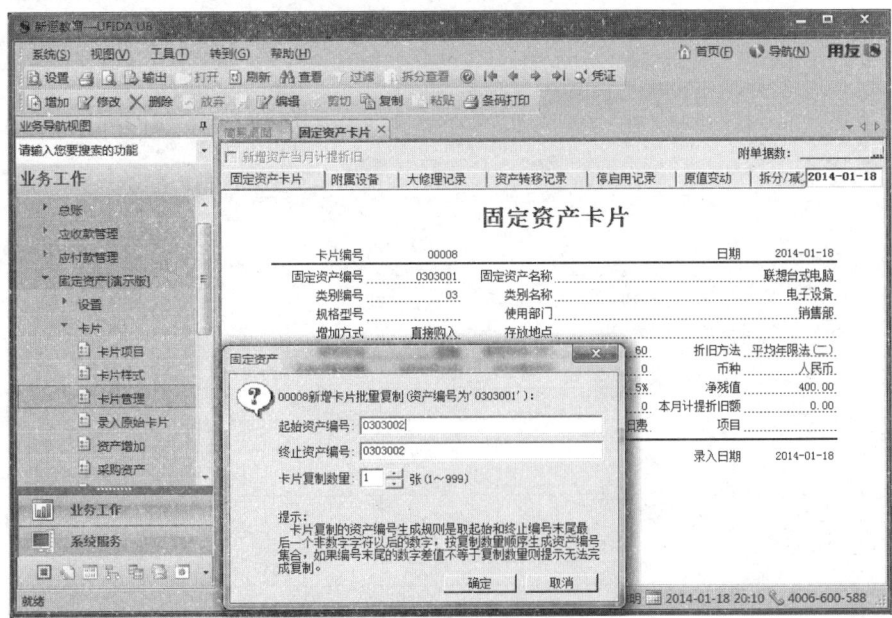

图 7-22　固定资产卡片复制

5. 执行【固定资产】|【处理】|【批量制单】命令,打开"批量制单"窗口,双击需要进行凭证制单业务相应的【选择】栏,打上"Y"标记,并输入合并号"1"。如图 7 - 23 所示。

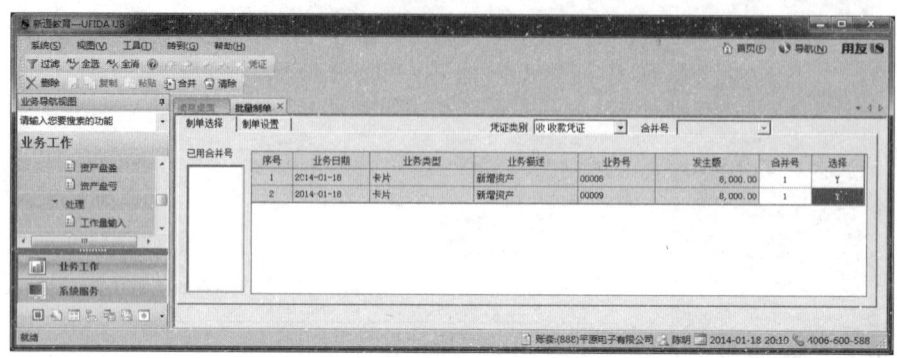

图 7 - 23　批量制单——制单选择

6. 单击"制单设置"选项卡,单击【凭证】按钮,出现购买联想电脑的凭证字"付"字,单击【保存】按钮,凭证上出现"已生成"标志。如图 7 - 24、7 - 25 所示。单击【退出】按钮,系统自动将当前凭证传递到总账管理系统,以进行审核并记账。

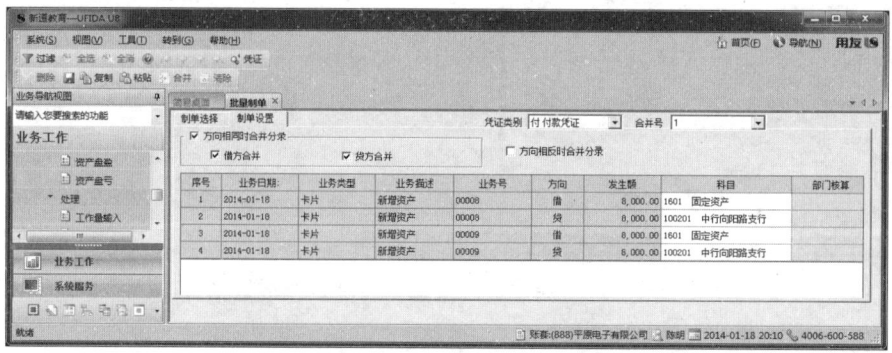

图 7 - 24　批量制单——制单设置

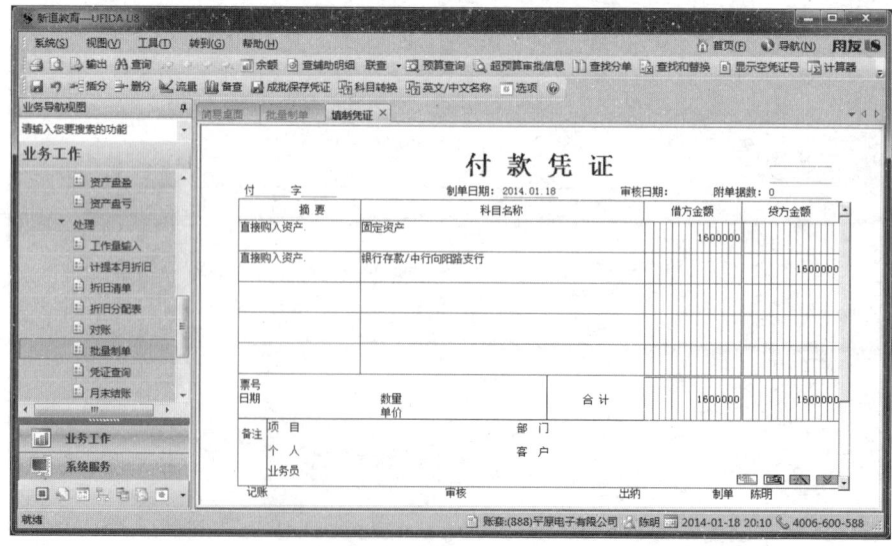

图 7 - 25　批量制单——凭证生成

- "资产增加"即新增加固定资产卡片。在系统日常使用过程中,可能会购进或通过其他方式增加企业资产,该部分资产通过"资产增加"操作录入系统。当固定资产开始使用日期的会计期间＝录入会计期间时,才能通过"资产增加"功能录入。
- 只有在固定资产管理系统的"选项"设置中,设置了"业务发生后立即制单",系统才能在新增固定资产卡片后,自动弹出"填制凭证"窗口,否则需要在"批量制单"窗口中进行凭证处理。
- 如果发现凭证有错误,可以在凭证查询窗口,找到错误凭证,单击【编辑】按钮进行修改。
- 如果卡片错误导致凭证出错,则需要先删除凭证后才能修改卡片。修改卡片后,再次生成正确的凭证。

(二) 固定资产变动

1. 执行【固定资产】|【卡片】|【变动单】|【部门转移】命令,打开"固定资产变动单"窗口。

2. 在"固定资产变动单"窗口的"固定资产变动单——部门转移"界面,输入卡片编号"00005"后,系统自动列出资产的名称、开始使用日期、规格型号、变动前部门、存放地点。双击变动后部门,选择"采购部",输入变动原因"调拨",单击【保存】按钮。如图7-26所示。

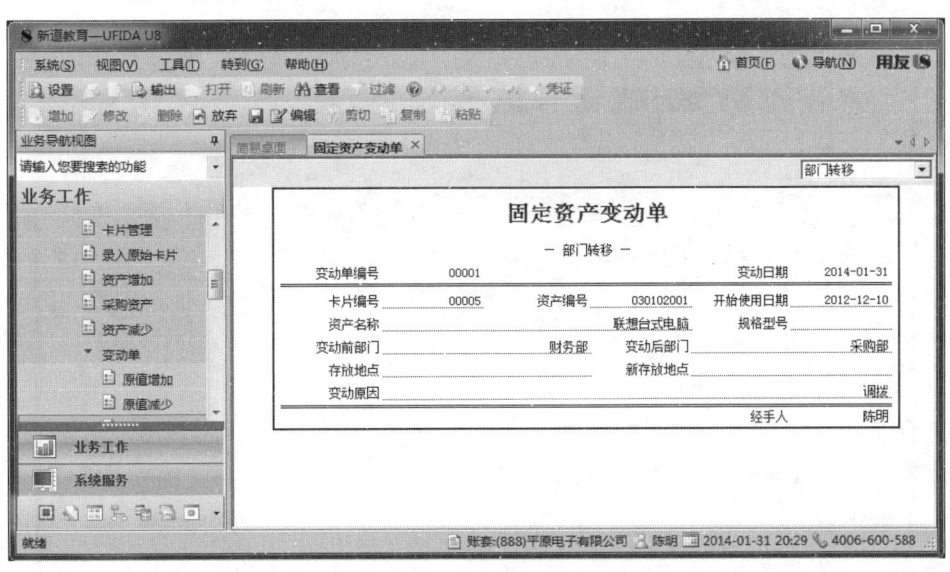

图7-26　固定资产变动单——部门转移

提·示

- 固定资产变动单上的变动日期是当前登录系统日期,不能修改。
- 当月新增的资产不允许做此种变动业务。
- 变动单不能修改,只能当月进行删除后重做,所以请仔细检查后再保存。
- 进行部门转移变动的资产在变动当月就按变动后的部门计提折旧。

(三) 固定资产计提折旧

1. 执行【固定资产】|【处理】|【计提本月折旧】命令,系统提示"是否要查看折旧清单?",单击【是】按钮,系统提示"本操作将计提本月折旧,并花费一定时间,是否要继续?",单击【是】按钮,打开"折旧清单"窗口。如图 7 - 27 所示。单击【退出】按钮,系统在退出"折旧清单"窗口的同时自动打开"费用分配表"窗口,再次单击【退出】按钮,系统提示"计提折旧完成!"。如图 7 - 28 所示。

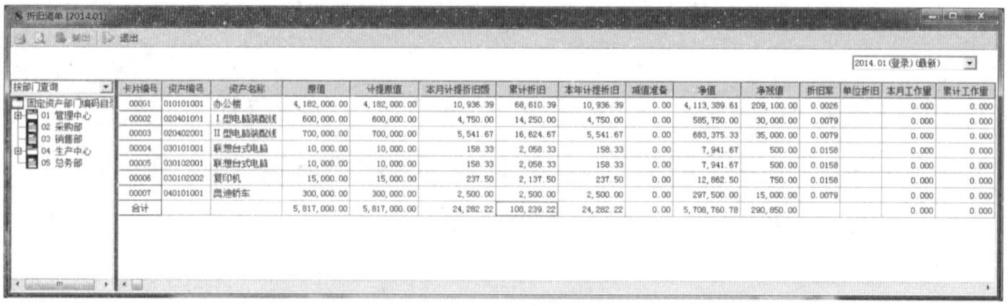

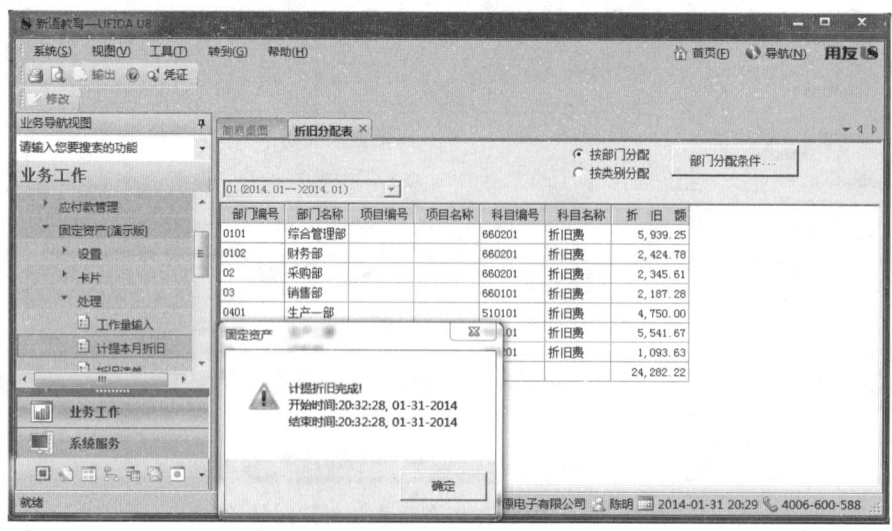

图 7 - 27　显示折旧清单

图 7 - 28　计提折旧完成

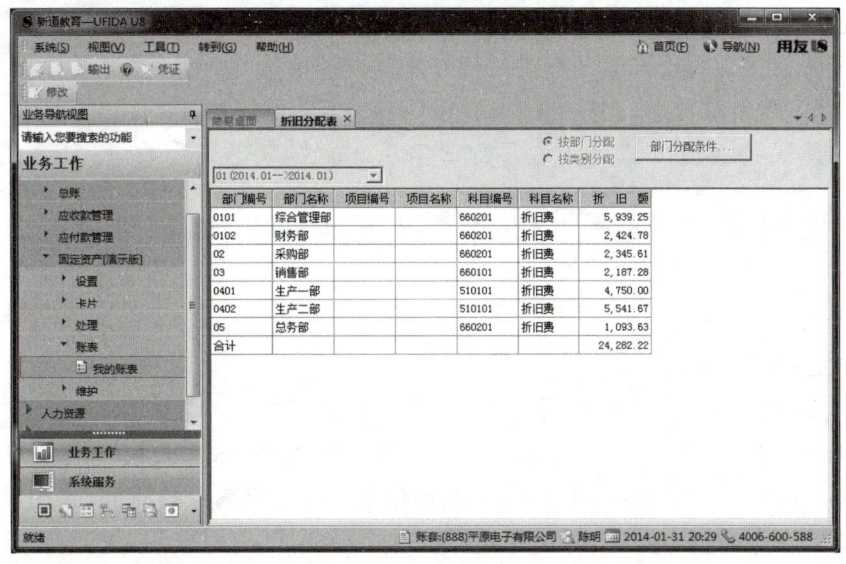

图 7 - 29 显示折旧分配表

2. 执行【固定资产】|【处理】|【折旧分配表】命令,进入"折旧分配表"窗口。如图 7 - 29 所示。单击【凭证】按钮,打开"填制凭证"窗口,系统自动生成计提折旧的凭证,选择凭证类型为"转账凭证",单击【保存】按钮,凭证上出现"已生成"标志。如图 7 - 30 所示。单击【关闭】按钮,退出"填制凭证"窗口,继续单击【关闭】按钮,退出"费用分配表"窗口。

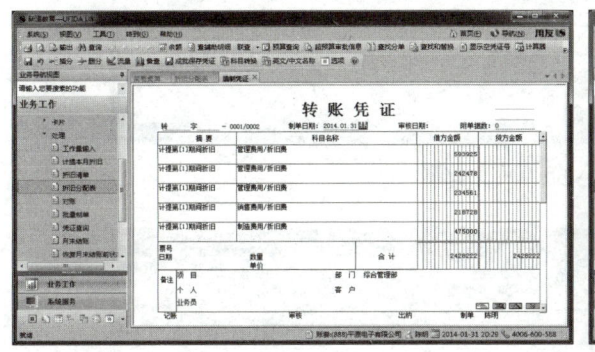 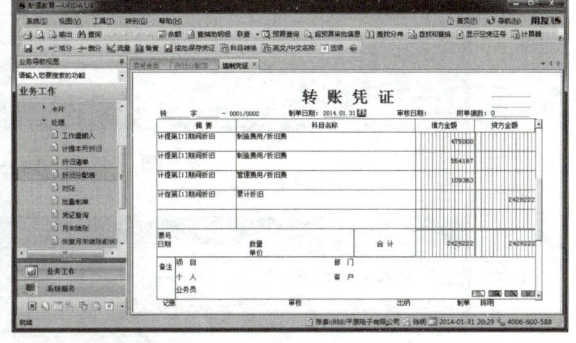

图 7 - 30 生成折旧费用分配凭证

提 示

● 本系统在一个期间内可以多次计提折旧,每次计提折旧后,只是将计提的折旧累加到月初的累计折旧,不会重复累计。

● 如果上次计提折旧已制单并把数据传递到了总账管理系统,则必须删除该凭证后方能重新计提折旧。

● 计提折旧后又对账套进行了影响折旧计算或分配的操作,则必须重新计提折旧;否则,系统不允许结账。

● 如果自定义的折旧方法计算的月折旧率或月折旧额出现负数,则系统自动中止计提。

(四) 固定资产减少

1. 执行【固定资产】|【卡片】|【资产减少】命令,进入"资产减少"窗口。

2. 选择卡片编号"00004",单击【增加】按钮,选择减少方式"毁损",输入清理原因"毁损"。如图 7-31 所示。单击【确定】按钮,系统生成固定资产减少的凭证,并提示"所选卡片已经减少成功!",单击【确定】按钮,选择凭证字"转",单击【保存】按钮,凭证上出现"已生成"标志,单击【退出】按钮。如图 7-32 所示。

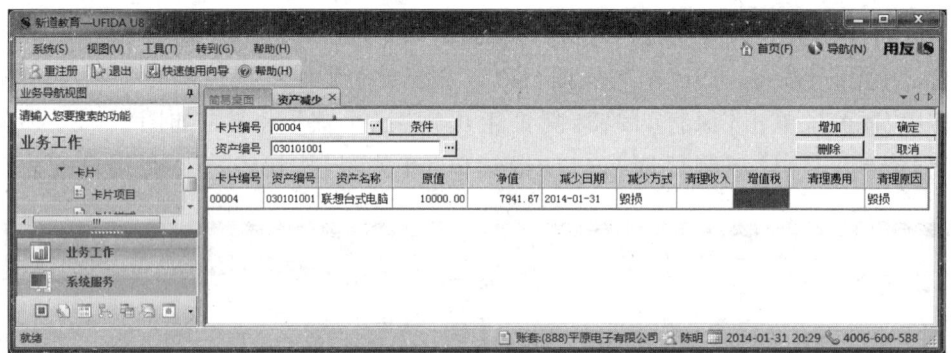

图 7-31　输入资产减少数据

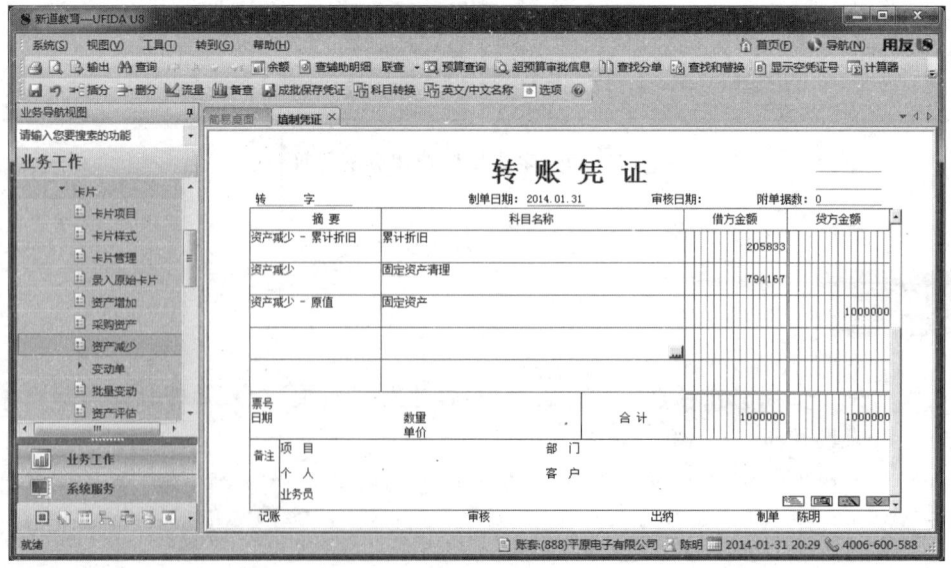

图 7-32　生成资产减少凭证

提 示

- 若当前账套设置了计提折旧,则需要在计提折旧后才可执行资产减少处理。
- 在固定资产发生减少时,首先要从固定资产卡片中将该资产卡片删除,然后再进行凭证处理。
- 由于固定资产在减少当月仍需要计提折旧,因此需在计提折旧后才可执行固定资产减少。
- 如果要减少的资产较少或没有共同点,则需要通过输入资产编号或卡片编号,单击"增加"按钮,将资产添加到资产减少表中。
- 如果要减少的资产较多并且有共同点,则通过单击"条件"按钮,输入一些查询条件,将符合该条件的资产挑选出来进行批量减少操作。

四、拓展提高

对于当月减少的固定资产,如果想要恢复,可以通过撤销已减少固定资产来完成。资产减少的恢复是一个纠错的功能,当月减少的资产可以通过本功能恢复使用。一般情况,已减少的资产只有在减少的当月才可以恢复,具体操作如下:

第一步:执行【固定资产】|【卡片】|【卡片管理】命令,打开"卡片管理"窗口。在卡片管理列表中选择"已减少资产"。如图 7 - 33 所示。

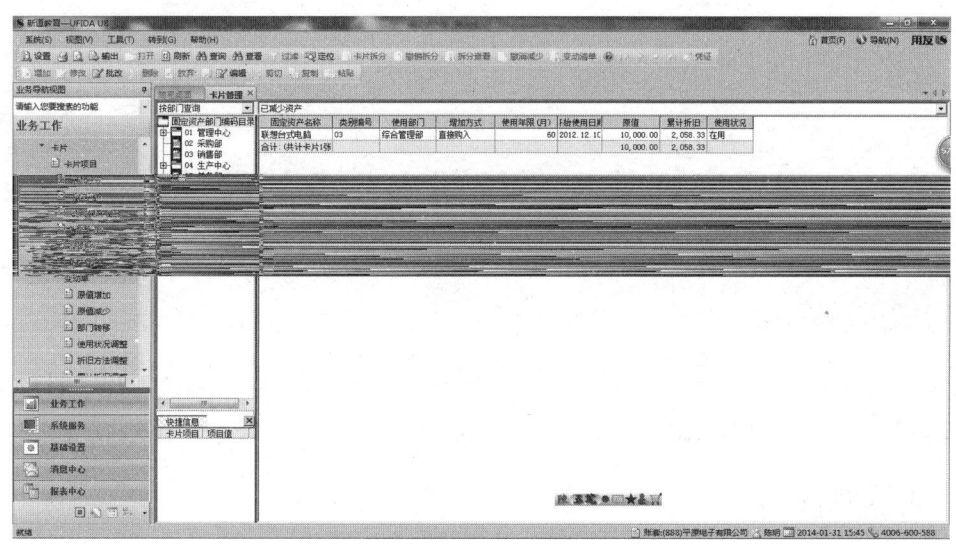

图 7 - 33　卡片管理——已减少资产

第二步：在已减少资产列表中，单击需要撤销减少的资产卡片，单击【撤销减少】按钮，系统提示"确实要恢复[00004]号卡片的资产吗?"，单击【是】按钮，则撤销该资产的减少操作完成。如图 7 - 34 所示。

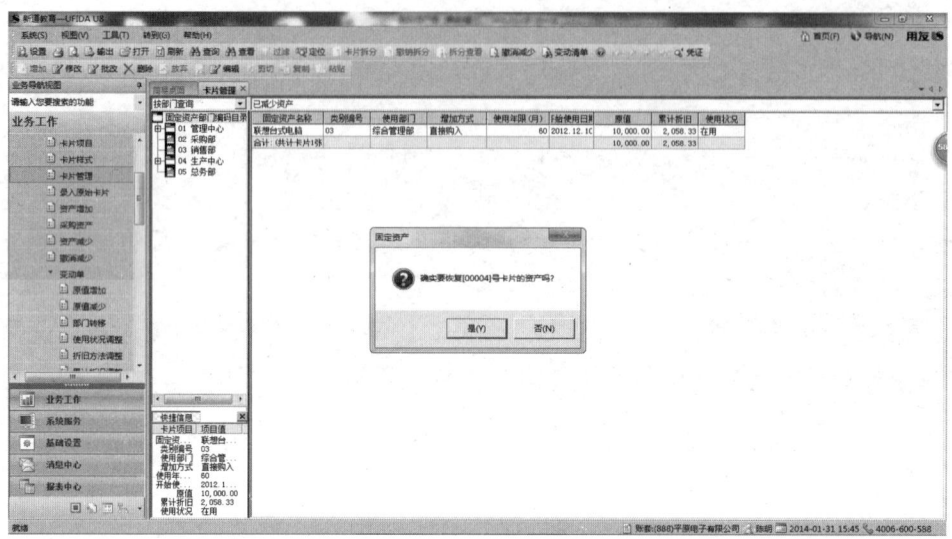

图 7 - 34　资产减少撤销

提　示

● 如果资产减少操作已制作凭证，则必须删除凭证后才能进行恢复资产减少的操作。

任务四　固定资产管理系统期末业务处理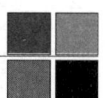

一、任务描述

2014 年 1 月 31 日，平原电子有限公司已正常使用固定资产管理系统。以会计陈明的身份，进行固定资产月末对账、结账业务。

二、知识链接

1. 当在初始化或选项中选择了与总账管理系统对账才可使用固定资产管理系统的对账功能。月末，当所有固定资产管理工作都已经完成后，需要与总账管理系统的固定资产原值及累计折旧科目对账,以保证两个系统的资产价值相等。对账操作不限制执行的时间,任何时候均可进行。若在初始化账套向导中,没有选择【在对账不平情况下允许固定资产月末结账】单选按钮,则只有在对账平衡时方允许固定资产管理系统月末结账。

2. 当固定资产管理系统完成了本月全部业务后,可以进行月末结账。结账前系统会自动检查当月是否进行了折旧计提核算,并且所有核算业务是否都已制单生成凭证。经检查符合结账的基本条件后,才能进行月末结账。月末结账每月进行一次,结账后数据不能修改,如有错确需修改,可通过系统提供的"恢复月末结账前状态"功能反结账,再进行相应修改。

3. 恢复月末结账前状态,又称"反结账",是固定资产管理系统提供的一个纠错功能。如果由于某种原因,结账后发现结账前的操作有误,而结账后不能修改结账前的数据,则可使用此功能恢复到结账前状态再去修改错误。

三、任务实施

(一) 对账

1. 执行【固定资产】|【处理】|【对账】命令,打开"与账务对账结果"对话框。如图 7 - 35 所示。

2. 单击【确定】按钮。

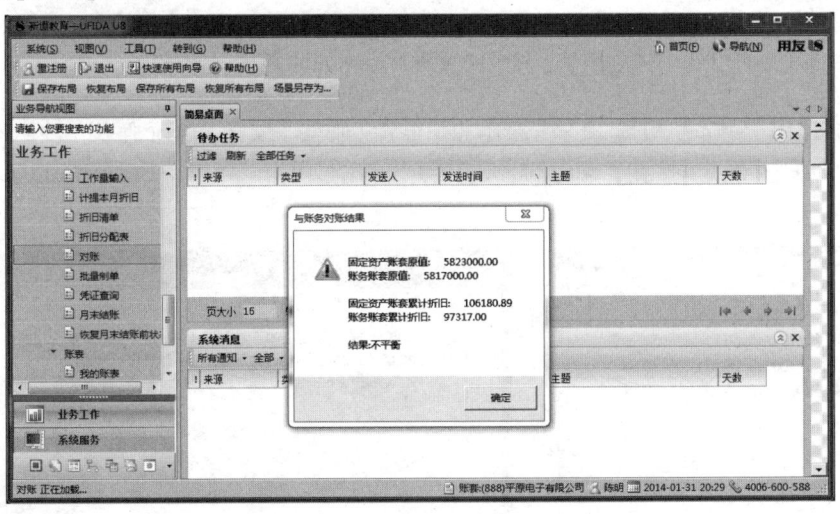

图 7 - 35 固定资产——对账

提 示

● 若在财务接口中选择"在对账不平情况下允许固定资产月末结账",则可直接进行月末结账。

● 当出现"与财务对账结果不平衡",是因为在总账管理系统中尚未对固定资产传递来的凭证进行审核、记账。

（二）结账

1. 执行【固定资产】|【处理】|【月末结账】命令，打开"月末结账"对话框，单击【开始结账】按钮，系统开始进行结账处理。如图 7-36 所示。

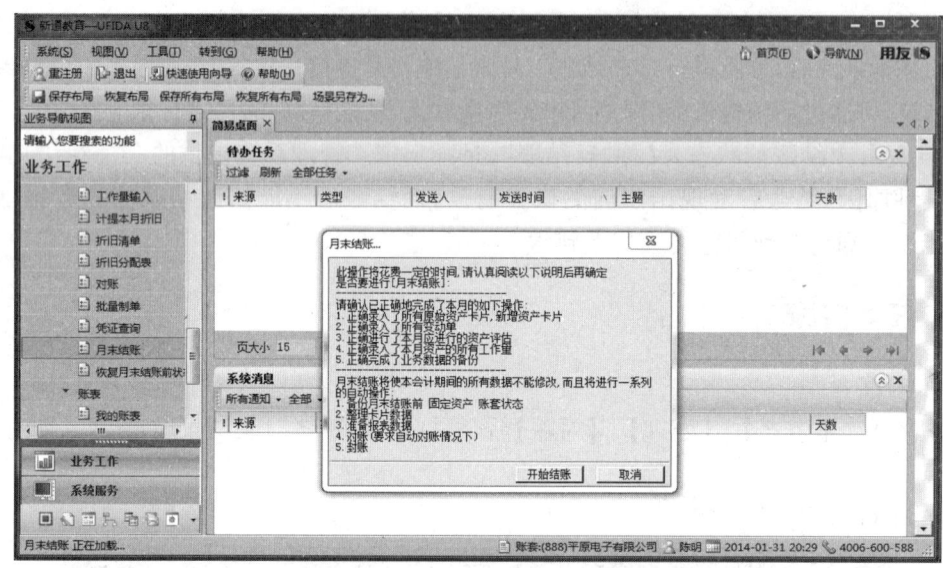

图 7-36　固定资产——月末结账

2. 系统弹出"与财务对账结果"提示框，单击【确定】按钮，系统弹出"月末结账成功完成！"提示框，单击【确定】按钮。如图 7-37 所示。

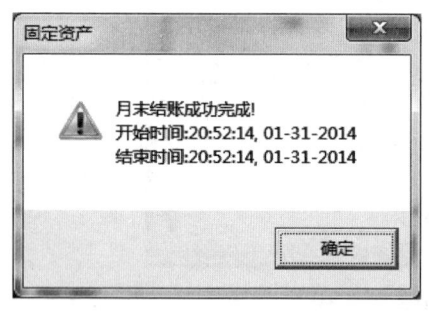

图 7-37　固定资产——结账完成

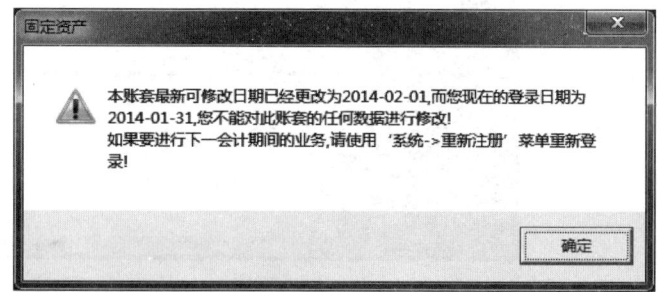

图 7-38　固定资产——提示重新登录

3. 系统弹出结账情况说明提示框，提示重新修改登录日期，单击【确定】按钮，完成结账。如图 7-38 所示。

（三）取消结账

1. 执行【固定资产】|【处理】|【恢复月末结账前状态】命令。系统弹出"此操作将恢复本账套 2014.01 月末结转前操作状态，并花费一定时间！是否继续？"提示框，单击【是】按钮，系统弹出"成功恢复账套月末结账前状态！"提示框。如图 7-39 所示。

2. 单击【确定】按钮。完成反结账操作。

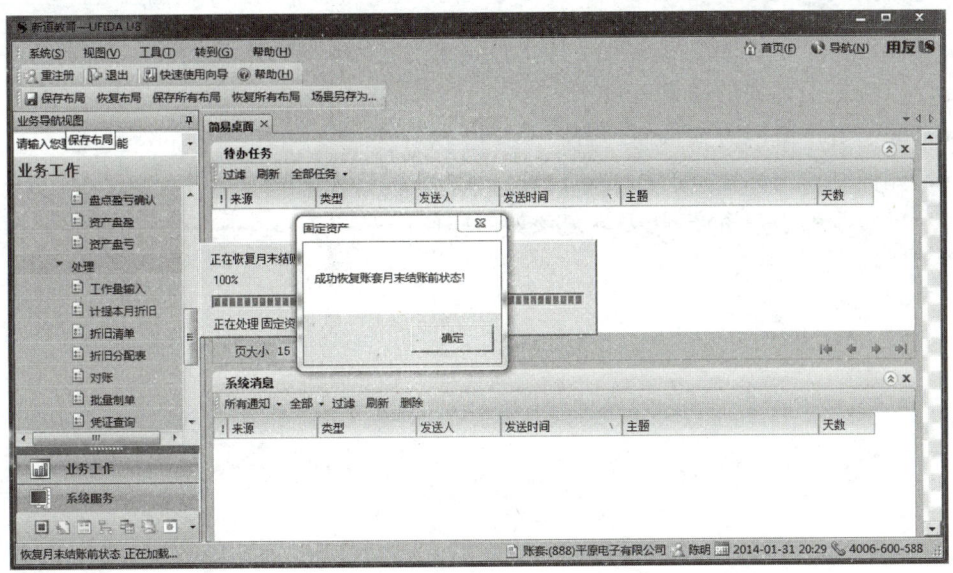

图 7-39 固定资产——反结账

提 示

- 不能跨年度恢复数据,即本系统年末结转后,不能利用本功能恢复年末结转前状态。
- 因为成本管理系统每月从本系统提取折旧费用数据,因此一旦成本管理系统提取了某期的数据,该期则不能反结账。
- 如果总账管理系统已结账,则固定资产管理系统不能执行取消结账功能。
- 恢复到某个月月末结账前状态后,本账套内对该结账后所做的所有工作都将无痕迹删除。

★★★★★ 小结 ★★★★★

本模块主要介绍了固定资产管理系统的基本功能,业务处理流程,与其他系统之间的数据传递关系,参数设置的主要内容及方法,固定资产增加、减少、变动等日常业务处理的方法以及计提折旧、月末结账等期末业务的处理方法。通过上机操作,学生能够熟练掌握固定资产增加、减少、计提折旧、固定资产变动等日常业务的处理以及结账等期末业务的处理,对固定资产系统的主要功能和使用方法有更深刻认识。

思考题

1. 固定资产系统的主要功能是什么？
2. 影响折旧计提的因素有哪些？
3. 固定资产编码方式如何理解？
4. 如何制作与固定资产相关的记账凭证？
5. 已减少的固定资产,想要恢复该如何操作？

项目八
薪资管理系统

知识目标

1. 了解薪资管理系统的基本功能。

2. 明确薪资管理系统的业务流程。

3. 掌握薪资管理系统初始设置的主要内容和方法。

4. 掌握薪资管理系统日常业务及期末业务处理的操作程序。

能力目标

1. 结合企业实际，建立薪资管理系统账套。

2. 结合企业实际，进行薪资管理系统相应的初始设置、日常及期末处理。

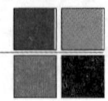

任务一　认知薪资管理系统

一、薪资管理系统的基本功能

用友 ERP - U8V10.1 应用系统中的薪资管理系统适用于企业、行政机关、事业及科研单位，它提供了简单方便的工资核算单位和发放功能以及工资分析和管理功能，并提供了同一企业内多种工资核算类型的解决方案。

薪资管理系统的基本功能应包括系统初始设置、人事变动、数据录入、工资处理、输出、系统服务等，其基本功能模块结构如图 8-1 所示。

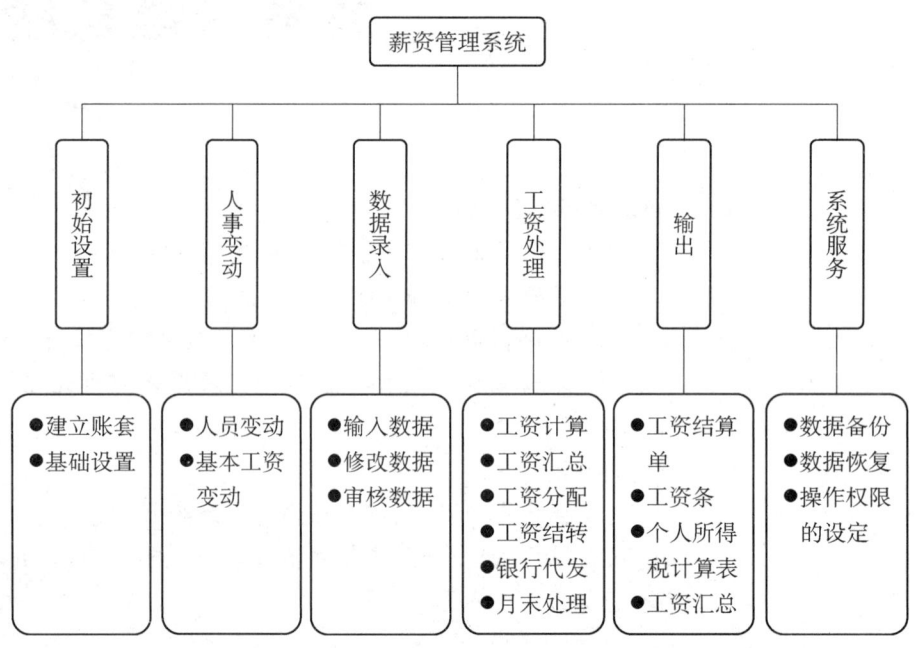

图 8-1　薪资管理系统的功能模块结构图

二、薪资管理系统的业务操作流程

薪资管理系统业务操作流程如图 8-2 所示。

三、薪资管理系统与其他系统的关系

薪资管理系统与其他系统的关系，如图 8-3 所示。

1. 薪资管理系统与总账管理系统的关系。薪资管理系统主要是通过转账凭证向总账管理系统传递数据。薪资管理系统将通过计算和分摊生成的工资、福利费、工会经费、养老保险金等转账凭证传递给总账管理系统，以待进行进一步的处理。同时，薪资管理系统也可以

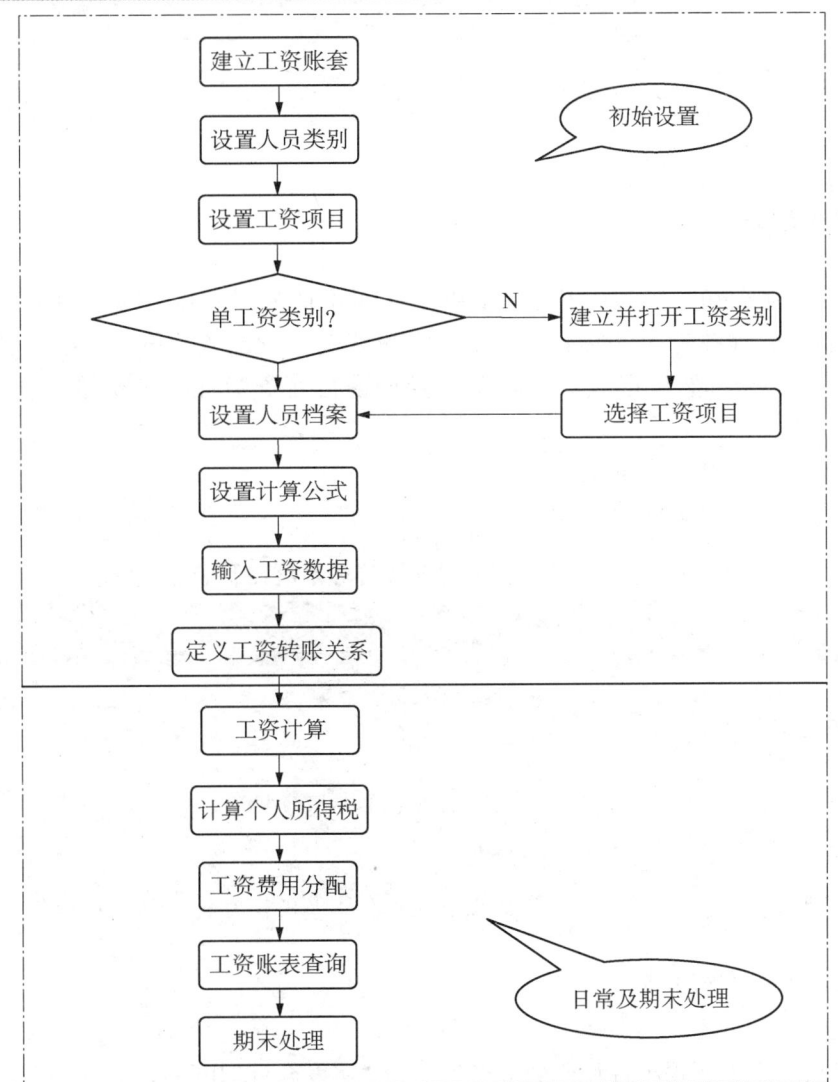

图 8 - 2 薪资管理系统业务操作流程图

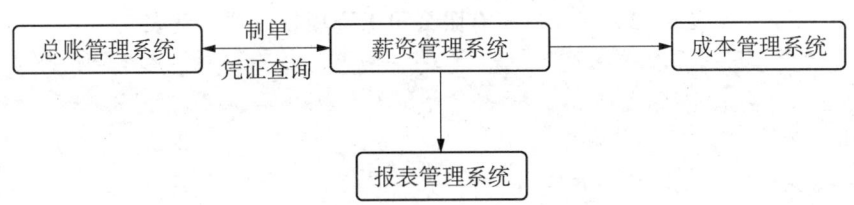

图 8 - 3 薪资管理系统与其他系统关系图

通过相关的函数和公式从总账管理系统获取工资、福利费等科目的数据。

2. 薪资管理系统与成本管理系统的关系。薪资管理系统为成本管理系统提供其核算所需要的工资和福利费用的数据,是成本核算的基础数据之一。

3. 薪资管理系统与报表管理系统的关系。薪资管理系统将计算结果和各种统计分析数据传递给报表管理系统,以便其定义相关报表。

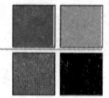

任务二　薪资管理系统初始化设置

一、任务描述

平原电子有限公司已经成功建立了账套号为"888"的公司账套。从2014年1月1日起，公司启用了薪资管理系统。在企业应用平台中，以账套主管刘芳身份登录薪资管理系统，建立薪资管理系统账套；然后再以会计陈明的身份进行薪资管理系统初始设置。具体要求如下。

（一）建立薪资管理系统账套

建立薪资管理系统账套，见表8-1。

表8-1　平原电子有限公司薪资管理系统控制参数一览表

控制参数	参数设置
参数设置	工资类别个数：单个； 币别：人民币
扣税设置	从工资中代扣个人所得税
扣零设置	不扣零
人员编码	与公共平台的人员编码长度一致

（二）设置工资类别主管

（三）基础信息设置

1. 设置扣缴个人所得税计税基数3 500元（按"实发合计"扣除）。

2. 设置工资项目，见表8-2。

表8-2　平原电子有限公司工资项目设置一览表

工资项目名称	类型	长度	小数位数	增减项
基本工资	数字	8	2	增项
岗位工资	数字	8	2	增项
交通补助	数字	8	2	增项
应发合计	数字	10	2	增项
缺勤天数	数字	8	2	其他
缺勤扣款	数字	8	2	减项
养老保险	数字	8	2	减项

工资项目名称	类型	长度	小数位数	增减项
医疗保险	数字	8	2	减项
代扣税	数字	8	2	减项
扣款合计	数字	8	2	减项
实发合计	数字	10	2	增项

3. 设置人员档案,见表 8-3。

表 8-3　人员档案信息表

人员编码	人员姓名	行政部门	人员类别	账号	中方人员	是否计提
001	马辉	综合管理部	综合管理人员	2011001	是	是
002	赵晓	综合管理部	行政人员	2011002	是	是
003	刘芳	财务部	综合管理人员	2011003	是	是
004	陈明	财务部	行政人员	2011004	是	是
005	王静	财务部	行政人员	2011005	是	是
006	李红	采购部	综合管理人员	2011006	是	是
007	黄晓丽	采购部	采购人员	2011007	是	是
008	李丽	销售部	销售人员	2011008	是	是
009	吴天航	销售部	销售人员	2011009	是	是
010	赵洋	生产一部	车间管理人员	2011010	是	是
011	李刚	生产一部	生产人员	2011011	是	是
012	任小菲	生产二部	车间管理人员	2011012	是	是
013	秦斌	生产二部	生产人员	2011013	是	是
014	邢鹏	总务部	综合管理人员	2011014	是	是

注:以上所有人员代发工资的银行账户均为中行向阳路支行。

4. 设置工资项目计算公式,见表 8-4。

表 8-4　平原电子有限公司工资项目计算公式一览表

工资项目	定义公式
缺勤扣款	缺勤天数×100
养老保险	(基本工资+岗位工资)×0.08

续　表

工资项目	定义公式
医疗保险	（基本工资＋岗位工资）×0.02
交通补助	iff(人员类别＝"销售人员",600,300)

注：交通补助工资项，如果人员类别是"销售人员"，交通补助为600元；否则为300元。

二、知识链接

（一）薪资管理系统的工资类别管理

1. 单类别工资核算。如果企业所有员工的工资发放项目相同、工资计算方法也相同，则可以对全部员工进行统一工资核算，对应地选用系统提供的单类别工资应用方案。

2. 多类别工资核算。如果企业存在多种不同类别的人员，每一类人员的工资发放的项目不同或计算公式不同，但都需要进行工资的核算管理，这时就需要建立不同的工资类别，进行多工资类别的核算。例如，对企业在职人员和离退休人员分别进行工资核算时，就需要建立在职人员和离退休人员两个工资类别。又如，对企业正式人员和临时人员分别进行工资核算时，便需要建立正式人员和临时人员两个工资类别。

（二）工资项目设置

工资项目设置即设置工资项目的名称、类型、小数、增减项。系统中有一些固定项目，是工资账中必不可少的，包括"应发合计"、"扣款合计"、"实发合计"，这些项目不能删除和重命名。其他项目可根据实际情况定义或参照增加，如基本工资、奖励工资、请假天数等。工资项目的设置是针对所有工资类别的。单类别工资核算下，只需完成工资项目设置即可；多类别工资核算下，工资项目设置完成后，还需打开某一工资类别，从已设置好的工资项目中为本工资类别选择合适的工资项目。

部分工资项目如应发工资、实发工资、个人所得税等项目的数据是由其他项目数据经过计算得出的，因此凡参与计算的工资项目的数据类型都必须设置成数字型。

（三）公式设置

设置某些工资项目的计算公式及工资项目之间的运算关系。例如，缺勤扣款＝基本工资/月工作日×缺勤天数。运用公式可直观表达工资项目的实际运算过程，灵活地进行工资计算处理。设置公式可通过选择工资项目、运算符、关系符、函数等组合完成。

系统固定的工资项目"应发合计"、"扣款合计"、"实发合计"等的计算公式，系统根据工资项目设置的"增减项"自动给出。用户在此只能增加、修改、删除非系统固定的工资项目。

（四）工资账套、工资类别、人员类别概念的比较

工资账套、工资类别、人员类别三个概念比较容易混淆。工资账套是用来进行工资管理的系统，一个核算账套下可设置一个工资账套；工资类别是按工资项目的不同而设置的工资数据管理类别，一个工资账套下可设置多个工资类别；人员类别是按工资分配政策或核算中计入会计科目的不同而对人员进行的分类，人员类别与工资费用的分配、分摊有关。设置人员类别便于进行工资的分类汇总计算。

三、任务实施

(一) 建立薪资管理系统账套

1. 以账套主管刘芳的身份注册企业应用平台,执行【业务工作】|【人力资源】|【薪资管理】命令,进入薪资管理系统。首次登录薪资管理系统时,系统自动打开"建立工资套"对话框。

2. 在打开的"建立工资套"引导窗口,进行"参数设置",选择工资类别个数"单个"前的单选框,选择币别名称"人民币",单击【下一步】按钮。如图 8-4 所示。

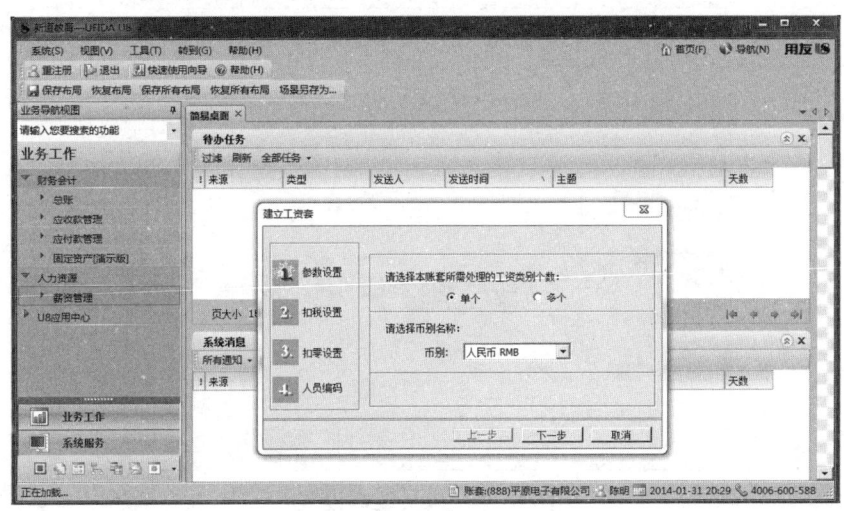

图 8-4 工资类别设置

3. 打开"扣税设置"选项,选择"是否从工资中代扣个人所得税"前的单选框,单击【下一步】按钮。如图 8-5 所示。

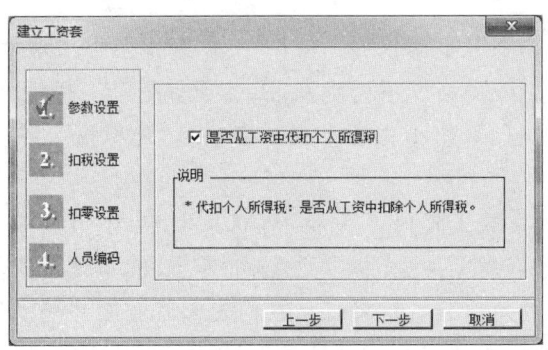

图 8-5 扣税设置

4. 打开"扣零设置"选项,系统默认为不扣零,单击【下一步】按钮。如图 8-6 所示。

5. 打开"人员编码"选项,系统提示"本系统要求您对员工进行统一编号,人员编码同公共平台的人员编码保持一致。",单击【完成】按钮。如图 8-7 所示。

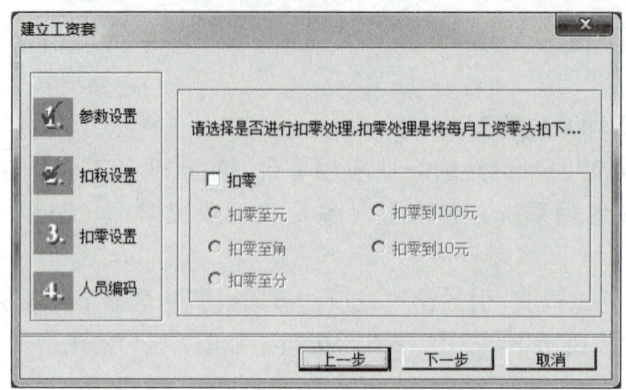

图 8-6　扣零设置

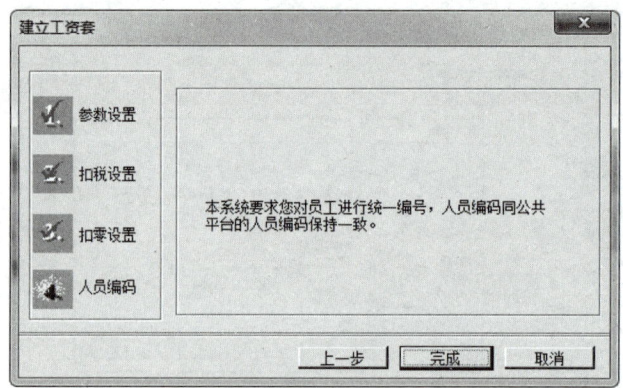

图 8-7　人员编码设置

提　示

- 工资类别可以是"单个",也可以是"多个"。若选择多个工资类别,可设置"正式人员"和"临时人员"工资类别。不同类别,工资项目是不一样的。
- 选择代扣个人所得税,系统将自动生成工资项目"代扣税",并自动进行代扣税金的计算。
- 扣零处理是指每次发放工资时零头扣下,积累取整,于下次工资发放时补上,系统在计算工资时将依据扣零类型(扣零至元、扣零至角、扣零至分)进行扣零计算。用户一旦选择了"扣零处理",系统将自动在固定工资项目中增加"本月扣零"和"上月扣零"两个项目,扣零的计算公式将由系统自动定义,无需设置。在银行代发工资的情况下,扣零处理已没有意义。
- 建账完成后,部分建账参数可以在"选项"中进行修改。对于多类别工资的账套,必须在建立工资类别后并且打开工资类别的状态下,才能对建账参数进行修改。

（二）设置工资类别主管

1. 单击"系统服务"菜单项，执行【权限】|【数据权限分配】命令，进入"权限浏览"窗口。

2. 选择"陈明"，选择业务对象"工资权限"，单击【授权】按钮。选择"工资类别主管"，如图 8-8 所示。单击【保存】按钮，单击【关闭】按钮。

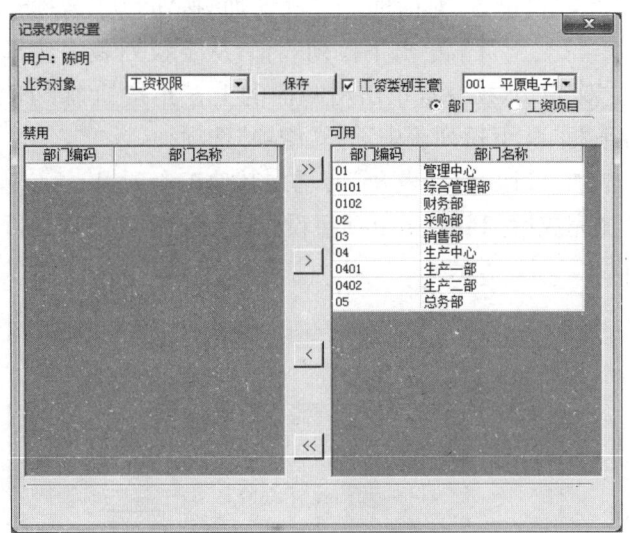

图 8-8　设置工资类别主管

（三）基础信息设置

以会计陈明身份重新注册企业应用平台。

1. 定义扣税基数

（1）执行【薪资管理】|【设置】|【选项】命令，打开"选项"窗口。

（2）在打开的"选项"窗口，单击【扣税设置】选项卡，单击【编辑】按钮，选择"收入额合计"为"实发合计"，单击【税率设置】按钮，打开"个人所得税纳税申报——税率表"窗口，修改基数为"3500"。如图 8-9 所示。

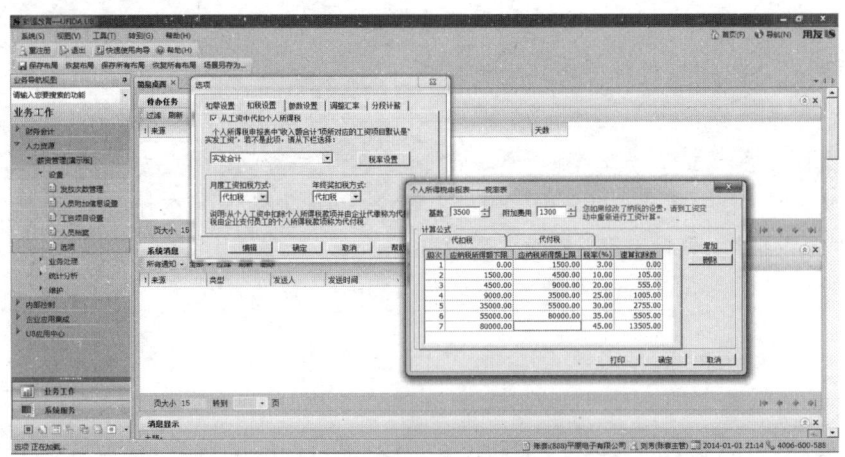

图 8-9　定义税率基数

（3）单击【确定】按钮，返回"选项"窗口，单击【确定】按钮，退出"选项""窗口。

2. 设置工资项目

（1）执行【薪资管理】|【设置】|【工资项目设置】命令，打开"工资项目设置"对话框，工资项目列表中显示系统提供的固定工资项目。

（2）在打开的"工资项目设置"对话框，单击【增加】按钮，从"名称参照"中选择或直接输入"基本工资"选项，双击"类型"栏，单击下拉列表框，从下拉列表中选择"数字"选项，"长度"采用系统默认值"8"。双击"小数"栏，单击增减器的上三角按钮，将小数设为"2"。双击"增减项"栏，单击下拉列表框，从下拉列表中选择"增项"选项。

（3）同理，单击【增加】按钮，根据表 8-2，增加其他工资项目。

（4）所有项目增加完成后，利用"工资项目设置"界面上的【上移】和【下移】按钮调整工资项目的排列位置。如图 8-10 所示。

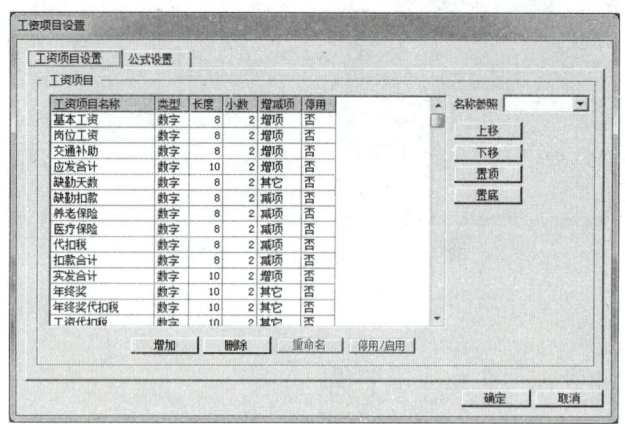

图 8-10 设置工资项目

提 示

- 项目名称必须唯一。
- 工资项目一经使用，数据类型不允许修改。
- 薪资管理系统提供了一些固定项目，包括"应发合计"、"扣款合计"、"实发合计"等工资项目。在建立工资账套时，如果选择了扣零处理，则会增加"本月扣零"和"上月扣零"两个工资项目；如果选择了"代扣个人所得税"，则在此可以看到"扣税合计"、"代扣税"、"代付税"等预置工资项目。

---

3. 设置人员档案

（1）执行【薪资管理】|【设置】|【人员档案】命令，打开"人员档案"窗口。

（2）在打开的"人员档案"窗口，单击【增加】按钮，弹出"人员档案明细"对话框。

（3）在"基本信息"选项卡，选择人员姓名"马辉"；选择银行名称"中行向阳路支行"；录入银行账号"2011001"。如图 8 - 11 所示。

（4）单击【确定】按钮。同理，依上述顺序输入资料中所有人员的档案。

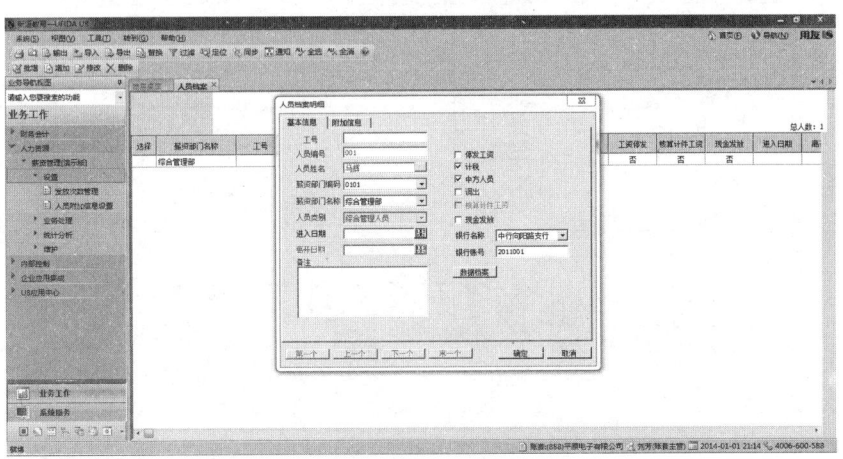

图 8 - 11　设置人员档案

提　示

- 人员编号、人员姓名、人员类别来源于公共平台的人员档案信息，薪资管理系统不能进行修改，要改也需要在公共平台中修改，系统会自动将修改信息同步到薪资管理系统。
- 在"人员档案"对话框中，可以单击【数据档案】按钮，录入薪资数据。

---

4. 设置计算公式

（1）执行【薪资管理】｜【设置】｜【工资项目设置】命令，打开"工资项目设置"对话框。

（2）在"公式设置"选项卡，单击【增加】按钮，从"工资项目"下拉列表中选择"缺勤扣款"，单击公式定义区，选择工资项目"缺勤天数"；单击公式输入参照区"＊"（或直接输入），输入数字"100"（或参照输入），单击【公式确认】按钮。如图 8 - 12 所示。

（3）同理，分别设置"养老保险"、"医疗保险"公式定义。

（4）在"公式设置"选项卡，单击【增加】按钮，从工资项目下拉列表中选择"交通补助"，单击【函数公式向导输入】按钮，打开"函数向导——步骤之 1"对话框，在"函数名"列表中选择"iff"函数，单击【下一步】按钮，打开"函数向导——步骤之 2"对话框，单击"逻辑表达式"右侧的参照按钮，打开参照对话框。从参照列表中选择"销售人员"，单击【确定】按钮，在"算术表达式 1"文本框中输入"600",在"算术表达式 2"文本框中输入"300",单击【完成】按钮,返回"公式设置"界面。如图 8-13 所示。单击【公式确认】按钮,再单击【确定】按钮。如图 8-14所示。

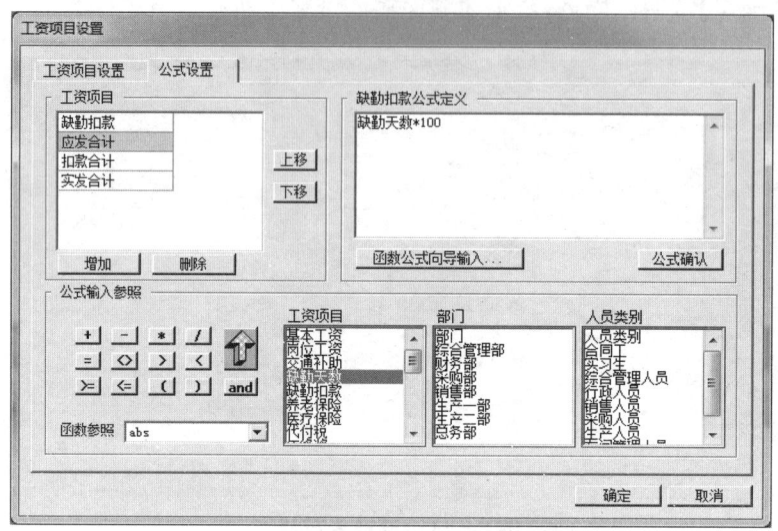

图 8-12 公式设置——缺勤天数

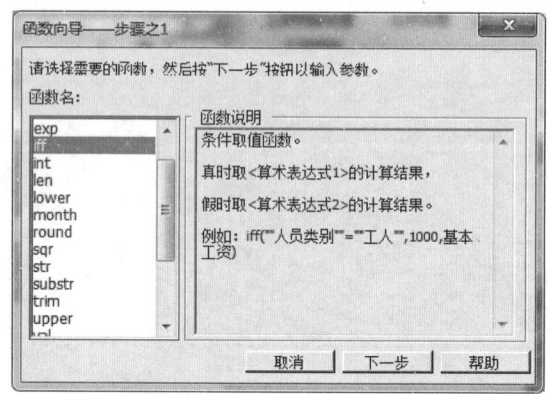

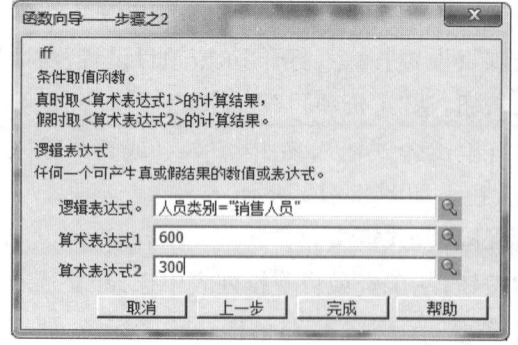
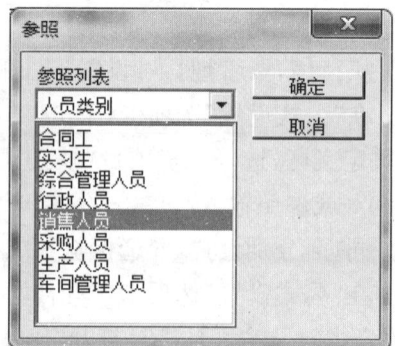

图 8-13 函数公式向导输入

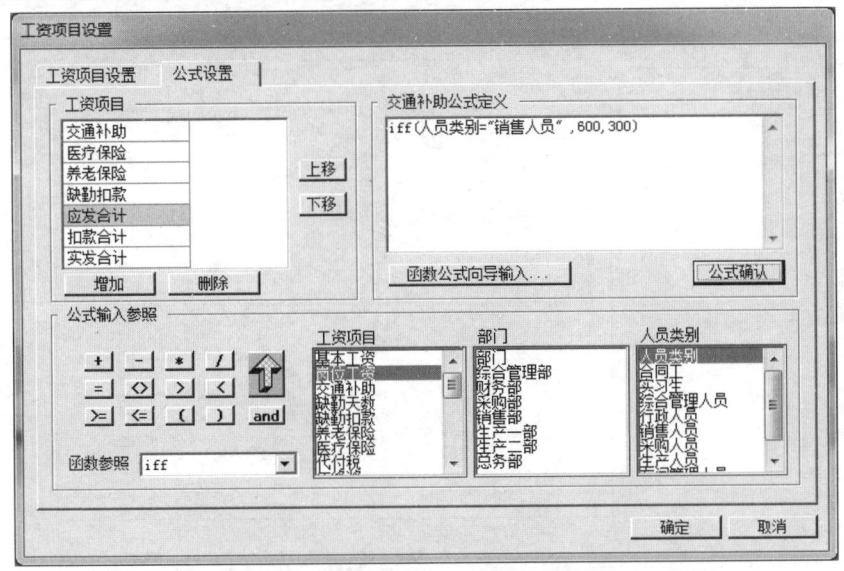

图 8-14　函数公式向导输入完成

提　示

- 公式设置可以利用系统提供的函数、工资项目、部门、人员类别参照进行。
- 公式中的标点符号均为英文方式。
- 公式设置须在设置人员档案之后进行。
- 每增加输入一个公式都必须单击【公式确认】按钮，否则输入无效。

四、拓展提高

　　大多数情况下，人员类别与人员基本信息的设置在基础设置时已经完成，很多企业利用薪资管理系统只是代理基本的人事信息管理职能，那么在设置人员档案时，我们还可以参照基础设置的人员信息进行批量设置人员档案。具体操作如下：

　　第一步：在打开的"人员档案"窗口，单击【批增】按钮，打开"人员批量增加"窗口。单击【查询】按钮，显示所有人员列表；单击【全选】按钮，单击【确定】按钮，返回"人员档案"窗口，显示所设置的各部门人员档案。如图 8-15 所示。

　　第二步：选中第一条记录，单击【修改】按钮，打开【人员档案明细】对话框，选择银行名称"中行向阳路支行"，输入银行账号"2011001"，单击【确定】按钮，系统提示"写入该人员档案信息吗？"，单击【确定】按钮，系统自动弹出下一位职员档案。

　　第三步：重复第二步，同理完成其他人员档案中银行名称及银行账号信息的设置。如图 8-16 所示。

图 8-15　批量设置人员档案

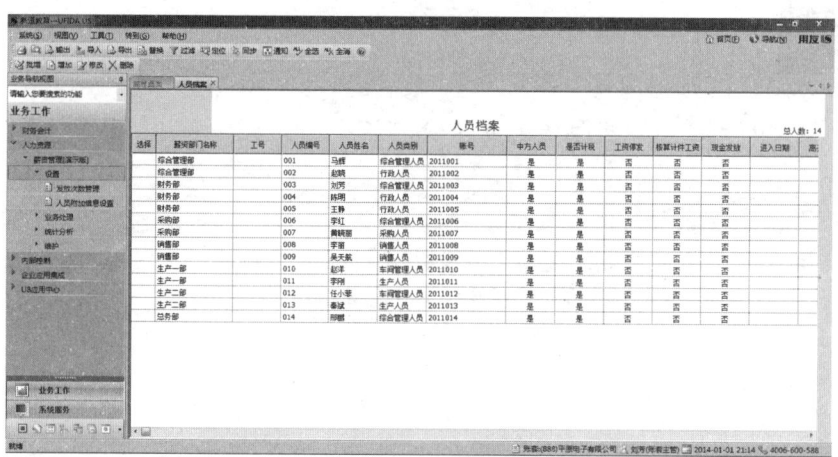

图 8-16　人员档案

任务三　薪资管理系统日常业务处理

一、任务描述

2014 年 1 月,平原电子有限公司已正常使用薪资管理系统,以会计陈明的身份,进行如下业务处理:

（一）1 月份人员工资基本情况表（见表 8－5）

表 8－5　1 月份人员工资基本情况表

姓名	基本工资	岗位工资	姓名	基本工资	岗位工资
马　辉	5 000	5 000	李　丽	3 500	2 000
赵　晓	3 500	3 000	吴天航	3 000	2 000
刘　芳	4 000	3 000	赵　洋	4 500	3 000
陈　明	3 000	2 000	李　刚	3 000	2 000
王　静	3 000	2 000	任小菲	4 500	3 000
李　红	4 000	3 000	秦　斌	3 000	2 000
黄晓丽	3 000	2 000	邢　鹏	3 000	2 000

（二）1 月份工资变动情况

1. 考勤情况：王静请假 5 天；赵洋请假 3 天。

2. 因去年销售部业绩较好，2014 年 1 月销售部员工每人增加岗位工资 500 元。

二、知识链接

在第一次使用薪资管理系统时，必须将所有人员的基本工资数据输入系统，事先设置好工资项目及计算公式，进而对每月发生的工资数据变动进行调整，如缺勤情况、扣款信息的录入等。等工资数据录入以后，进行工资计算与汇总，系统会自动计算并产生每个员工的应发工资和实发工资。为了快速准确地输入工资数据，在工资变动窗口可以采用以下快速输入方法。

（一）筛选和定位

如果要对部分人员的工资数据进行修改，最好采用筛选和定位的方法。先将所要修改的人员筛选出来，然后进行工资数据修改，修改完毕后，进行重新计算和汇总，这样可以大大提高录入速度。

（二）页编辑

单击【编辑】按钮，打开"工资数据录入——页编辑"界面，可以对选定的人员进行工资数据的快速输入，单击"上一人"或"下一人"可变更人员。

（三）过滤器

如果只对工资项目中的某一个或几个项目修改，可将要修改的项目过滤出来，便于修改。例如，只对缺勤天数工资项目的数据进行修改，可以只过滤缺勤天数工资项目。

（四）替换

将符合条件的人员的某个工资项目的数据，统一替换成另一数据。

三、任务实施

（一）输入工资数据

1. 执行【薪资管理】|【业务处理】|【工资变动】命令，打开"工资变动"窗口。

192 会计信息化教程

2. 单击"过滤器"下拉列表框，从下拉列表中选择"过滤设置"，打开"项目过滤"对话框，将所需的工资项目——"基本工资"、"岗位工资"、"缺勤天数"选入"已选项目"列表框中。

3. 根据 1 月份人员工资基本情况分别录入每位职工的基本工资、岗位工资及缺勤天数。

4. 单击【计算】按钮，单击【汇总】按钮，进行工资的重新计算和汇总。如图 8 - 17 所示。

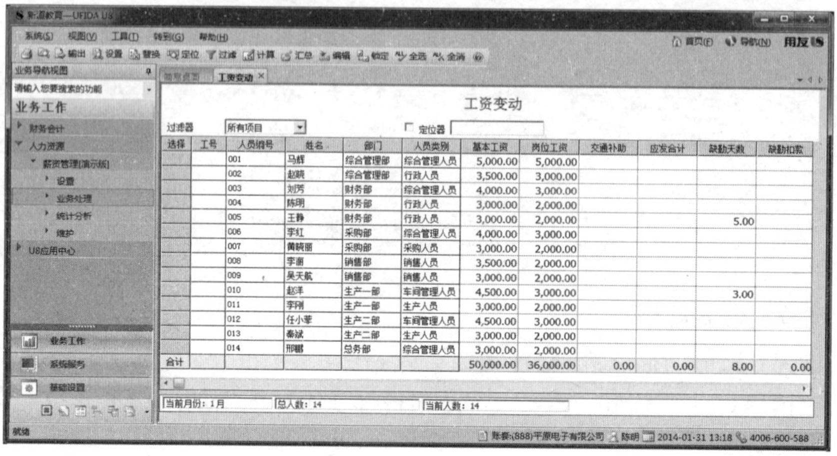

图 8 - 17　工资变动窗口

提　示

- 在工资变动界面单击右键，选择"动态计算"，则工资数据变动时，带有计算公式的工资项目会据此重新计算；否则，需要单击【计算】按钮一条条进行重新计算。
- 只需输入公式设定未包括的工资项目，如基本工资、岗位工资和请假天数，其余各项由系统根据计算公式自动计算生成。
- 退出"工资变动"窗口时，如对数据进行了变动处理，系统会提示是否进行工资计算和汇总。

（二）数据替换

1. 在"工资变动"窗口，单击【全选】按钮，单击【替换】按钮，打开"工资项数据替换"对话框。

2. 在"将工资项目"下拉列表中选择"岗位工资"，在"替换成"文本框中输入"岗位工资＋500"，确定替换"部门＝销售部"，单击【确定】按钮，系统提示"数据替换后将不可恢复，是否继续？"，单击【是】按钮，系统提示"2 条数据被替换，是否重新计算？"，单击【是】按钮。如图8 - 18、8 - 19 所示。

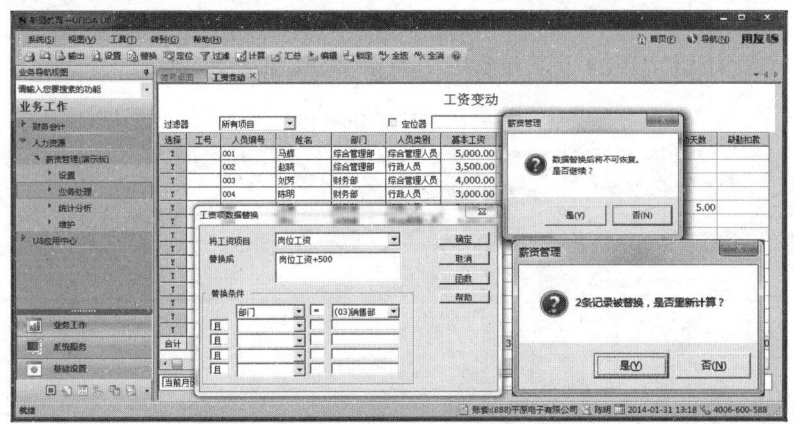

图8-18 成批替换工资数据操作步骤

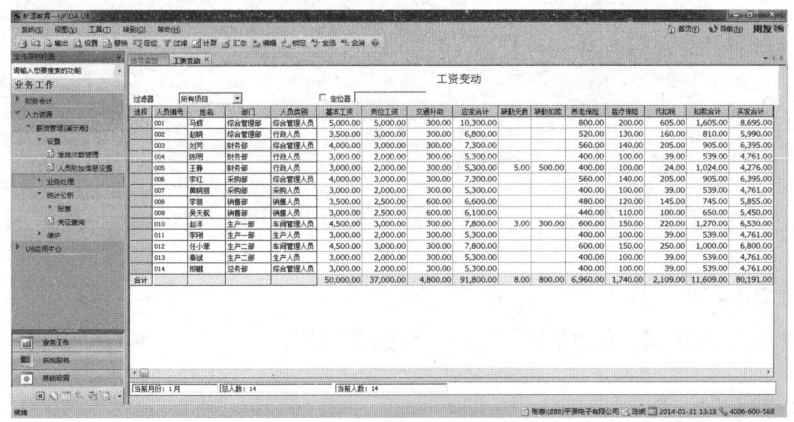

图8-19 替换后工资数据

提　示

● 如进行数据替换的工资项目已设置了计算公式,则在重新计算时以计算公式为准。
● 如未输入替换条件而进行替换,则系统默认替换条件为本工资类别的全部人员。

任务四　薪资管理系统期末业务处理

一、任务描述

2014年1月31日,平原电子有限公司已正常使用薪资管理系统,以会计陈明的身份,在月末进行如下操作。

（一）设置分配工资费用的凭证并生成 1 月份凭证，见表 8 - 6

表 8 - 6　工资分摊设置

部门	人员类别	项目	工资分摊（100%）	
			借方	贷方
综合管理部	综合管理人员、行政人员		660202	221101
财务部	综合管理人员、行政人员		660202	221101
采购部	综合管理人员、采购人员		660202	221101
销售部	销售人员		660102	221101
总务部	综合管理人员		660202	221101
生产一部	车间管理人员		510102	221101
生产一部	生产人员	01 产品、Ⅰ 型电脑	500102	221101
生产二部	车间管理人员		510102	221101
生产二部	生产人员	01 产品、Ⅰ 型电脑	500102	221101

（二）查询 2014 年 1 月各部门的工资项目分析表

（三）办理月末结账，将"缺勤天数"、"缺勤扣款"清零

二、知识链接

（一）职工薪酬包含的内容

按照《企业会计准则第 9 号——职工薪酬》的规定，职工薪酬包括以下内容：

1. 职工工资、奖金、津贴和补贴；

2. 职工福利费；

3. 医疗保险费、养老保险费、失业保险费、工伤保险费和生育保险费；

4. 住房公积金；

5. 工会经费和职工教育经费；

6. 非货币性福利；

7. 因解除与职工的劳动关系给予的补偿；

8. 其他与获取职工提供的服务相关的支出。

（二）分配工资、计提五险一金、工会经费和职工教育经费的账务处理

公司在分配工资、计提五险一金、工会经费和职工教育经费时，应按照职工类别及所属部门分别借记"生产成本"、"制造费用"、"管理费用"、"销售费用"、"在建工程"、"研发支出"等总分类账，按照计提内容分别贷记"应付职工薪酬"总分类账下的"工资"、"职工福利"、"社会保险费"、"住房公积金"、"工会经费"、"职工教育经费"等明细分类账。

在明确了工资费用分配等账务处理之后，可以在薪资管理系统中正确定义分配工资、

计提五险一金等相关会计凭证,正确计算应付职工薪酬金额和应计入成本费用的薪酬金额。

(三) 工资数据的查询统计

工资数据处理结果最终通过工资报表的形式反映。薪资管理系统提供了多种形式的报表反映工资核算的结果,报表的格式是工资项目按照一定的格式由系统设定,如果对报表提供的固定格式不满意,系统提供修改表、新建表的功能。

1. 工资表。工资表包括工资发放签名表、工资发放条、部门工资汇总表、人员类别工资汇总表、条件统计表、条件明细表、工资变动明细表、工资变动汇总表、工资卡等由系统提供的原始表。工资表主要用于本月工资的发放和统计,可以修改和重建,存放于工资表账夹中。

2. 工资分析表。工资分析表是以工资数据为基础,对部门、人员类别的工资数据进行分析和比较,生成各种工资分析表,供决策人员使用。包括:分部门各月工资构成分析表、分类统计表、分部门工资项目分析表、工资增长情况分析表、职工工资汇总表、职工工资项目分析表等。如果系统提供的分析表不能满足需要,用户还可以通过【统计分析】|【账表】|【我的账表】这个自定义账表功能进行分析表的修改或是重建。

三、任务实施

(一) 工资分摊并生成凭证

1. 执行【薪资管理】|【业务处理】|【工资分摊】命令,打开"工资分摊"对话框。

2. 在"工资分摊"对话框,单击【工资分摊设置】按钮,打开"分摊类型设置"对话框,单击【增加】按钮,打开"分摊计提比例设置"对话框,输入计提类型名称"分配工资",输入分摊计提比例"100%"。如图8-20所示。单击【下一步】按钮,打开"分摊构成设置"对话框。

图 8-20 分摊计提比例设置

3. 在"分摊构成设置"对话框,根据资料,分别选择"人员类别"、所属"部门名称",输入或选择不同人员类别工资项目、借方科目、贷方科目及借方项目大类、借方项目等。如图8-21所示。设置完毕,单击【完成】按钮,返回"工资分摊设置"界面,单击【返回】按钮,返回到"工资分摊"对话框。

4. 在"计提费用类型"下,勾选"分配工资"前的复选框,选择所有核算部门,勾选"明细到工资项目”前的复选框，选中“按项目核算”，单击【确定】按钮。如图 8－22 所示。

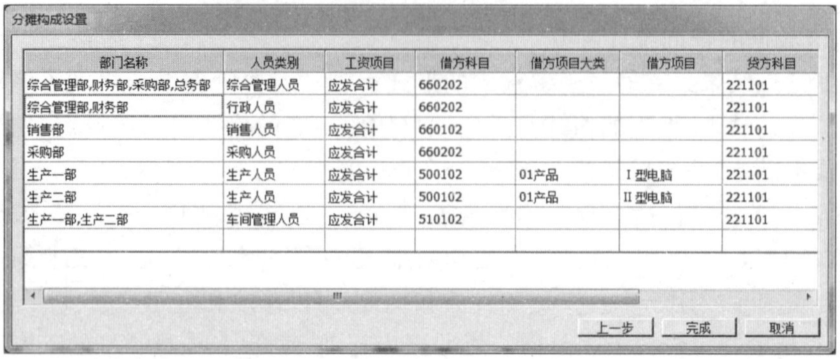

部门名称	人员类别	工资项目	借方科目	借方项目大类	借方项目	贷方科目
综合管理部,财务部,采购部,总务部	综合管理人员	应发合计	660202			221101
综合管理部,财务部	行政人员	应发合计	660202			221101
销售部	销售人员	应发合计	660102			221101
采购部	采购人员	应发合计	660202			221101
生产一部	生产人员	应发合计	500102	01产品	I 型电脑	221101
生产二部	生产人员	应发合计	500102	01产品	II 型电脑	221101
生产一部,生产二部	车间管理人员	应发合计	510102			221101

图 8－21　分摊构成设置

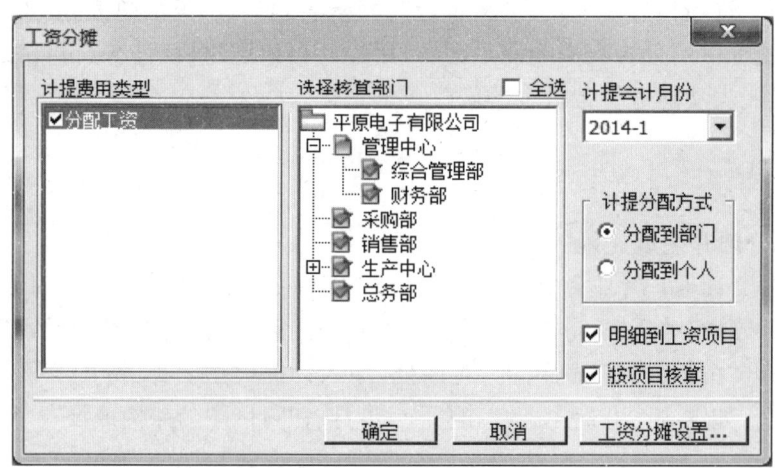

图 8－22　分摊工资费用设置

5. 在打开的“工资分摊明细”窗口，选择要生成凭证的类型“分配工资”。选中“合并科目、辅助项相同的分录”前的复选框，输入或选择借、贷方科目代码。如图 8－23 所示。单击

分配工资一览表

合并科目相同、辅助项相同的分录

类型 分配工资　　计提会计月份 1月

部门名称	人员类别	应发合计						
		分配金额	借方科目	借方项目大类	借方项目	贷方科目	贷方项目大类	贷方项目
综合管理部	综合管理人员	10300.00	660202			221101		
	行政人员	6800.00	660202			221101		
财务部	综合管理人员	7300.00	660202			221101		
	行政人员	10600.00	660202			221101		
采购部	综合管理人员	7300.00	660202			221101		
	采购人员	5300.00	660202			221101		
销售部	销售人员	12700.00	660102			221101		
生产一部	生产人员	5300.00	500102	01产品	I 型电脑	221101		
	车间管理人员	7800.00	510102			221101		
生产二部	生产人员	5300.00	500102	01产品	II 型电脑	221101		
	车间管理人员	7800.00	510102			221101		
总务部	综合管理人员	5300.00	660202			221101		

记录数：12

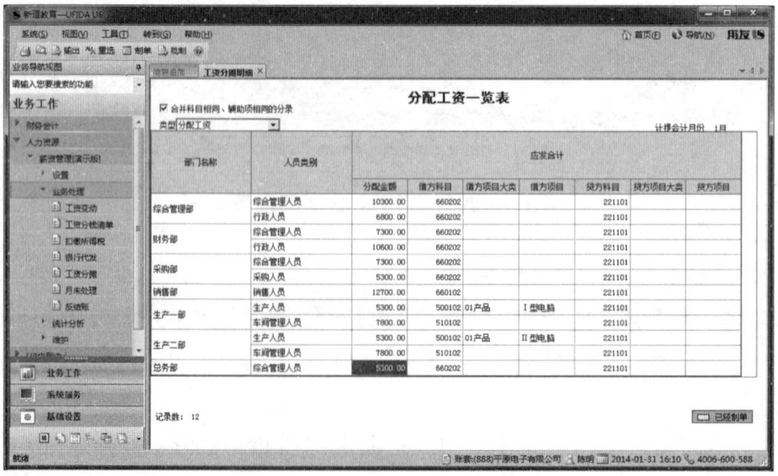

图 8－23　分配工资一览表

【制单】按钮，生成分配工资凭证，选择凭证类别"转"字，单击【保存】按钮，凭证上出现"已生成"标志，单击【退出】按钮。如图8-24所示。

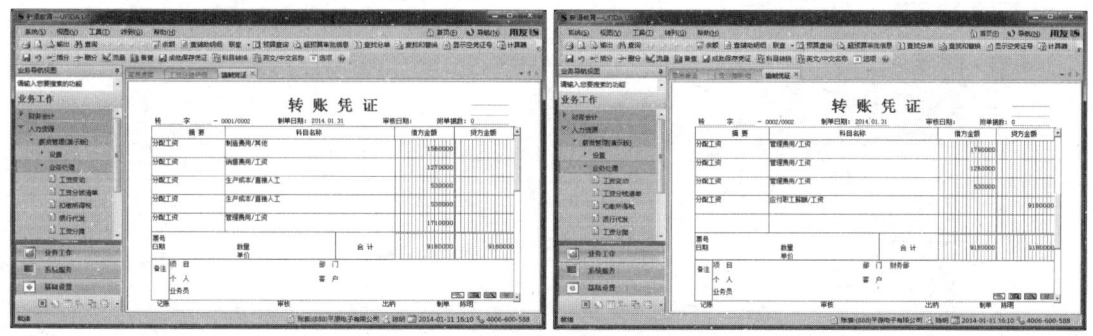

图8-24   生成工资费用分配凭证

提 示

- 工资分摊凭证生成后已自动传递到总账管理系统。如果发现由于数据错误等原因需要重新分摊工资，则需要先删除凭证，然后再重新进行工资分摊。
- 薪资管理系统传输到总账管理系统的凭证，只能在薪资管理系统中通过【业务处理】|【工资分摊】命令功能来修改、删除和冲销。
- 生成的凭证在自动传递到总账管理系统后，需要进行审核和记账。
- 若选择费用分摊到工资项目，系统提供的一览表会显示分摊构成中已设置好的借、贷方科目代码。

（二）查询工资项目分析表

1. 执行【薪资管理】|【统计分析】|【账表】|【工资分析表】命令，打开"工资分析表"对话框。

2. 选择"工资项目分析表（按部门）"对话框，单击【确定】按钮，打开"请选择分析部门"对话框，选择所有部门以及下级部门，单击【确定】按钮。如图8-25所示。

3. 打开"分析表选项"对话框，选择具体的工资项目。如图8-26所示。单击【确定】按钮，查看"工资项目分析表（按部门）"。如图8-27所示。

（三）月末结账

1. 执行【薪资管理】|【业务处理】|【月末处理】命令，打开"月末处理"对话框。如图8-28所示。

2. 单击【确定】按钮，系统提示"月末处理之后，本月工资将不许变动！继续月末处理吗？"，单击【是】按钮，系统继续提示"是否选择清零项？"，单击【是】按钮，打开"选择清零项

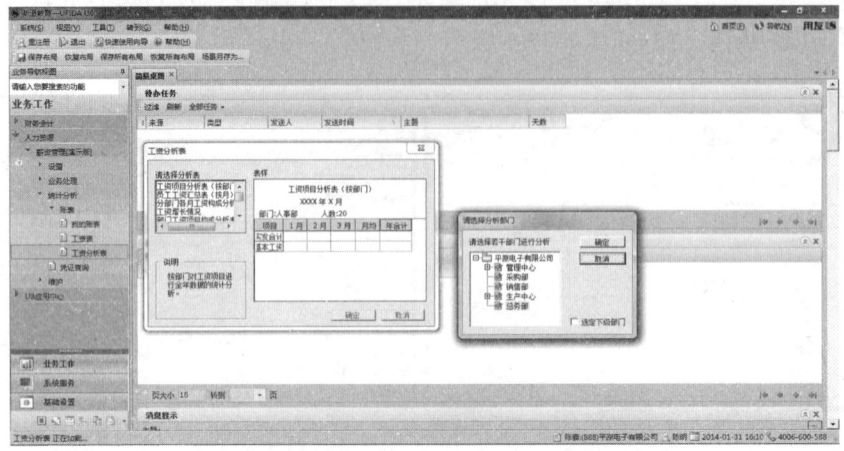

图 8 - 25 工资项目分析表——部门选择

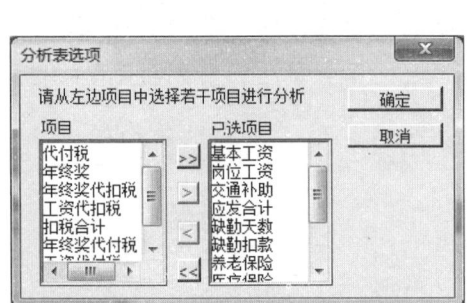

图 8 - 26 工资项目分析表选项

图 8 - 27 查询工资项目分析表

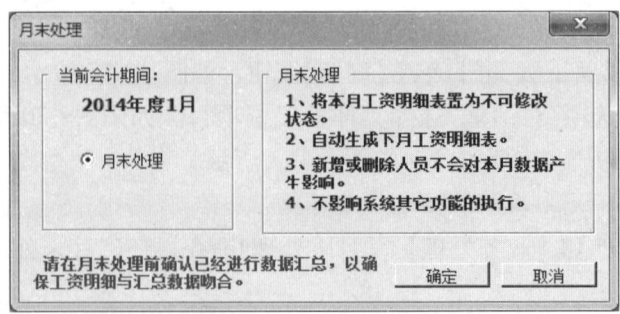

图 8 - 28 月末处理

目"对话框。

3. 选择需要清零的项目"缺勤天数"、"缺勤扣款"。如图 8 - 29 所示。单击【确定】按钮，系统提示"月末处理完毕！"。

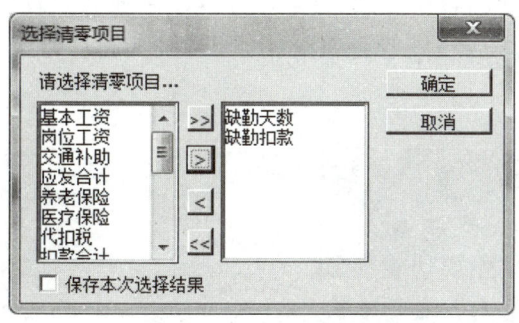

图 8 - 29　选择清零项目

提　　示

- 月末处理之前，需保证本月工资数据变动处理完毕。
- 若需处理多个工资类别，则应打开工资类别，分别进行月末结算。
- 进行月末处理后，当月数据将不允许再变动。
- 月末按用户设置将清零项目数据清空，其他项目继承当前月。如果选中"保存本次选择结果"前的复选框，则本次选择的需清零的工资项系统将予以保存，每月不必重新选择。

四、拓展提高

在薪资管理系统进行月末结账之后，发现操作失误，系统允许反结账，但必须先关闭所有工资类别，并以次月时间注册系统进行。具体操作如图 8 - 30 所示。

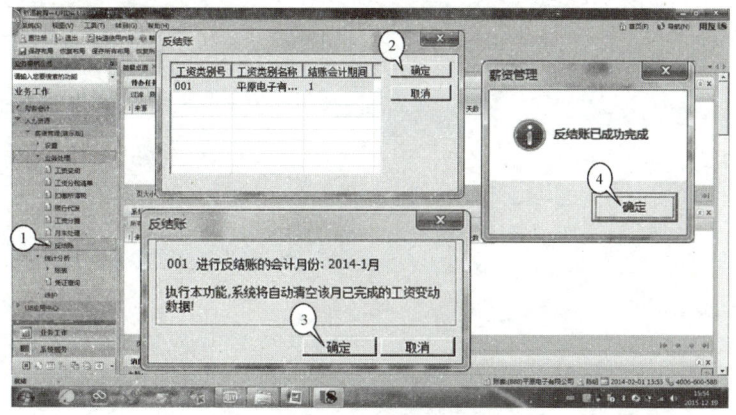

图 8 - 30　反结账

★★★★★ 小结 ★★★★★

　　本模块主要介绍薪资管理系统的基本功能、业务处理流程、建立工资核算账套的基本方法与步骤、初始设置的主要内容及方法、日常业务及期末业务处理的主要内容和方法。通过上机操作,学生能够熟练进行薪资管理系统初始设置,正确进行工资的核算,加强对企业人力资源的管理。

思考题

1. 薪资管理系统的主要功能有哪些?
2. 简述建立工资账套参数的步骤。
3. 薪资管理系统初始化设置包括哪些内容?
4. 工资项目设置过程中需注意哪些问题?
5. 薪资管理系统的业务操作流程是什么?
6. 薪资管理系统结账的注意事项有哪些?

项目九
供应链管理系统

知识目标

1. 熟悉供应链管理系统的功能结构。
2. 明确供应链管理系统与其他系统的关系。
3. 掌握供应链管理系统的业务处理、账表查询。
4. 掌握供应链管理系统期末业务处理的原则和方法。

能力目标

1. 进行供应链管理系统初始化参数设置。
2. 能结合企业实际,进行供应链管理系统期初数据录入、日常业务及期末业务处理。

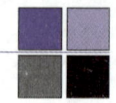

任务一　认知供应链管理系统

一、任务描述

平原电子有限公司已成功完成了账套号为"888"的公司账套的建立。公司从 2014 年 1 月 1 日起，启用供应链管理系统，包括采购管理、销售管理、库存管理、存货核算四个子系统。结合前期已启用的总账管理系统、应收应付管理系统，达到企业业务与财务一体化，提升企业的内控管理能力。接下来让我们了解供应链管理系统的基本功能和业务处理流程。

二、知识链接

（一）供应链管理系统的基本功能

用友 U8V10.1 供应链管理系统是用友 U8V10.1 应用软件的重要组成部分，它以企业的采购、销售、库存业务模块为对象，记录各项业务的发生，并跟踪其发展过程，为后期财务核算、分析、决策提供依据，从而实现财务业务一体化管理。

一般来说，供应链管理系统包括物料需求计划、采购管理、销售管理、库存管理、存货核算、GSP 质量管理等模块。主要功能在于增加预测的准确性，降低库存，提高发货效率；减少工作流程周期，提高生产效率，降低供应链与采购成本，缩短生产周期，加快市场响应速度。同时，在这些模块中提供了对采购、销售等业务环节的控制，以及对库存资金占用的控制，完成对存货出入库成本的核算。使企业的管理模式更符合实际情况，以制定出最佳的企业运营方案，实现管理的高效率、实时性、安全性和科学性。

本书重点介绍供应链的四个子系统：采购管理、销售管理、库存管理、存货核算。

各子系统结构如图 9 - 1 所示。

1. 采购管理

采购是企业为满足生产经营所需，通过市场多种渠道，获取各种物资的经济活动。采购管理包括了计划下达、采购单生成、采购单执行、到货接收、检验入库、采购发票的收集到采购结算的采购活动的全过程。通过采购管理子系统可以达到以下功能：处理采购订单，实时掌握订单动态；处理采购入库单、采购发票，掌握采购业务环节的完成情况；进行采购成本的确认及后续的付款。

2. 销售管理

销售是企业经营的最后一个环节，直接关系到企业的盈利目标，是从产品到资金转换的实现过程，通过销售管理，使得从报价、订货到发货、开票一系列销售流程更加规范、完整、可控。支持多种销售业务：普通销售、委托代销、分期收款等。它的主要功能是：通过销售订单、发货、开票处理销售业务，并对销售价格、客户信用、库存量等实施实时监控。

3. 库存管理

库存是指企业生产经营过程中为生产或销售而储备的各种资产，包括原材料、在产品、半成品、产成品、商品等。库存过多则占用资金,增加利息负担同时增加管理成本;库存过少则会出现缺货断档,影响企业正常生产经营。库存管理子系统能够满足采购入库、销售出库、产成品入库、材料出库、其他出入库、盘点管理等业务需要,提供多计量单位使用、仓库货位管理、保质期管理、批次管理、出库跟踪、入库管理等全面的业务应用,并能提供各种储备分析,避免库存积压或短缺。

4. 存货核算

存货核算子系统主要是从资金流的角度反映和监督存货的收发、领退和保管情况,掌握存货耗用情况,并把存货成本归集到各成本项目和成本对象上。同时它可以反映监督存货资金的占用情况。存货核算子系统能处理各种出入库业务,涉及单据包括采购入库单、产成品入库单、其他入库单、销售出库单、材料出库单等。企业在计算存货的出库成本时,有多种存货计价方法可供选择:加权平均法、移动加权平均法、先进先出法、个别计价法等。

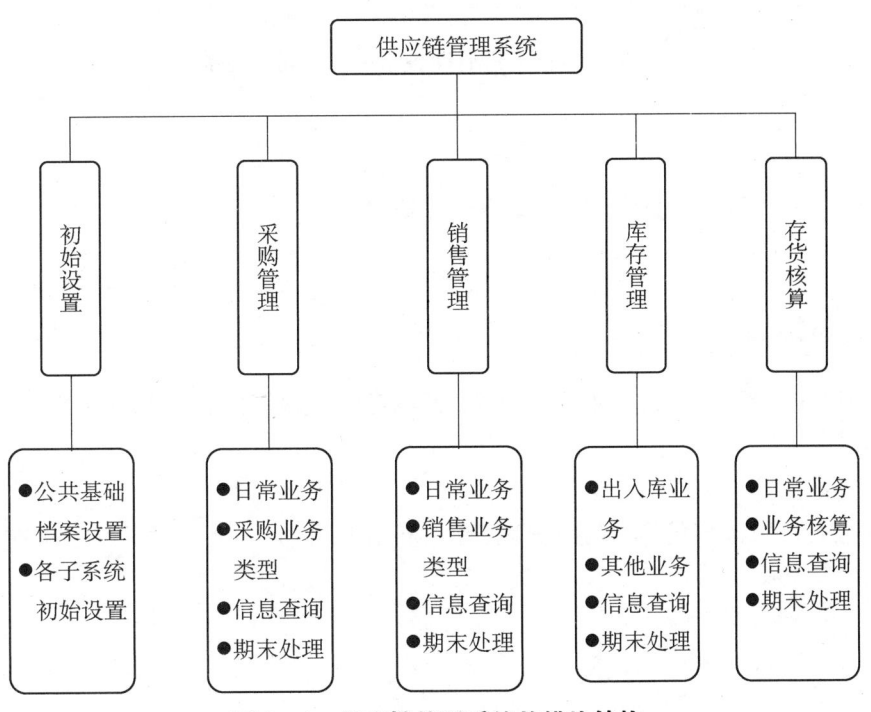

图 9-1 供应链管理系统的模块结构

(二)供应链管理各子系统之间的关系

在企业实际经营中,采购部、销售部、仓库、财务部等都涉及企业的购销存业务处理,虽然各部门的相互职责是不同的,但是工作间的延续性、交叉性还是广泛存在的,这就需要我们通过供应链管理系统以单据传递的方式完成各项业务的一体化流程。供应链管理各子系统有着密切的关联性。

采购管理系统与库存管理系统集成使用,可以及时掌握现有库存量信息,根据实际情况决定是否需要采购;与存货管理系统集成使用时可以准确核算采购入库成本;与应付款管理系统集成使用可以完成与供应商的结算、对账工作。销售管理系统与库存管理系统集成使用,可以掌握存货的销售信息、现有量信息,以便根据实际销售情况安排生产管理部门组织生产;与存货核算系统集成使用,可以准确核算销售出库成本;与应收款管理系统集成使用可以完成与客户的结算、对账、催账工作。简单表示如图9-2所示。

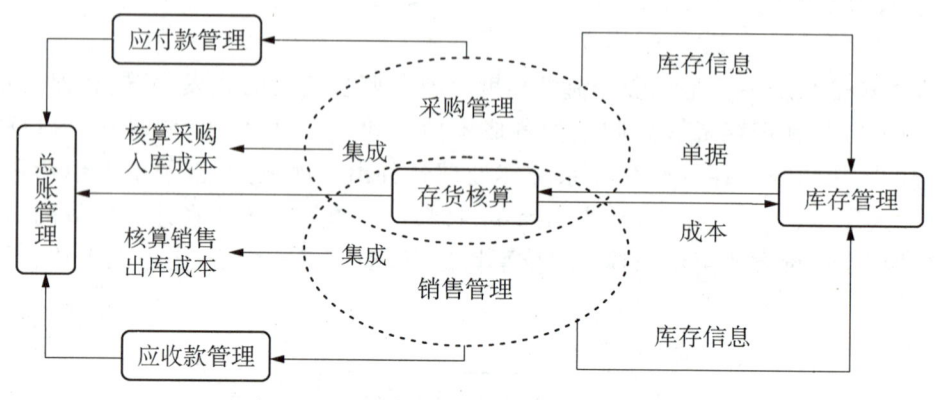

图9-2 供应链管理各子系统之间的关系

任务二 供应链管理系统初始化设置

一、任务描述

打开企业应用平台,以账套主管"001刘芳"的身份登录,注册时间2014年1月1日。进行如下操作:

(一)系统启用

启用采购管理、销售管理、库存管理、存货核算四个子系统,启用时间为2014年1月1日。

(二)设置仓库档案

设置仓库档案,见表9-1。

表9-1 仓库档案一览表

仓库编码	仓库名称	计价方式	其他信息	仓库编码	仓库名称	计价方式	其他信息
01	原材料库	移动平均法	系统默认值	03	其他库	移动平均法	系统默认值
02	产成品库	移动平均法	系统默认值				

(三)设置收发类别

设置收发类别,见表9-2。

表9-2 收发类别一览表

收发类别编码	收发类别名称	收发标志	收发类别编码	收发类别名称	收发标志
1	入库	收	2	出库	发
101	采购入库	收	201	销售出库	发
102	采购退货	收	202	销售退货	发
103	盘盈入库	收	203	盘亏出库	发
104	产成品入库	收	204	领料出库	发

(四) 设置采购类型与销售类型

设置采购类型与销售类型,见表9-3。

表9-3 采购、销售类型一览表

采购类型	采购类型编码及名称	出入库类别	是否默认值	销售类型	销售类型编码及名称	出入库类别	是否默认值
	01 正常采购	采购入库	是		01 正常销售	销售出库	是
	02 采购退货	采购退货	否		02 销售退货	销售退货	否

(五) 设置费用项目分类及费用项目

设置费用项目分类及费用项目,见表9-4。

表9-4 费用项目一览表

费用项目分类编码	费用项目分类名称	费用项目编码	费用项目名称
0	无分类	01	运输费
0	无分类	02	水电费

(六) 设置存货科目

设置存货科目,见表9-5。

表9-5 存货科目一览表

仓库编码及名称	存货编码和名称	存货科目编码及名称
01 原材料库	01 显示器	140301 显示器
01 原材料库	02 键盘	140302 键盘
01 原材料库	03 鼠标	140303 鼠标
02 产成品库	04 Ⅰ型电脑	140501 Ⅰ型电脑
02 产成品库	05 Ⅱ型电脑	140502 Ⅱ型电脑

（七）设置存货对方科目

设置存货对方科目，见表 9-6。

表 9-6 存货对方科目一览表

收发类别编码	收发类别名称	存货编码及名称	存货对方科目编码及名称
101	采购入库	01 显示器	1401 材料采购
101	采购入库	02 键盘	1401 材料采购
101	采购入库	03 鼠标	1401 材料采购
201	销售出库	04 I 型电脑	640101 I 型电脑
201	销售出库	05 II 型电脑	640102 II 型电脑

（八）设置子系统参数

设置子系统参数，见表 9-7。

表 9-7 供应链管理系统参数设置一览表

子系统	选项卡	设置内容
采购管理	业务及权限控制	采用系统默认值
	公共及参照控制	采用系统默认值
	其他业务控制	采用系统默认值
	预算控制	采用系统默认值
销售管理	业务控制	零售日报业务；委托代销业务；报价不含税
	其他控制	新增退货单默认选择参照发货；其他采用系统默认值
	信用控制	采用系统默认值
	可用量控制	采用系统默认值
	价格管理	采用系统默认值
库存管理	通用设置	有委托代销业务、组装拆卸业务；其他采用系统默认值
	专用设置	采用系统默认值
	预计可用量控制	采用系统默认值
	预计可用量设置	采用系统默认值
	其他设置	采用系统默认值
存货核算	核算方法	暂估方式选单到回冲；零成本出库选择手工输入；其他采用系统默认值
	控制方式	结算单价与暂估单价不一致时需要调整出库成本
	最高最低控制	其他采用系统默认值

（九）采购管理系统期初记账

（十）录入库存管理系统、存货核算系统期初数

先录入库存管理系统期初数，存货核算系统采用"取数"方式就可获得。具体数据资料见表9-8。

表9-8　库存管理系统、存货核算系统期初数

仓库名称	存货编码和名称	数量	单价	金额
原材料仓	01 显示器	350	300.00	105 000.00
原材料仓	02 键盘	650	30.00	19 500.00
原材料仓	03 鼠标	760	20.00	15 200.00
产成品仓	04 Ⅰ型电脑	550	1 500.00	825 000.00
产成品仓	05 Ⅱ型电脑	500	2 000.00	1 000 000.00

二、知识链接

供应链管理系统初始设置包括期初建账、基础信息设置、设置系统参数、期初余额录入和期初记账。具体内容见表9-9。

表9-9　供应链管理系统初始设置一览表

项目	内容	说明
期初建账	建立平原电子有限公司账套	平原电子有限公司在模块二中已经建账成功，此处只需启用供应链中的采购管理、销售管理、库存管理和存货核算四个子系统
基础信息设置	存货分类、计量单位组、存货信息、仓库档案、收发类别、采购类别、销售类型、费用项目、存货（对方）科目	存货分类、计量单位组、存货信息基础信息已在模块三基础信息设置中完成，此处只需设置剩余基础信息即可
设置系统参数	设置采购管理、销售管理、库存管理、存货核算系统参数	根据企业实际情况自行设置
期初余额录入	采购管理通过"期初采购入库单（发票）"录入；销售管理通过"期初发货单"等录入；库存管理通过"期初结存"录入期初余额并审核；存货核算通过"期初结存"录入	库存管理与存货核算只需录入一方期初余额数据，另一方通过系统取数即可获得

续　表

项目	内容	说明
期初记账	采购管理期初记账、存货核算期初记账、销售管理单据审核、库存管理期初数据审核	如果供应链子系统集成使用,期初记账应遵循一定的顺序,采购管理系统必须先记账;销售管理与库存管理的审核相当于记账

三、任务实施

(一) 系统启用

启用采购管理、销售管理、库存管理和存货核算四个子系统。

在企业应用平台"基础设置"选项卡下,执行【基本信息】|【系统启用】命令,在"系统启用"窗口勾选需启用的系统前的复选框,启用时间设置为"2014-01-01",系统提示"确定要启用当前系统吗?",单击【是】按钮,继续完成其他系统的启用设置。设置完毕后,单击【退出】按钮退出。如图9-3所示。

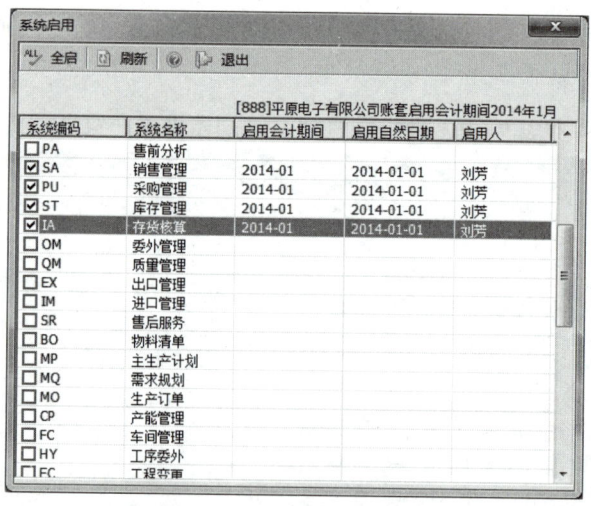

图 9-3　启用供应链子系统

提　示

● 采购系统的启用月份必须大于等于应付款管理系统的未结账月。销售系统的启用月份必须大于等于应收款管理系统的未结账月。
● 采购系统先启用,库存系统后启用时,必须先将未审核的发货单和发票全部审核完毕,否则不能启用。

（二）设置仓库档案

1. 执行【基础档案】|【业务】|【仓库档案】命令，打开"仓库档案"窗口，点击【增加】按钮，输入仓库编码"01"、仓库名称"原材料库"、计价方式"移动平均法"、其他信息"系统默认值"等相关内容，设置完毕后，单击【保存】按钮，再单击【退出】按钮。如图9-4所示。

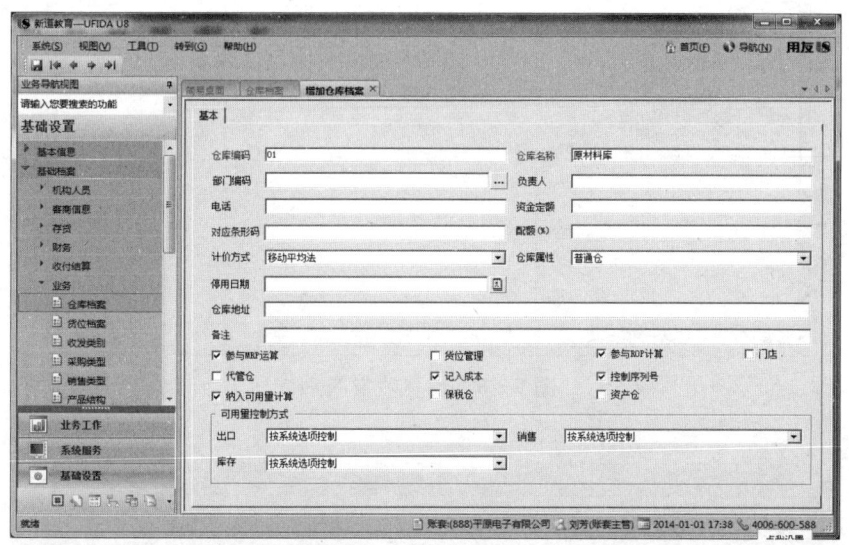

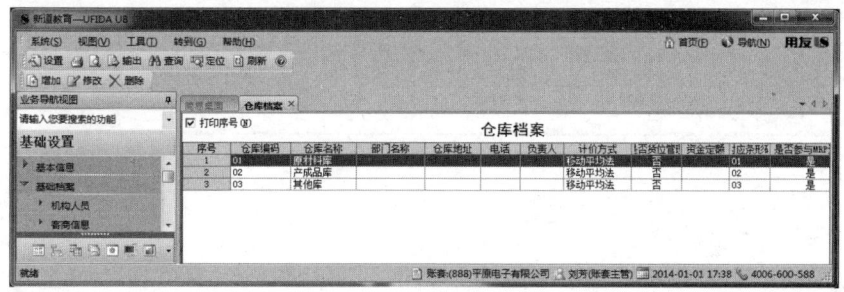

图9-4 设置仓库档案

2. 同理按照表9-1输入其他资料。

（三）设置收发类别

1. 执行【基础档案】|【业务】|【收发类别】命令，打开"收发类别"窗口，点击【增加】按钮，输入收发类别编码"204"、收发类别名称"领料出库"等相关内容，收发标志选中"发"，设置完毕后，单击【保存】按钮，再单击【退出】按钮。如图9-5所示。

2. 同理按照表9-2输入其他资料。

（四）设置采购类型与销售类型

1. 执行【基础档案】|【业务】|【采购类型】命令，打开"采购类型"窗口，点击【增加】按钮，按照表9-3输入相关内容，设置完毕后，单击【保存】按钮，再单击【退出】按钮。如图9-6所示。

2. 执行【基础档案】|【业务】|【销售类型】命令，重复第一步操作，完成销售类型的设置。如图9-7所示。

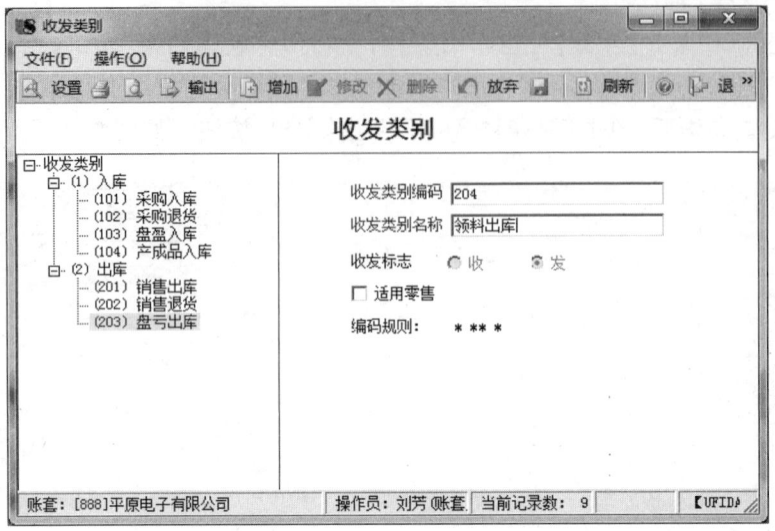

图 9-5   设置收发类别

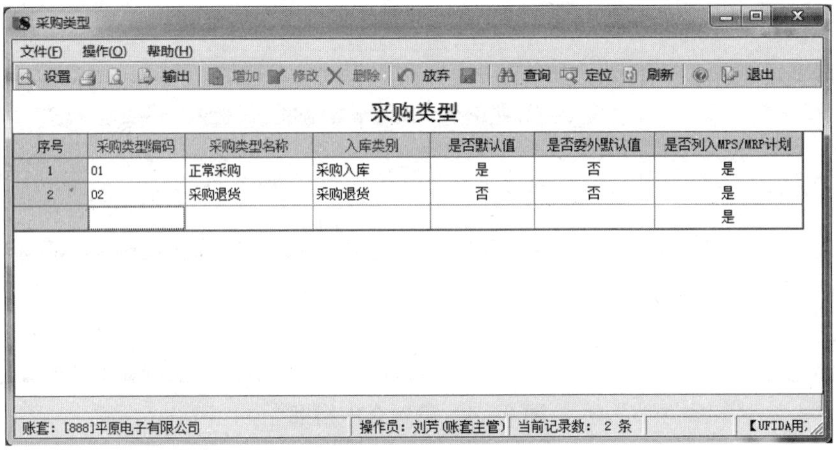

序号	采购类型编码	采购类型名称	入库类别	是否默认值	是否委外默认值	是否列入MPS/MRP计划
1	01	正常采购	采购入库	是	否	是
2	02	采购退货	采购退货	否	否	是
						是

图 9-6   设置采购类型

序号	销售类型编码	销售类型名称	出库类别	是否默认值	是否列入MPS/MRP计划
1	01	正常销售	销售出库	是	是
2	02	销售退货	销售退货	否	是
					是

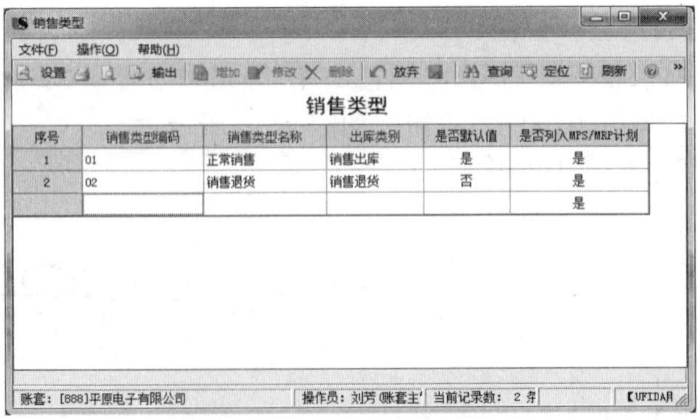

图 9-7   设置销售类型

（五）设置费用项目分类及费用项目

1. 执行【基础档案】|【业务】|【费用项目分类】命令,打开"费用项目分类"窗口,点击【增加】按钮,在"分类编码"栏中输入"0",在"分类名称"栏中输入"无分类"。设置完毕后,单击【保存】按钮,再单击【退出】按钮。

2. 执行【基础档案】|【业务】|【费用项目】命令,打开"费用项目"窗口,点击【增加】按钮,按照表9-4输入费用项目名称。设置完毕后,单击【保存】按钮,再单击【退出】按钮。如图9-8所示。

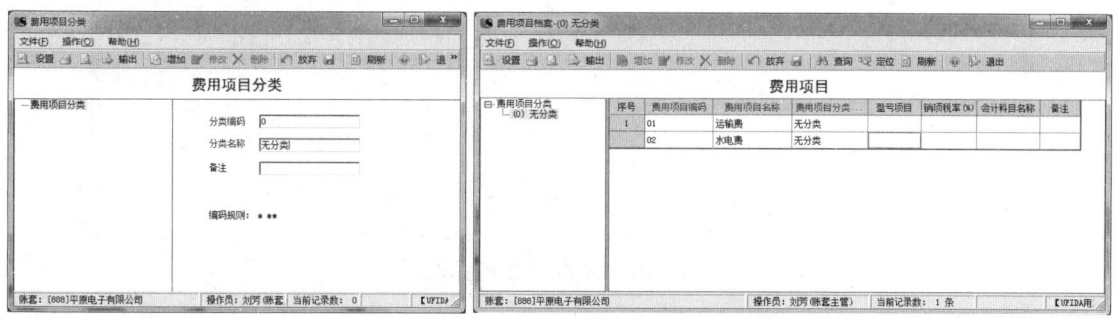

图9-8 设置费用项目分类及费用项目

（六）设置存货科目

1. 执行【供应链】|【存货核算】|【初始设置】|【科目设置】|【存货科目】命令,打开"存货科目"窗口,点击【增加】按钮,选择仓库编码及名称"01 原材料库"、存货编码及名称"01 显示器"、存货科目编码及名称"140301 显示器"。

2. 同理根据表9-5完成其他资料的设置,设置完毕后,单击【保存】按钮,再单击【退出】按钮。如图9-9所示。

存货科目

仓库编码	仓库名称	存货分类编码	存货分类名称	存货编码	存货名称	存货科目编码	存货科目名称
01	原材料库			01	显示器	140301	显示器
01	原材料库			02	键盘	140302	键盘
01	原材料库			03	鼠标	140303	鼠标
02	产成品库			04	I型电脑	140501	I型电脑
02	产成品库			05	II型电脑	140502	II型电脑

图9-9 存货科目设置

（七）设置存货对方科目

1. 执行【供应链】|【存货核算】|【初始设置】|【科目设置】|【对方科目】命令,打开"对方科目"窗口,点击【增加】按钮,选择收发类别编码"101"、收发类别名称"采购入库"、存货编码及名称"01 显示器"、存货对方科目编码及名称"1401 材料采购"。

2. 同理根据表9－6完成其他资料的设置,设置完毕后,单击【保存】按钮,再单击【退出】按钮。如图9－10所示。

图9－10　存货对方科目设置

(八) 设置子系统参数

1. 设置采购管理系统参数

执行【供应链】|【采购管理】|【设置】|【采购选项】命令,打开"采购系统选项设置——请按照贵单位的业务认真设置"窗口,根据表9－7进行相应设置。设置完毕后,单击【确定】按钮。如图9－11所示。

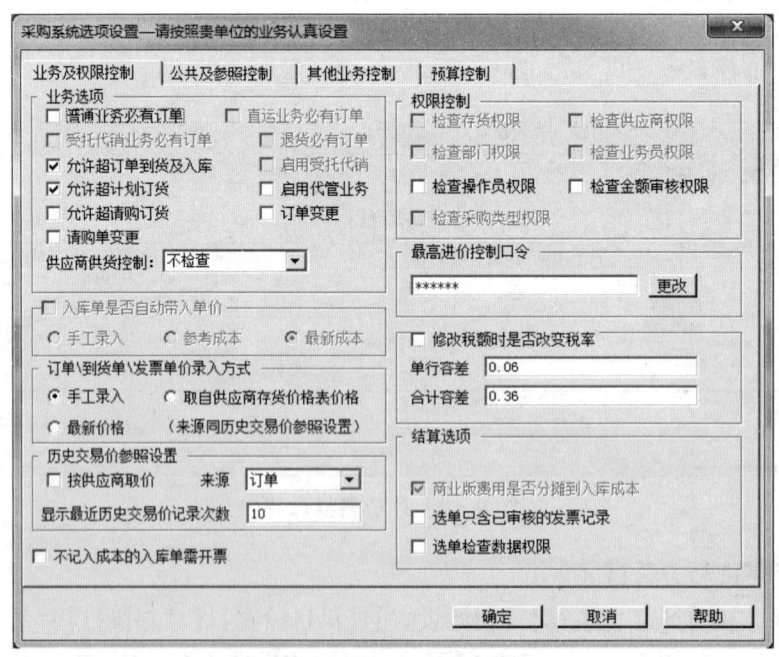

图9－11　采购管理系统参数设置

2. 设置销售管理系统参数

执行【供应链】|【销售管理】|【设置】|【销售选项】命令,打开"销售选项"窗口,根据表9-7进行相应设置。设置完毕后,单击【确定】按钮。如图9-12所示。

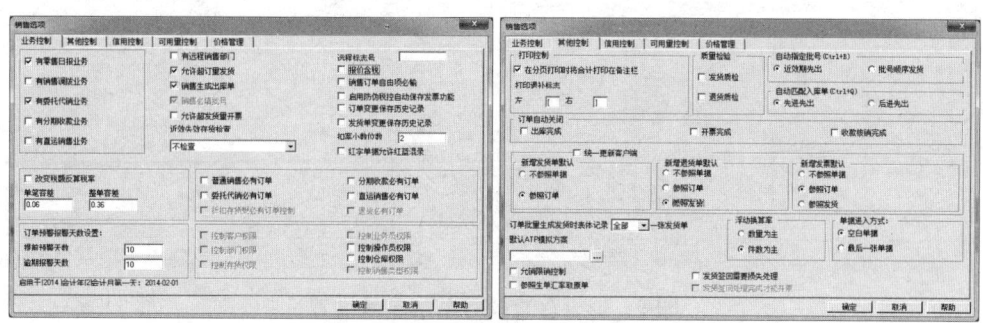

图9-12 销售管理系统参数设置

3. 设置库存管理系统参数

执行【供应链】|【库存管理】|【初始设置】|【选项】命令,打开"库存选项设置"窗口,根据表9-7进行相应设置。设置完毕后,单击【确定】按钮。如图9-13所示。

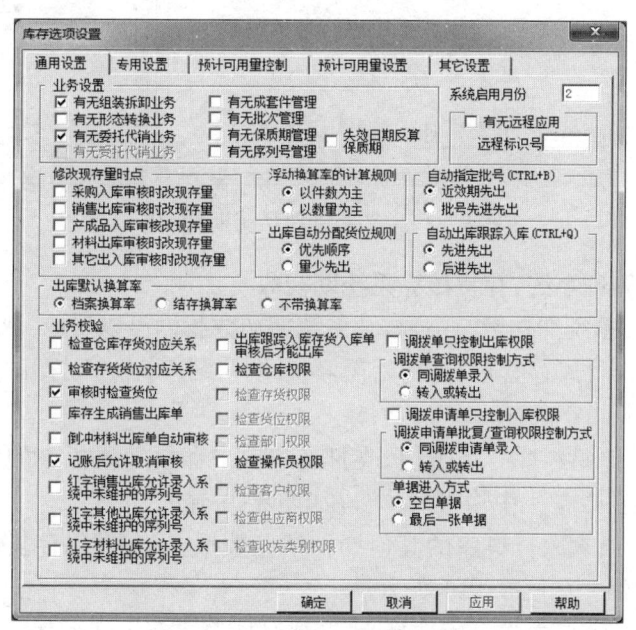

图9-13 库存管理系统参数设置

4. 设置存货核算参数

执行【供应链】|【存货核算】|【初始设置】|【选项】|【选项录入】命令,打开"选项录入"窗口,根据表9-7进行相应设置。如图9-14所示。点击【确定】,系统弹出"是否保存当前设置?",点击"是"按钮。

(九)采购管理系统期初记账

1. 执行【供应链】|【采购管理】|【设置】|【采购期初记账】命令,打开"期初记账"窗口。

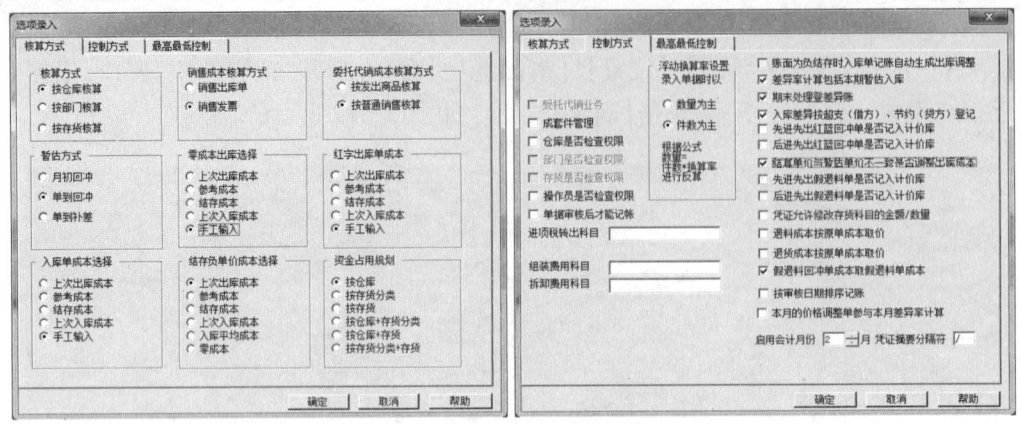

图 9-14　存货核算系统参数设置

2. 单击【记账】按钮,弹出"期初记账完毕"提示框,单击【确定】按钮。如图 9-15 所示。

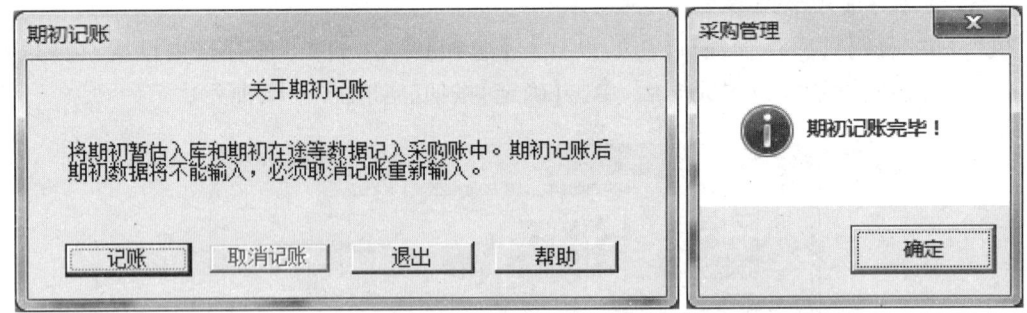

图 9-15　采购管理系统期初记账

(十) 录入库存管理系统、存货核算系统期初数

先录入库存管理系统期初数,存货核算系统期初数我们可以采取"取数"的方式获得。

1. 执行【供应链】|【库存管理】|【初始设置】|【期初结存】命令,打开"库存期初数据录入"窗口。

2. 选择仓库为"原材料库",单击【修改】按钮,单击存货编码栏中的【参照】按钮,选择存货名称为"显示器",在数量栏中输入"350",在单价栏中输入"300"。

3. 根据表 9-8 录入原材料库的其他期初结存数据。单击【保存】按钮保存录入的存货信息,单击"批审"按钮。如图 9-16 所示。

4. 在"库存期初"窗口中将仓库选择为"产成品库",重复上述操作。如图 9-17 所示。

5. 执行【供应链】|【存货核算】|【初始设置】|【期初数据】|【期初余额】命令,打开"期初余额"窗口,仓库选择"原材料库",单击【取数】按钮,系统自动从库存管理系统取出该仓库的存货信息。如图 9-18 所示。

6. 仓库选择"产成品库",重复取数操作,点击【记账】,系统提示"期初记账成功!"。如图 9-19 所示。

7. 单击【对账】按钮,选择所有仓库,对账成功,单击【确定】按钮。如图 9-20 所示。

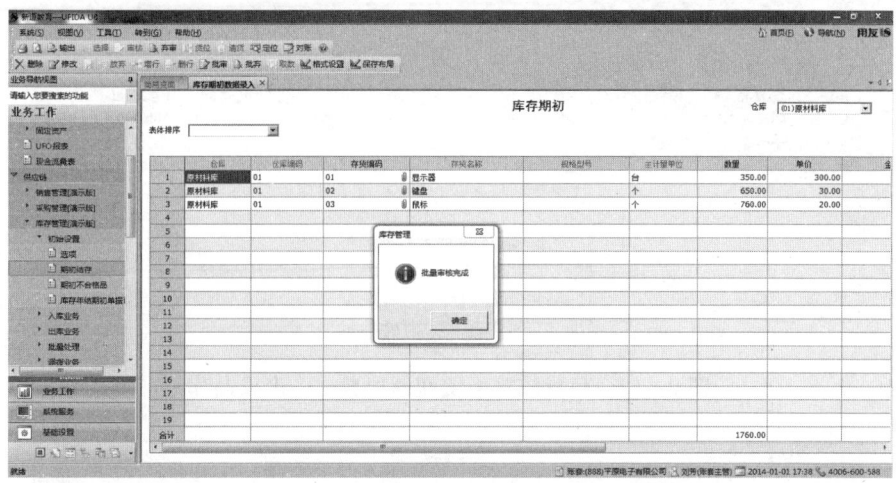

图 9 - 16 库存期初数据录入——原材料库

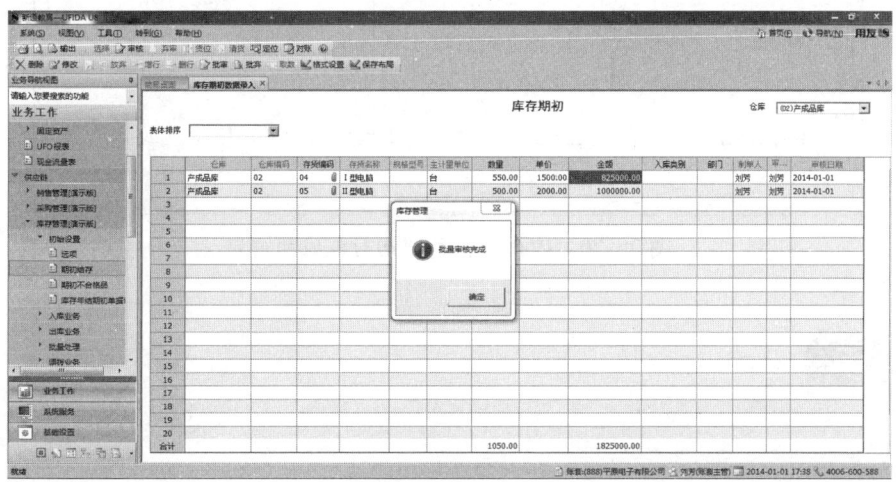

图 9 - 17 库存期初数据录入——产成品库

存货编码	存货名称	规格型号	计量单位	数量	单价	金额	计划价	计划金额	存货科	存货科目
01	显示器		台	350.00	300.00	105,000.00			140301	显示器
02	键盘		个	650.00	30.00	19,500.00			140302	键盘
03	鼠标		个	760.00	20.00	15,200.00			140303	鼠标
合计:				1,760.00		139,700.00				

139,700.00

图 9 - 18 存货核算系统期初取数——原材料库

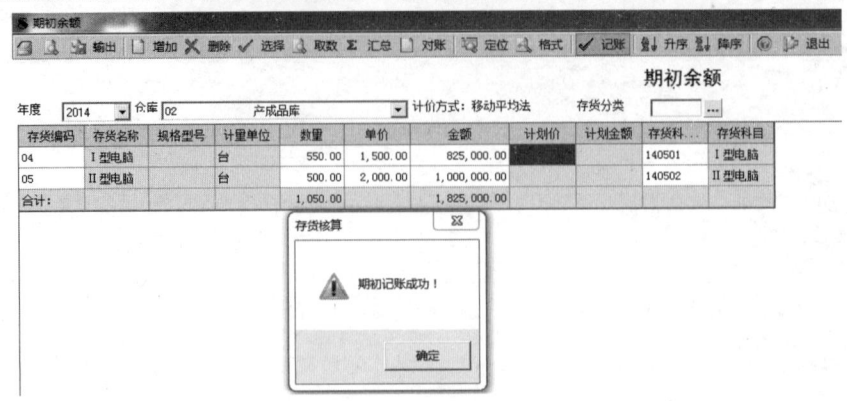

图 9-19 存货核算系统期初取数——产成品库

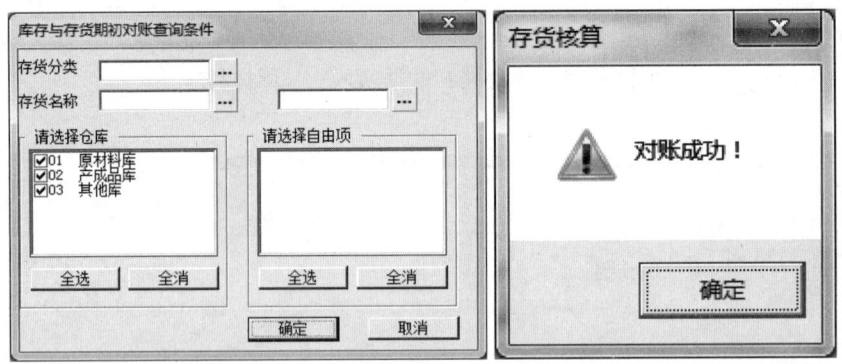

图 9-20 库存与存货期初对账成功窗口

提 示

- 即使没有期初数据,也必须进行记账操作。
- 如果期初数据结转自上年末数据,必须记账操作后才能进行日常业务处理。
- 存货计价方式在期初记账前可以更改,但记账后则不能再更改。
- 记账后想撤销记账,可单击【恢复】按钮,即可恢复到记账前状态。

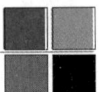

任务三 采购管理系统日常业务处理

一、任务描述

1月份平原电子有限公司已启用了供应链管理系统。以业务主管李红的身份登录企业应用平台,操作日期 2014 - 01 - 05,在采购系统进行如下业务处理。

1. 填制采购订单。1 月 5 日,向北京万科公司订购显示器 100 台,不含税单价 280 元/台,增值税税率为 17%,价税合计为 32 760 元要求到货日期为 2014 - 01 - 10。

2. 生成到货单与入库单。1 月 10 日,收到北京万科公司发来的显示器 100 台,经检验合格办理入库手续,填制到货单与入库单。

3. 填制采购发票。1 月 10 日,收到北京万科开出的上述材料的增值税专用发票一张,票号 78902234,开票日期 2014 - 01 - 05,显示器 100 台,不含税单价 280 元/台。

4. 办理采购结算。1 月 10 日,采购部门将采购发票与入库单进行比对并进行采购结算。

5. 确认存货入库成本。1 月 10 日,采购部门将采购发票交给财务部,财务部确认存货成本。

6. 确认应付账款。1 月 10 日,财务部确认采购显示器的应付款项,并开出转账支票(票号 PY201202)付清货款。

7. 期末存货暂估入库。1 月 27 日,收到深圳兴盛公司发来的鼠标 150 个,到月底发票仍未收到,月末确认该批存货的暂估成本为 20 元/个,并进行暂估记账处理。

二、知识链接

(一) 采购管理系统日常业务主要功能

采购管理系统业务类型包括普通采购、直运采购、采购退货、现付采购、账表查询等。由于平原电子有限公司同时启用了采购管理系统与库存管理系统,因此日常入库业务应在库存管理系统中操作;如果没有启用库存管理系统,则入库业务应在采购管理系统中操作。下面介绍采购管理系统的主要流程:

1. 采购请购管理。请购是采购业务的起点,是指企业各部门向采购部提出采购申请,采购部列出采购清单。此环节是可选环节。

2. 采购订货管理。订货是指采购部同供应商就采购物资达成一致意见签订协议或合同。订单为后续双方的物资交易提供凭证,采购部以此进行验收。

3. 采购到货管理。采购到货是采购订货和采购验收入库的中间环节,是为了确认到货的数量、品种、价格等信息,生成的到货单传递到仓库可作为仓管员的收货依据。到货单可根据订单生成,而入库单则可根据到货单生成。

4. 采购入库管理。入库是指货物经检验合格后,放入相应仓库的过程。入库时,仓管员应填制入库单,入库单可根据订单、到货单生成。入库单又分为红字入库单与蓝字入库单。红字特指采购退货业务处理。

5. 采购发票管理。采购发票是供应商开出的销售凭证,系统根据采购发票确认采购成本,并登记应付账款。采购发票根据发票类型可分为增值税专用发票、普通发票等。按业务可分为蓝字发票和红字发票。红字发票一般是伴随退货业务开出的。采购发票可以手工填制也可以根据订单和入库单生成。

6. 采购结算管理。又称采购报账,是指采购部根据发票与入库单到财务部报账,由财务人员确认采购成本并进行相应的账务处理。采购结算后会生成采购结算单,采购结算单是记载采购入库单与采购发票对应关系的结算对照表。采购结算可以采取自动结算或手工结算方式。

（二）普通采购业务类型

1. 单货同行业务

单货同行业务是指货物验收入库且发票已收到的采购业务。此时可进行采购结算以确认采购成本。流程包括：①请购（请购单）；②订货（采购订单）；③到货（到货单）；④入库、发票结算（入库单、发票）；⑤采购结算；⑥财务处理（成本核算、付款、记账）。

2. 暂估入库业务

暂估入库业务是指货物已验收入库，发票尚未收到的采购业务。此种情况下如采用手工方式，则一般是月末暂估入账，下月初红字冲回。而会计信息化方式下，月末暂估后，下月有三种处理方法：①月初红字冲回；②单到冲回；③单到补差。

3. 在途存货业务

在途存货业务是指发票已收到，货物尚未验收入库的采购业务。一般有两种处理方式：①压单处理，即收到发票时不做处理，待货物验收入库后再行处理；②收到发票及时处理，货物验收入库后再进行采购结算。

三、任务实施

（一）填制采购订单

1. 2014-01-05，以李红身份登录企业应用平台，在"业务工作"选项卡下，执行【供应链】|【采购管理】|【采购订货】|【采购订单】命令，打开"采购订单"窗口。

2. 单击【增加】按钮，输入订单日期"2014-01-05"，系统默认采购类型为"正常采购"，选择供应商为"北京万科公司"、部门为"采购部"、存货编码为"01"，输入数量"100"，原币单价"280"，修改计划到货日期为"2014-01-10"，单击【保存】按钮。如图9-21所示。

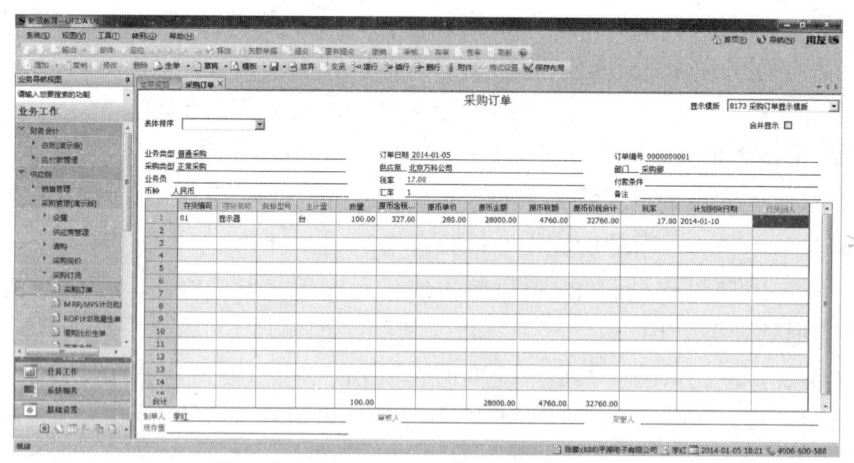

图9-21　采购订单窗口

3. 单击【审核】按钮，审核填制的采购订单。

（二）生成采购到货单

1. 2014-01-10，以李红身份重新登录企业应用平台，执行【供应链】|【采购管理】|【采购到货】|【到货单】命令，打开"到货单"窗口。

2. 单击【增加】按钮，单击【生单】按钮下拉键，选择"采购订单"，打开"查询条件选择——采购订单列表过滤"窗口，单击【确定】按钮。

3. 系统弹出"拷贝并执行"窗口，选中所要拷贝的采购订单，单击【确定】按钮。如图 9-22 所示。

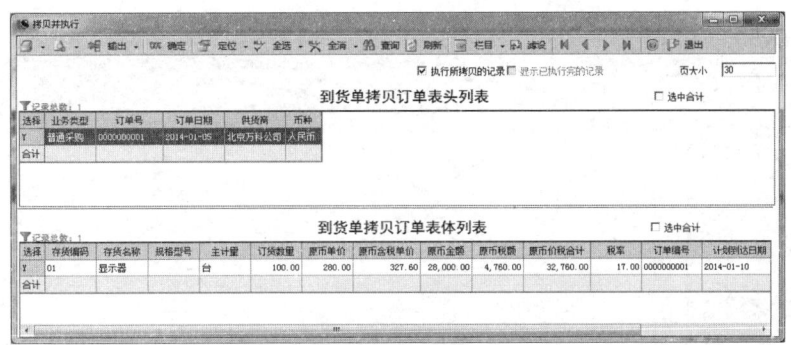

图 9-22　拷贝并执行窗口

4. 系统自动生成"到货单"，单击【保存】按钮，单击【审核】按钮。如图 9-23 所示。

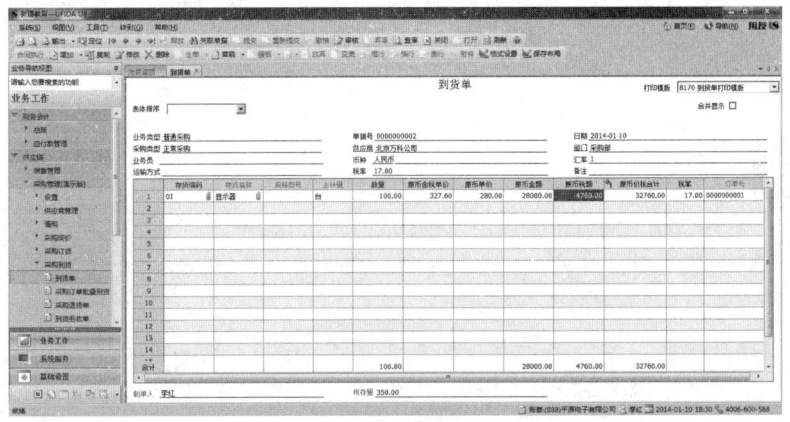

图 9-23　到货单窗口

提　示

- 采购到货的物资并不总是同采购订单一致，如果存有差异，则应根据实际到货情况录入到货单信息。
- 到货单可以手工录入，也可以根据采购订单生单而成。

（三）生成采购入库单

1. 执行【供应链】|【库存管理】|【入库业务】|【采购入库单】命令，打开"采购入库单"窗口。

2. 单击【生单】按钮下拉键，选择"采购到货单（蓝字）"，打开"查询条件选择——采购到货单列表过滤"窗口，单击【确定】按钮。

3. 打开"到货单生单列表"窗口，选择相应的到货单生单表头，单击【确定】按钮，系统自动生成采购入库单，选择仓库为"原材料库"，单击【保存】按钮，单击【审核】按钮。如图 9-24 所示。

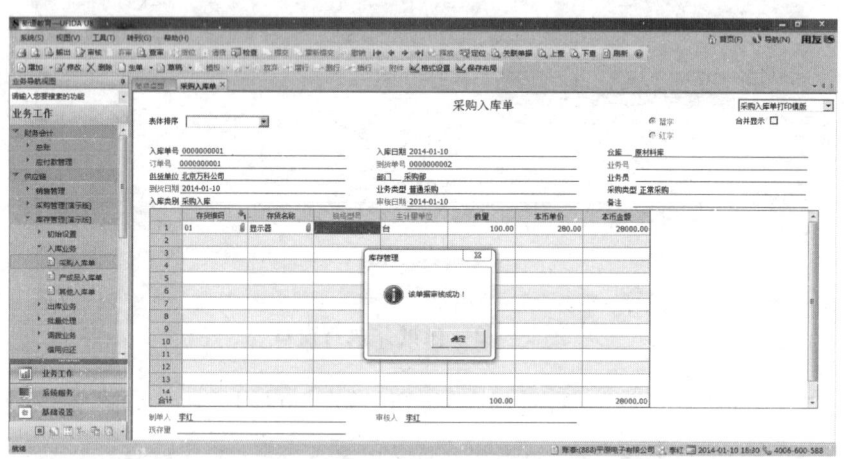

图 9-24　采购入库单窗口

提　示

- 当采购管理系统与库存管理系统集成使用时，采购入库单必须在库存管理系统录入或生成。
- 采购入库单可通过生单方式生成，也可手工录入。手工录入方式下，直接单击【增加】按钮，录入相关信息即可。
- 采购入库单可以通过到货单生成，也可通过采购订单生成。通过前一单据生成后一单据后，如果想再修改或删除前一单据，必须先删除后一单据后方可执行。

（四）填制采购发票

1. 执行【供应链】|【采购管理】|【采购发票】|【专用采购发票】命令，打开"专用发票"窗口。

2. 单击【增加】按钮，单击【生单】按钮下拉键，选择"入库单"，打开"查询条件选择——采购入库单列表过滤"窗口，单击【确定】按钮。

3. 系统弹出"拷贝并执行"窗口,选中所要拷贝的采购订单。如图 9-25 所示。

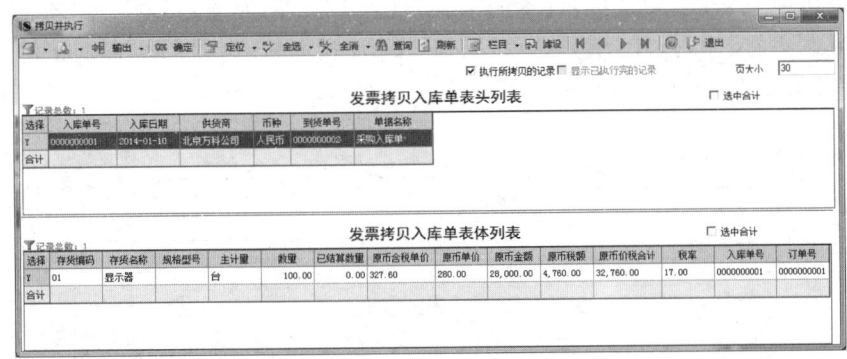

图 9-25 拷贝并执行窗口

4. 单击【确定】按钮,系统自动生成采购专用发票,修改发票号为"78902234"。如图 9-26 所示。单击【保存】按钮。

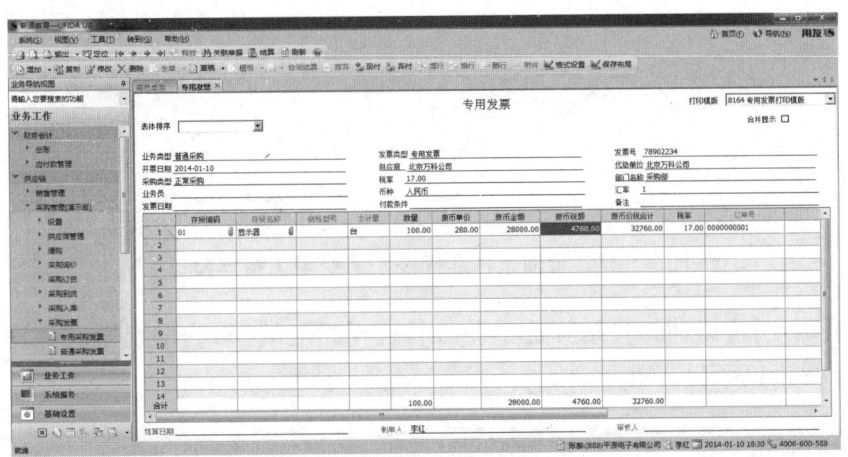

图 9-26 采购专用发票窗口

提 示

- 由于增值税专用发票涉及进项税额抵扣,所有发票必须包含企业开户银行等信息,因此录入采购专用发票时,需要先在基础档案中设置有关开户银行信息。如果录入的是普通发票,则只需要企业名称。
- 采购发票上的单价为不含税单价,金额为不含税金额,税率是自动带出的,可修改。
- 可以通过"采购发票列表"来查询所有录入发票。
- 如果在采购选项中设置了"销售采购必有订单",则只能通过参照生单的方式生成采购发票,不能手工录入。

（五）采购结算

1. 执行【供应链】|【采购管理】|【采购结算】|【手工结算】命令，打开"手工结算"窗口。

2. 单击【选单】按钮，打开"结算选单"窗口，单击【查询】按钮，打开"查询条件选择——采购手工结算"窗口。如图 9 - 27 所示。

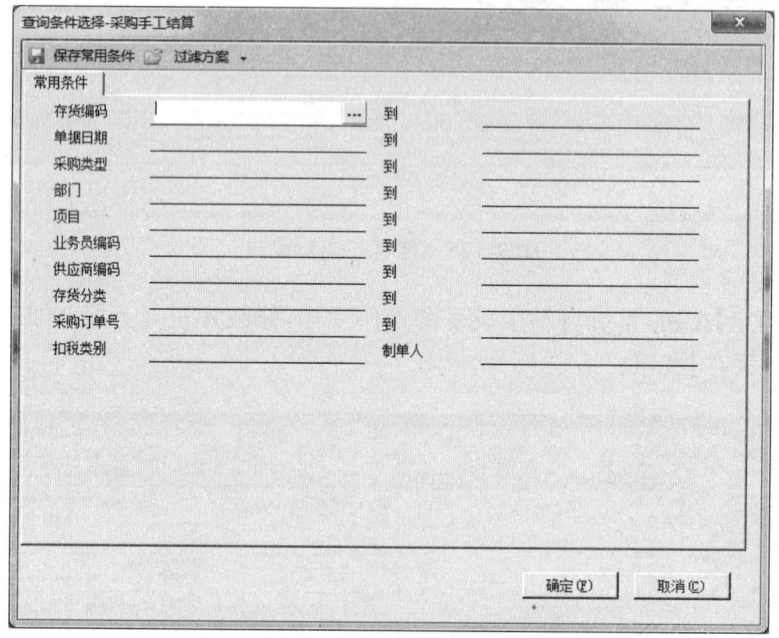

图 9 - 27　查询条件选择——采购手工结算窗口

3. 单击【确定】按钮，回到"结算选单"界面，选择相应的"采购发票"和"入库单"。如图 9 - 28 所示。单击【确定】按钮。

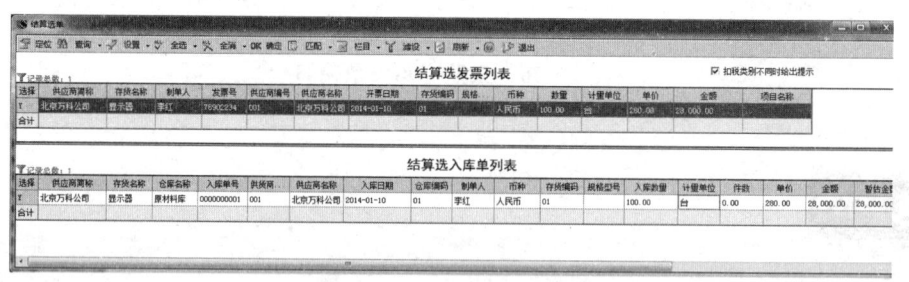

图 9 - 28　结算选单窗口

4. 系统回到"手工结算"窗口。如图 9 - 29 所示。

5. 单击【结算】按钮，系统显示【完成结算】。如图 9 - 30 所示。

6. 执行"结算单列表"命令。双击需要查询的结算单，打开结算单。如图 9 - 31 所示。

7. 单击【退出】按钮。

（六）核算采购成本

1. 打开"业务工作"选项卡，执行【供应链】|【存货核算】|【业务核算】|【正常单据记账】命

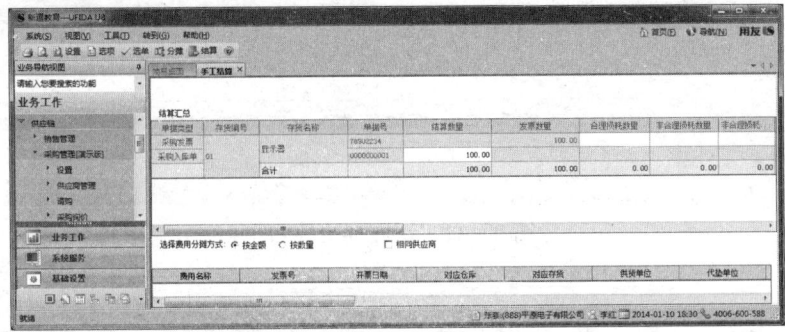

图 9 - 29　手工结算窗口

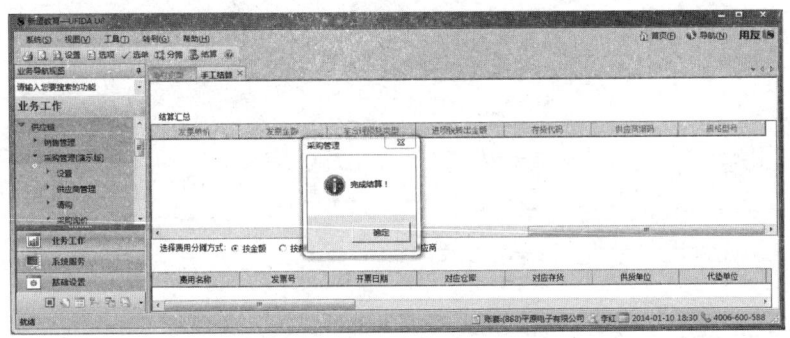

图 9 - 30　完成结算窗口

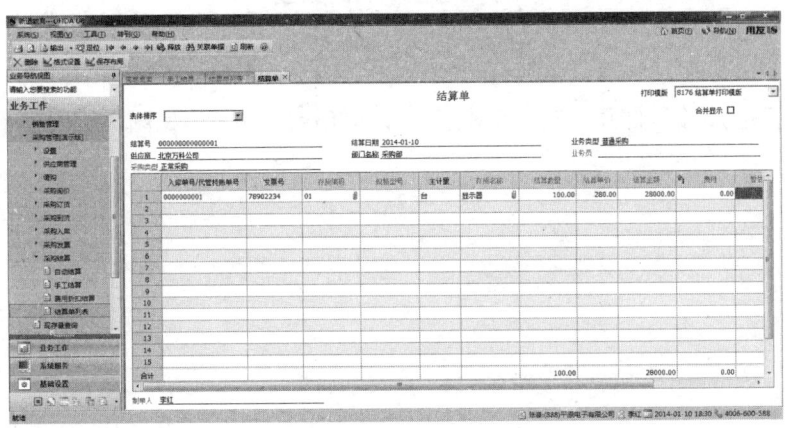

图 9 - 31　结算单窗口

令,打开"查询条件选择"窗口。

2. 单击【确定】按钮,打开"正常单据记账列表"窗口。

3. 单击【全选】按钮,单击【记账】按钮,将采购入库单记账,系统提示"记账成功",单击【确定】按钮。如图 9 - 32 所示。

4. 执行【供应链】|【存货核算】|【财务核算】|【生成凭证】命令,打开"生成凭证"窗口。选择"转账凭证",单击【选择】按钮,打开"查询条件"对话框,单击【全消】按钮,单击"采购入库单(报销记账)"前的复选框。如图 9 - 33 所示。

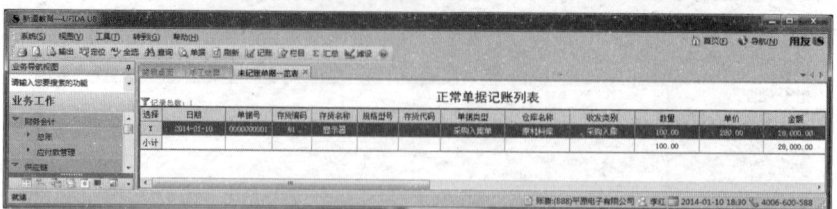

图 9 - 32　记账列表窗口

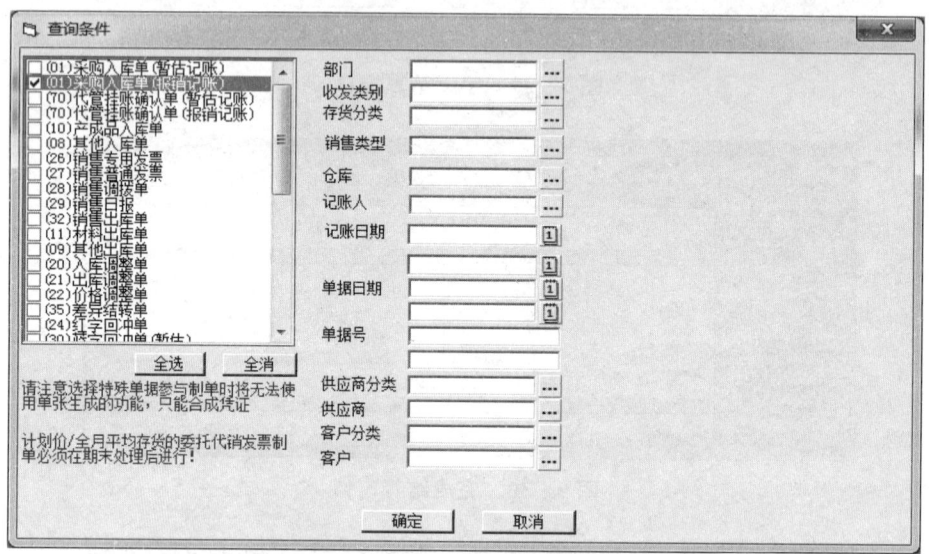

图 9 - 33　转账凭证窗口

5. 单击【确定】按钮，打开"选择单据"窗口，选择相应单据。如图 9 - 34 所示。

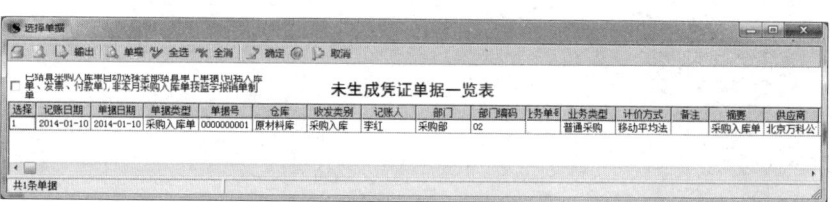

图 9 - 34　选择单据窗口

6. 单击【确定】按钮，打开"生成凭证"窗口。如图 9 - 35 所示。

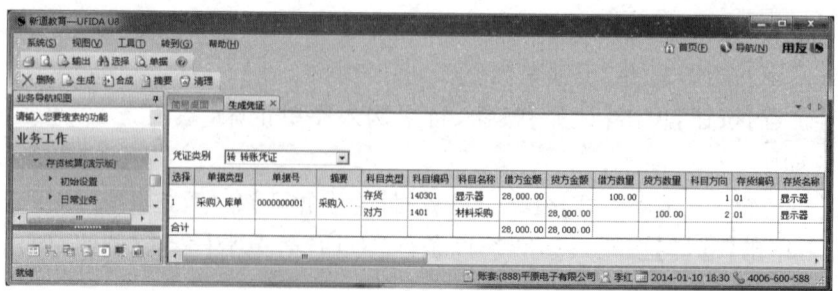

图 9 - 35　生成凭证窗口

7. 单击【生成】按钮,系统自动生成记账凭证,单击【保存】按钮,单击【退出】按钮。如图 9-36所示。

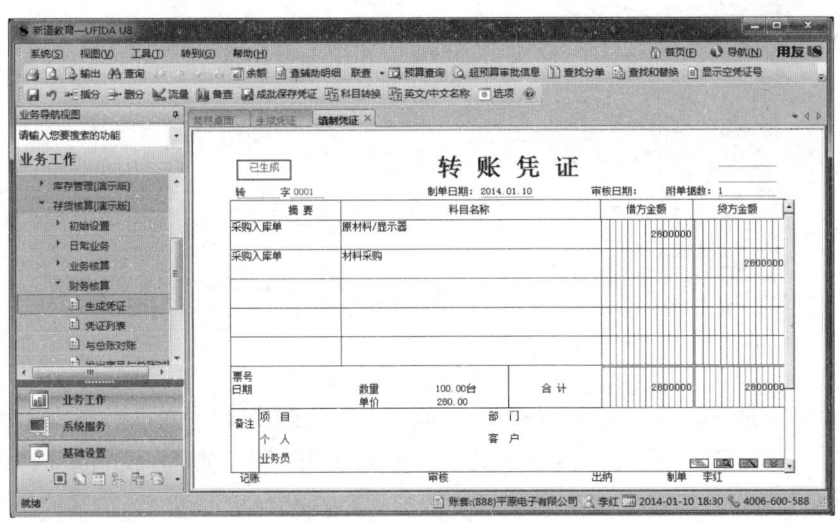

图 9-36 转账凭证窗口

(七) 确认应付账款

2014-01-10,以账套主管刘芳的身份登录企业应用平台。

1. 打开"业务工作"选项卡,执行【财务会计】|【应付款管理】|【应付单据处理】|【应付单据审核】命令,打开"应付单据查询过滤条件"窗口。

2. 单击【确定】按钮,系统弹出"应付单据列表"窗口,单击【全选】按钮,单击【审核】,系统完成审核并给出审核报告。如图 9-37所示。

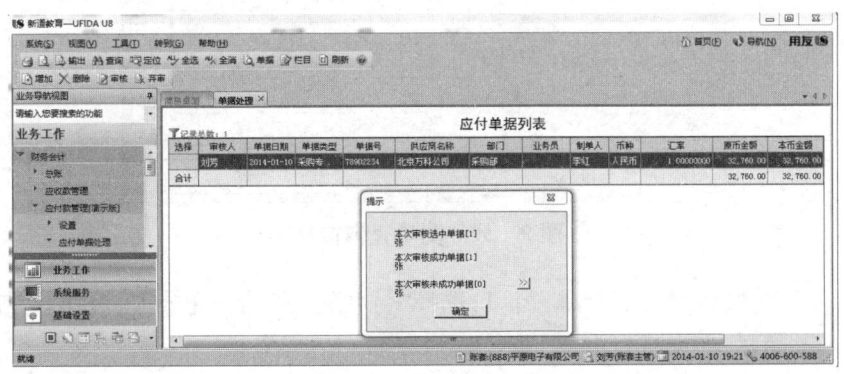

图 9-37 应付单据审核窗口

3. 单击【确定】按钮后退出。在应付款管理系统中,执行【付款单据处理】|【付款单据录入】命令,打开"付款单"窗口。

4. 单击【增加】按钮,录入供应商"北京万科公司",结算方式"转账支票",结算科目"100201",金额"32 760",票据号"PY201202",摘要"付款"。单击【保存】按钮。如图 9-38所示。

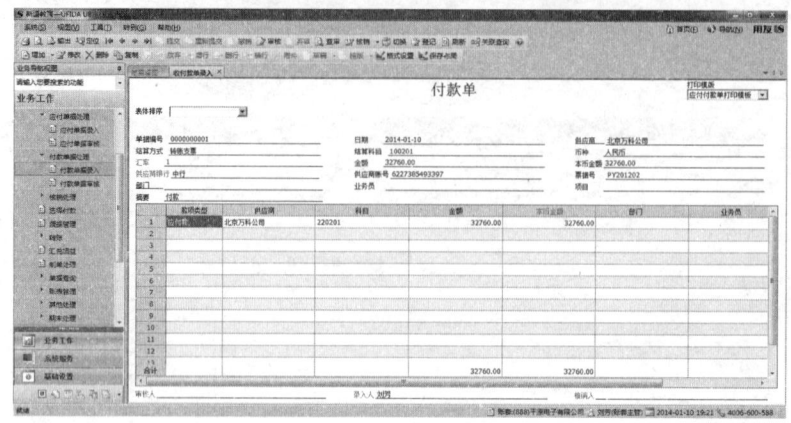

图 9-38　付款单窗口

5. 单击【审核】按钮,系统提示"是否立即制单?",单击【否】。

6. 在应付款管理系统中,执行【制单处理】命令,打开"制单查询"窗口,选择"发票制单"以及"收付款单制单"。如图 9-39 所示。

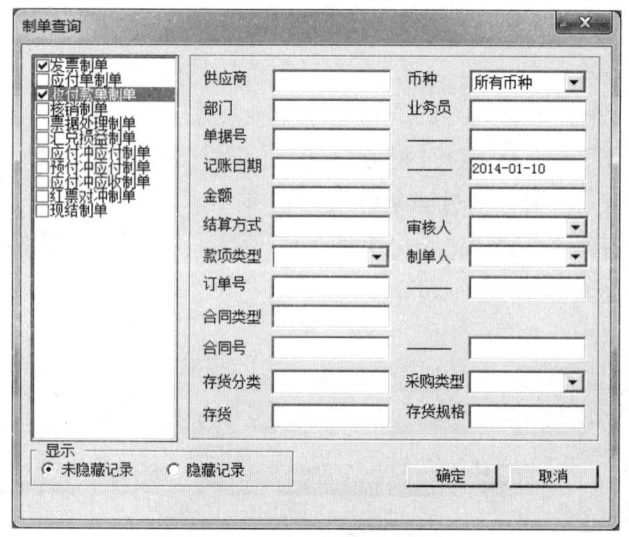

图 9-39　制单查询窗口

7. 单击【确定】按钮,打开"制单"窗口,选择"付款凭证",单击【全选】按钮,单击【合并】按钮。如图 9-40 所示。

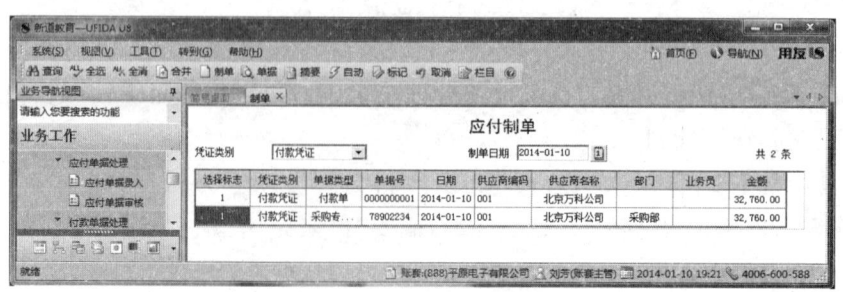

图 9-40　应付制单窗口

8. 单击【制单】按钮,生成一张付款凭证,单击【保存】按钮。如图 9-41 所示。

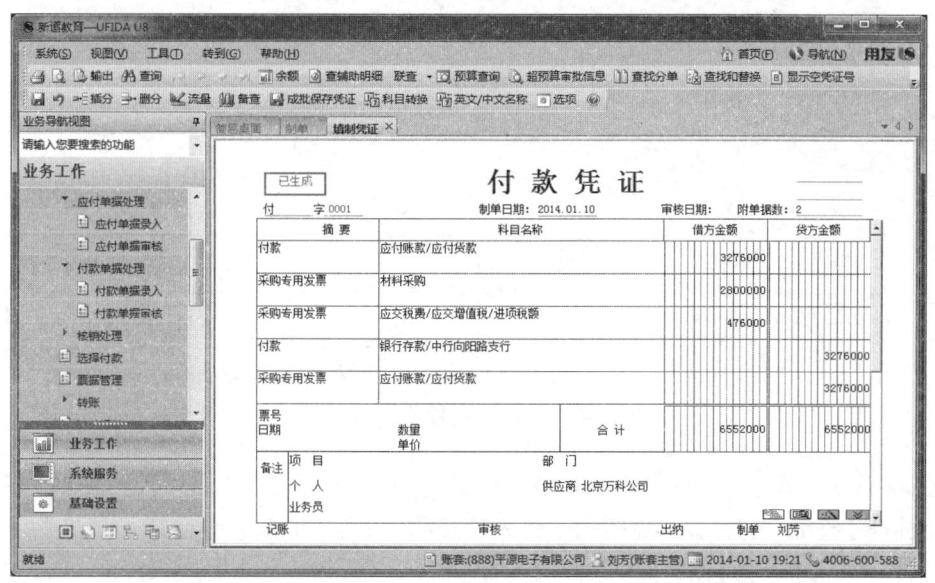

图 9-41　记账凭证窗口

9. 打开总账管理系统,对凭证执行记账操作。

提　示

- 应付科目可以在应付款管理系统的初始设置中设置,也可以通过手工补录方式补录进去。
- 采购发票需经结算后才能传递至应付款管理系统,并在应付款管理系统通过审核后才能制单生成应付账款。
- 制单,可以在每笔业务采购结算完成后立即制单,也可以月末一次批量制单。
- 采购发票需要在存货核算系统中记账,但可以在采购发票记账前制单,也可以在采购发票记账后制单。

(八) 期末存货暂估入库

2014-01-27,以业务主管李红身份登录企业应用平台。

1. 暂估成本录入

(1) 执行【供应链】|【采购管理】|【采购到货】|【到货单】命令,打开"到货单"窗口,单击【增加】按钮,选择供应商"深圳兴盛公司",存货编码"03",数量"150",单击【保存】按钮。单击【审核】按钮。如图 9-42 所示。单击【退出】按钮。

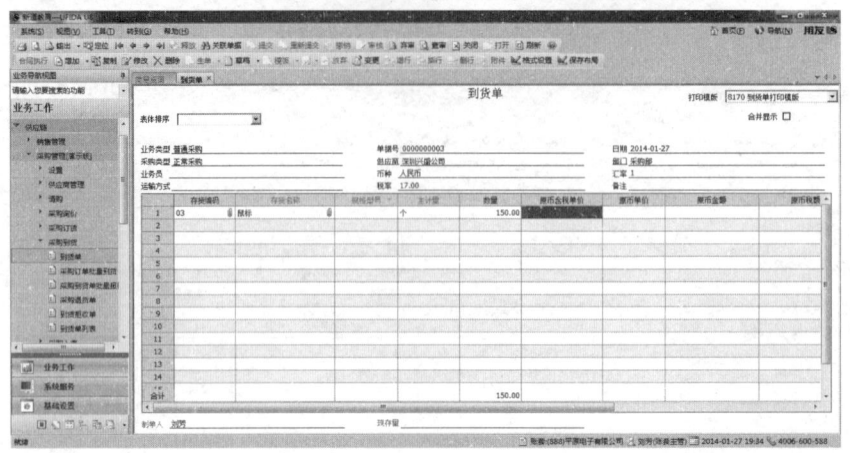

图 9-42　到货单窗口

（2）执行【供应链】|【库存管理】|【入库业务】|【采购入库单】命令，打开"采购入库单"窗口，单击【生单】按钮，选择"采购到货单（蓝字）"选项，打开"过滤条件选择——采购到货单列表"窗口，双击要参照的到货单的"选择"栏，单击"OK"按钮，生成采购入库单，选择仓库"原材料库"，单击【保存】按钮。

（3）单击【审核】按钮，审核成功。如图 9-43 所示。单击【确定】按钮，单击【退出】按钮。

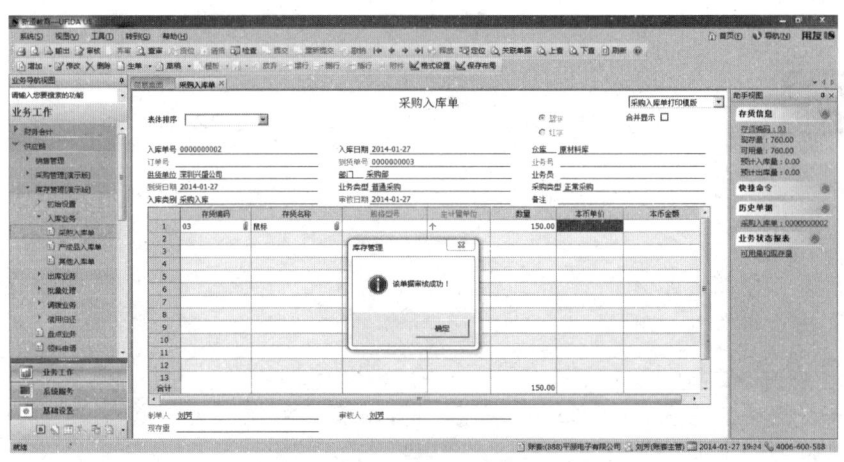

图 9-43　采购入库单窗口

（4）执行【供应链】|【存货核算】|【业务核算】|【暂估成本录入】命令，打开"采购入库单成本成批录入查询"窗口，选择"原材料库"。如图 9-44 所示。

（5）单击【确定】按钮，打开"暂估成本录入"窗口，在单价中输入"20"。如图 9-45 所示。

（6）单击【保存】按钮，系统提示"保存成功"。再单击【退出】按钮，退出"暂估成本录入"窗口。

2. 正常单据记账

（1）执行【供应链】|【存货核算】|【业务核算】|【正常单据记账】命令，打开"查询条件选

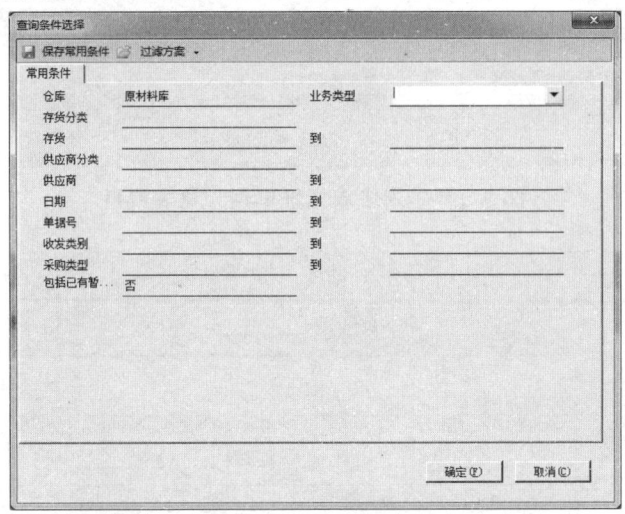

图9-44 采购入库单成本成批录入查询窗口

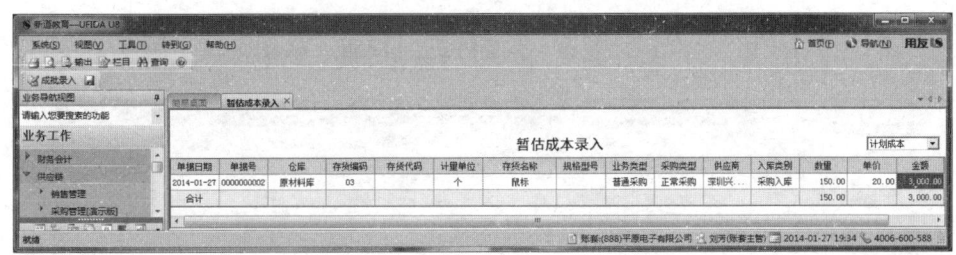

图9-45 暂估成本录入窗口

择"窗口。

(2) 单击【确定】按钮,打开"正常单据记账"窗口。如图9-46所示。

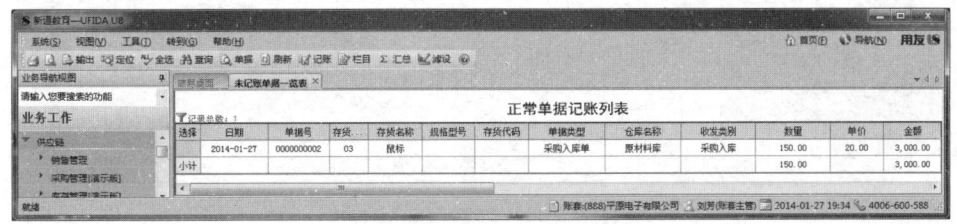

图9-46 正常单据记账窗口

(3) 单击【全选】按钮,再单击【记账】按钮,系统提示"记账成功",单击【确定】按钮。

3. 生成暂估凭证

(1) 执行【供应链】|【存货核算】|【财务核算】|【生成凭证】命令,打开"生成凭证"窗口。

(2) 单击【选择】按钮,打开"查询条件"窗口,选择"采购入库单(暂估记账)"。

(3) 单击【确定】按钮,打开"选择单据"窗口。如图9-47所示。

(4) 单击【全选】按钮,单击【确定】按钮,打开"生成凭证"窗口,输入科目编码"220202"。

如图9-48所示。

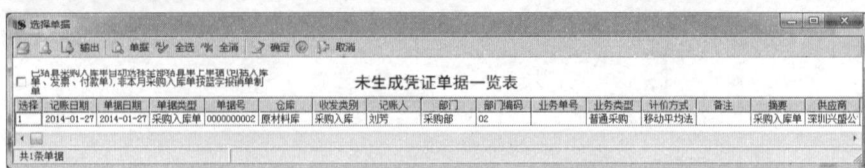

图 9 - 47   未生成凭证单据一览表窗口

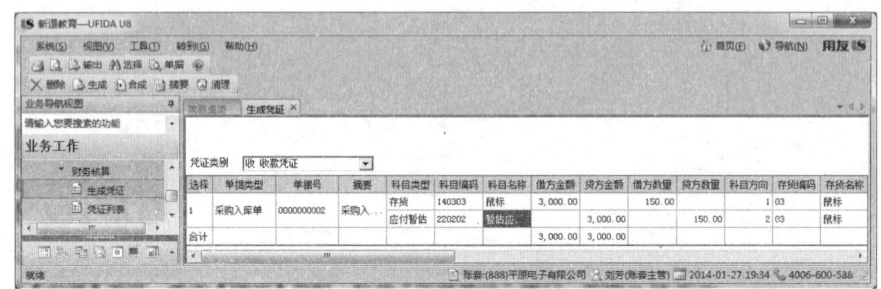

图 9 - 48   生成凭证窗口

（5）单击【生成】按钮，生成暂估凭证，单击【保存】按钮。如图 9 - 49 所示。

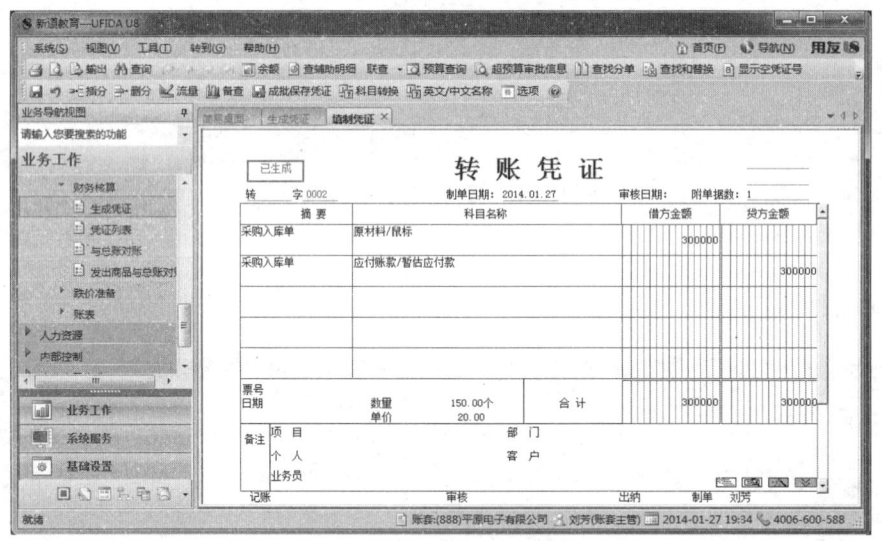

图 9 - 49   转账凭证窗口

任务四   销售管理系统日常业务处理

一、任务描述

平原电子有限公司已启用了供应链管理系统，在销售管理系统进行如下业务处理。

1. 填制发货单。1 月 15 日，向河南东方公司销售 I 型电脑 200 台，不含税单价 2 500 元/台，增值税税率为17%,价税合计585 000元,要求到货日期为2014-01-10,销售部填写发货单并审核。

2. 填写销售出库单。1月15日,仓库填写销售出库单并审核。

3. 开具销售发票。1月15日,销售部根据上笔发货单开出增值税专用发票一张(票号22345524),同时收到客户寄来的转账支票一张(支票号DF201402),金额585 000元。

4. 确认销售收入。1月15日,销售部门将销售发票与转账支票交给财务部,财务部审核并制单,确认销售收入。

5. 确认存货销售成本。1月31日,销售部门根据销售发票登记存货明细账并进行结转销售成本制单处理,确认该笔存货的销售成本。

二、知识链接

(一) 销售管理系统日常业务主要功能

销售管理系统业务类型包括普通销售、现收销售、销售退货、零售业务、分期收款销售等。由于平原电子有限公司同时启用了销售管理系统与库存管理系统,因此日常出库业务应在库存管理系统中操作;如果没有启用库存管理系统,则出库业务应在销售管理系统中操作。下面介绍销售管理系统的主要功能:

1. 销售报价。销售报价是指企业向客户提供货品、单价、规格等信息,双方达成协议后,可根据审核后的销售报价单生成销售订单。销售报价环节是可选项而非必选项。

2. 销售订货管理。销售订单是双方交易货物的基础,一般反映在合同的具体条款中或者是口头协议。销售订单可以手工录入,也可以根据报价单生成。销售订单还有跟踪销售业务执行情况的功能。

3. 销售发货管理。销售发货是企业执行销售合同或订单的过程,是销售业务的必经环节。发货单可参照销售订单生成,也可手工录入。根据实际情况可以一个订单多次发货,也可以多个订单一起发货。

4. 销售开票管理。销售开票是企业在销售过程中,给客户开具销售发票及其所附清单的过程。销售发票是确认销售收入、应收账款、税金缴纳、结转成本的依据。销售开票与销售发货前后顺序不是固定的,各企业可根据实际情况自行选定。

5. 销售出库管理。销售出库单在库存管理系统中用于核算存货出库数量,在存货核算系统中用于核算存货出库成本。销售出库单不能手工填制,只能根据相关单据生成,具体单据取决于系统参数设置。

(二) 销售业务的处理流程

大多数企业通常采用普通销售类型进行销售业务的管理,它有两种模式:先发货后开票模式和先开票后发货模式。下面以先发货后开票模式为例介绍普通销售业务的处理流程。如图9-50所示。

三、任务实施

(一) 填制发货单

1. 2014-01-15,以业务主管李红身份登录企业应用平台,在"业务工作"选项卡下,执

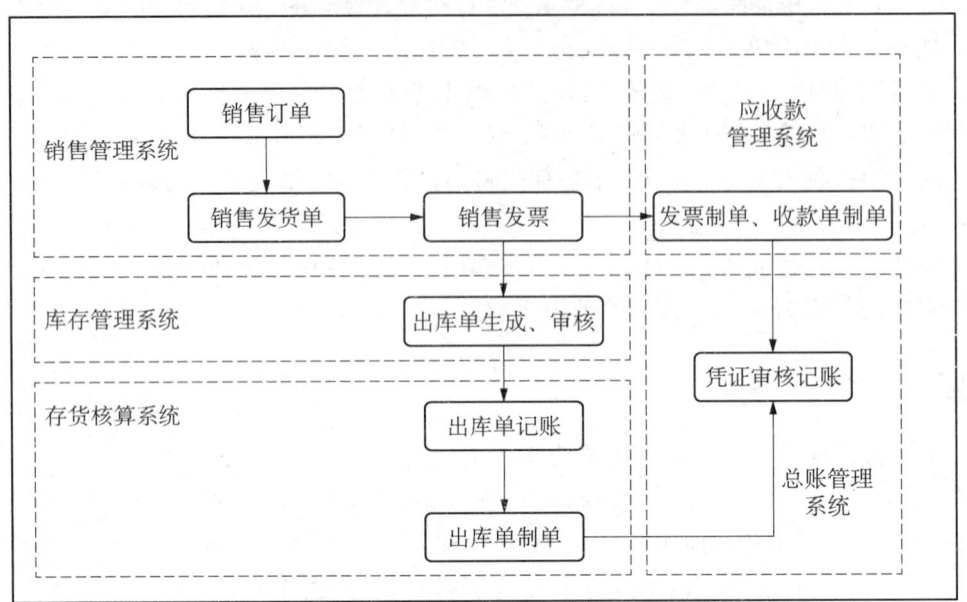

图 9 - 50 先发货后开票业务模式处理流程

行【供应链】|【销售管理】|【销售发货】|【发货单】命令,打开"发货单"窗口。

2. 单击【增加】按钮,打开"过滤条件选择——参照订单",因本例没有销售订单可参照,所以单击【取消】按钮。

3. 选择客户为"河南东方公司",选择部门为"销售部",选择存货编码为"04",输入数量"200",无税单价"2 500"。单击【保存】按钮。

4. 单击【审核】按钮。如图 9 - 51 所示。单击【退出】按钮。

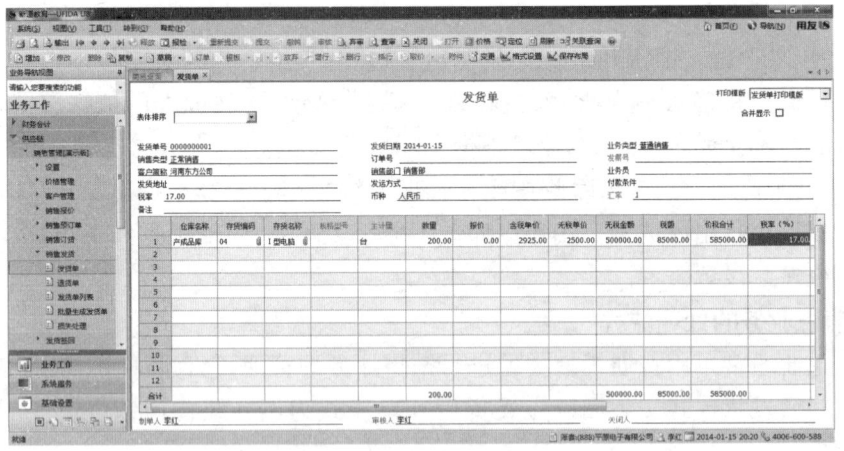

图 9 - 51 发货单窗口

(二) 生成销售出库单

1. 执行【供应链】|【库存管理】|【出库业务】|【销售出库单】命令,打开"销售出库单"窗口。

2. 点击【末张】按钮,可查询到已自动生成的"销售出库单"。

3. 单击【审核】按钮。如图 9 - 52 所示。

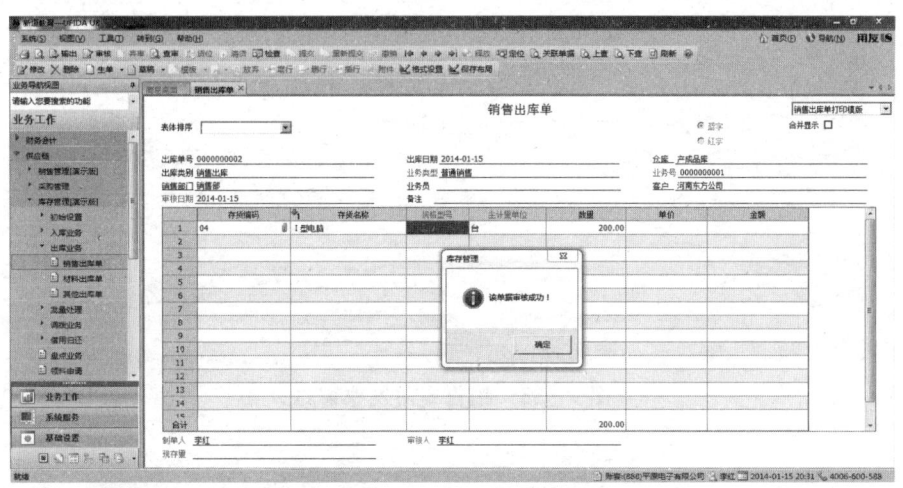

图 9 - 52　销售出库单窗口

提　　示

● 如果在销售管理系统选项中设置了"销售生成出库单",则销售出库单在库存管理系统中自动生成,无需填写。

● 如果在销售管理系统选项中没有设置"销售生成出库单",则可以在库存管理系统中通过生单方式生成销售出库单。

● 销售管理和库存管理集成使用时,在库存管理系统生成的销售出库单可以在销售管理系统中查询到。

(三) 生成销售发票

1. 执行【供应链】|【销售管理】|【销售开票】|【销售专用发票】命令,打开"销售专用发票"窗口。

2. 单击【增加】按钮,系统弹出"查询条件选择——参照订单"窗口,选择"发货单",单击【确定】按钮,修改发票号码为"22345524",单击【保存】按钮。如图 9 - 53 所示。

3. 单击【现结】按钮,打开"现结"窗口,按照转账支票内容录入。如图 9 - 54 所示。

4. 单击【确定】按钮,系统提示"发票已现结",单击【复核】按钮。如图 9 - 55 所示。

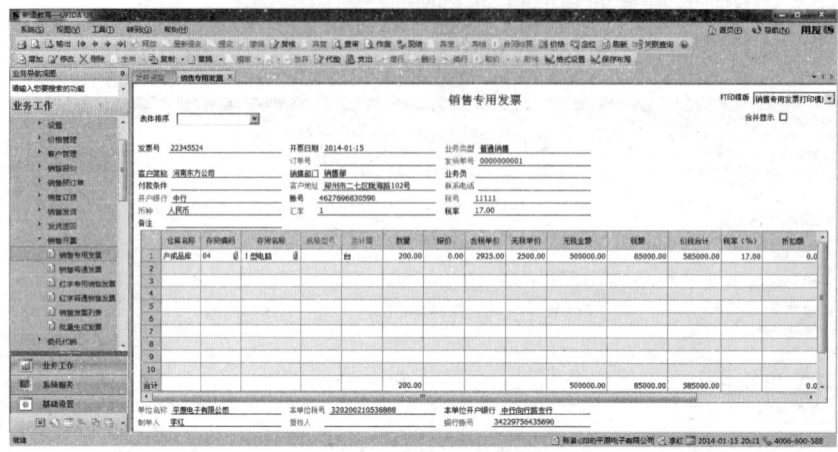

图 9-53　销售专用发票窗口

图 9-54　现结窗口

图 9-55　销售专用发票窗口

> **提 示**
>
> ● 发货单如果与发票不是一一对应的话,可以分次开具发票,这就需要修改发票信息。
> ● 发票生成后,如需现结,需在"审核"之前点击【现结】按钮,现结处理后再进行复核处理,否则不能进行现结只能生成应收账款。
> ● 如果有代垫费用,在销售发票保存后,点击【代垫】按钮,调出代垫费用单,输入相关内容后,自动生成其他应收单并传递至应收款管理系统。

(四) 应收单审核与制单

2014-01-15,以账套主管刘芳的身份登录企业应用平台。

1. 执行【财务会计】|【应收款管理】|【应收款单据处理】|【应收单据审核】命令,勾选"包含已现结的发票",单击【确定】按钮,打开"应收单据列表"窗口,单击【全选】按钮,单击【审核】按钮,出现提示框。如图9-56所示。

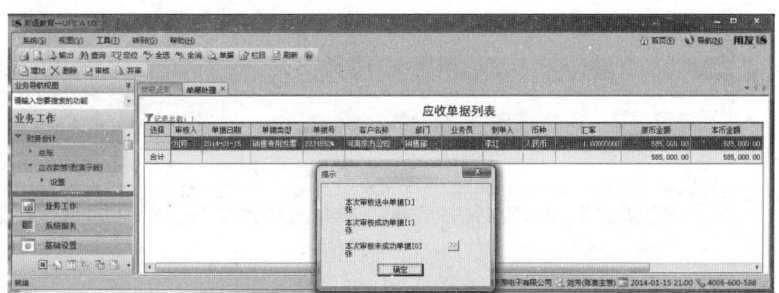

图9-56 应收单据列表窗口

2. 执行"制单处理"命令,选择【现结制单】,单击【确定】按钮,选择需要制单的记录,凭证类别选择"收款凭证",单击【制单】,系统生成凭证,单击【保存】按钮。单击【退出】按钮。如图9-57所示。

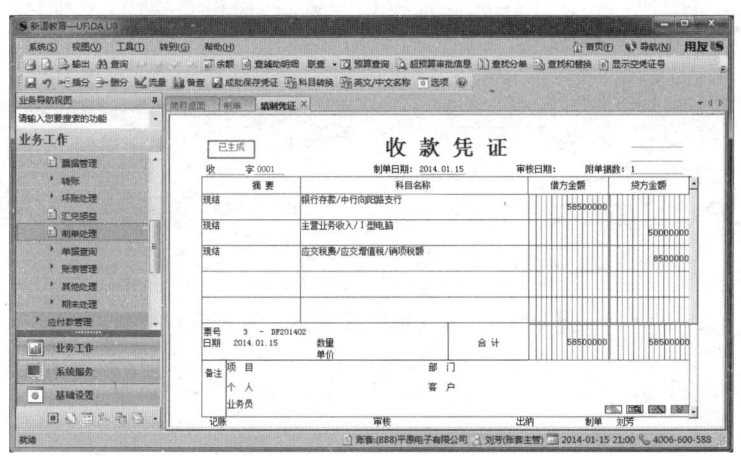

图9-57 现结凭证窗口

提　　示

- 应收单需要在应收款管理系统审核确认后，才能形成应收款项。
- 应收单如果是现结，则必须在应收款管理系统审核后，才能确认收取的款项。
- 应收单审核后才能制单。
- 已制单的应收单不能直接删除。若需删除，则需要先删除凭证，再对应收单"弃审"后才能删除。

（五）确认销售成本

2014 - 01 - 31，以账套主管刘芳的身份登录企业应用平台。

1. 执行【供应链】|【存货核算】|【业务核算】|【正常单据记账】命令，打开"查询条件"窗口。

2. 单击【确定】按钮，打开"正常单据记账列表"窗口，单击【全选】按钮。如图 9 - 58 所示。

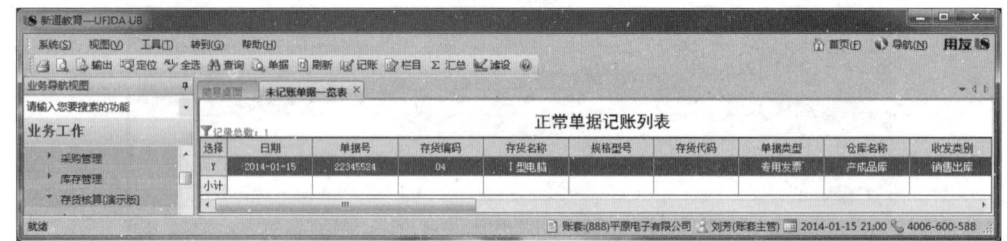

图 9 - 58　正常单据记账列表窗口

3. 单击【记账】按钮，系统提示"记账成功"。

4. 执行【财务核算】|【生成凭证】命令，单击【选择】按钮，打开【查询条件】窗口，单击【全消】按钮，勾选"销售专用发票"前的复选框。

5. 单击【确定】按钮，打开"未生成凭证单据一览表"窗口。单击【全选】按钮。如图 9 - 59 所示。

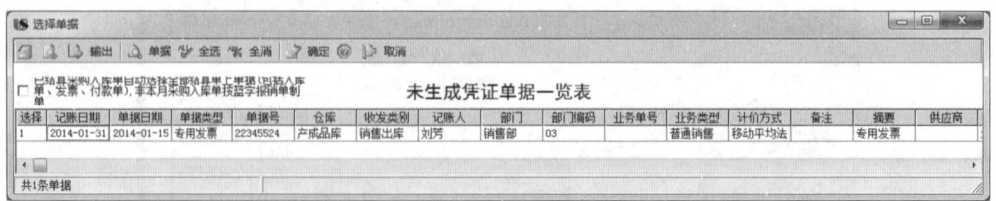

图 9 - 59　未生成凭证单击一览表窗口

6. 单击【确定】按钮，打开"生成凭证"窗口。如图 9 - 60 所示。

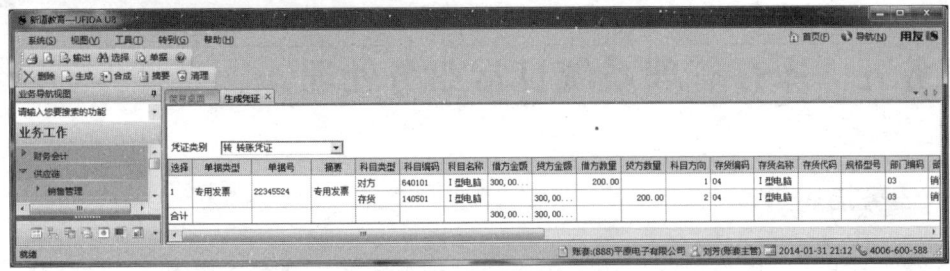

图 9 - 60　生成凭证窗口

7. 选择"转账凭证"，单击【生成】按钮，生成一张转账凭证，单击【保存】按钮。如图 9 - 61
所示。

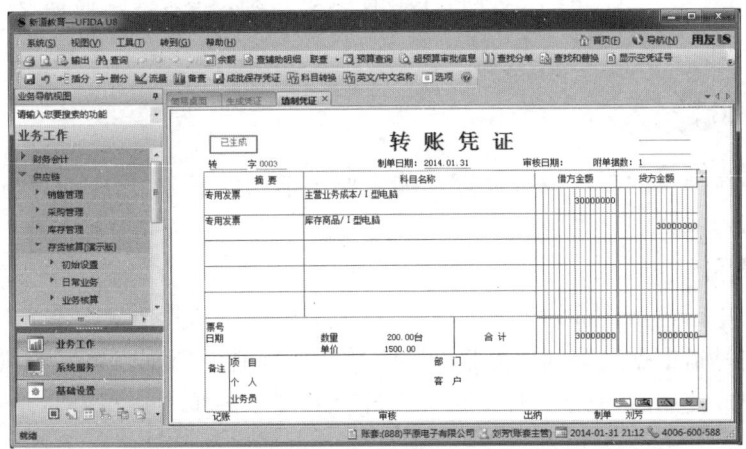

图 9 - 61　转账凭证窗口

提　示

- 由于存货核算系统选项中设置了销售成本核算方式为销售发票，所以可以根据销售发票生成结转销售成本的凭证。
- 企业可以根据每笔业务及时结转销售成本，生成结转凭证；也可以月末集中结转，合并生成结转凭证。
- 选择移动平均法，可以随时结算存货成本；如果选择全月加权平均法，则只能在月末计算存货单位成本。
- 采购发票需要在存货核算系统记账，但可以在采购发票记账前制单，也可以在采购发票记账后制单。

任务五　库存管理系统日常业务处理

一、任务描述

1月份平原电子有限公司已启用了供应链管理系统。以账套主管刘芳的身份登录企业应用平台,操作日期2014-01-31,在库存管理系统进行如下业务处理。

1. 填写材料出库单。1月26日,仓库填写材料出库单,从原材料库发出鼠标100个,用于Ⅰ型电脑的生产。

2. 存货盘点。1月31日,对原材料库的存货进行盘点,发现键盘盘亏2个,原因尚未查明。

二、知识链接

库存管理系统提供的日常业务处理功能主要包括入库业务、出库业务、调拨业务、盘点业务、限额领料业务等。

(一) 入库业务

入库业务的单据包括日常的采购入库单、产成品入库单和其他入库单。

采购入库单是指根据采购到货签收的实收数量所填制的单据。当采购管理子系统与库存管理子系统集成使用时,采购入库单可以在库存管理子系统中根据到货单、采购发票等生成;当单独使用时,就需要手工录入了。产成品入库单是指产成品验收入库时所填制的入库单据。一般只包括数量,而没有单价和金额,因为产成品入库时还无法核算出产品的总成本和单位成本。其他入库单是指除以上两种入库之外的其他入库业务的入库单据,如调拨入库、盘盈入库等。

(二) 出库业务

出库业务的单据包括销售出库单、材料出库单和其他出库单。

销售出库单是指产成品销售出库时所填制的出库单据。它是核算存货成本的重要依据。材料出库单是领用材料时所填制的出库单据,它只存在于有生产过程的工业企业,像商业企业是没有此单据的。其他出库单是指除销售出库、材料出库以外的其他出库业务的单据,如调拨出库、盘亏出库等。

(三) 其他业务

其他业务处理是指除出入库业务之外的其他库存管理业务,包括库存调拨业务、存货盘点业务、组装与拆卸业务等。

调拨业务是指仓库之间的存货进行转库或部门之间的存货进行调拨的业务。盘点业务是为了保证企业资产安全,以及账实一致而必做的工作之一。每个企业都要定期或不定期地对存货进行清查。

三、任务实施

(一) 填写材料出库单

1. 2014-01-31，以账套主管刘芳的身份登录企业应用平台，在"业务工作"选项卡下，执行【供应链】|【库存管理】|【出库业务】|【材料出库单】命令，打开"材料出库单"窗口。

2. 单击【增加】按钮，选择仓库"原材料库"，输入备注："生产Ⅰ型电脑用"，选择材料编码"03"，输入数量"100"，单击【保存】按钮。

3. 单击【审核】按钮，系统提示"该单据审核成功！"，单击【确定】按钮，单击【退出】按钮，退出"材料出库单"窗口。如图9-62所示。

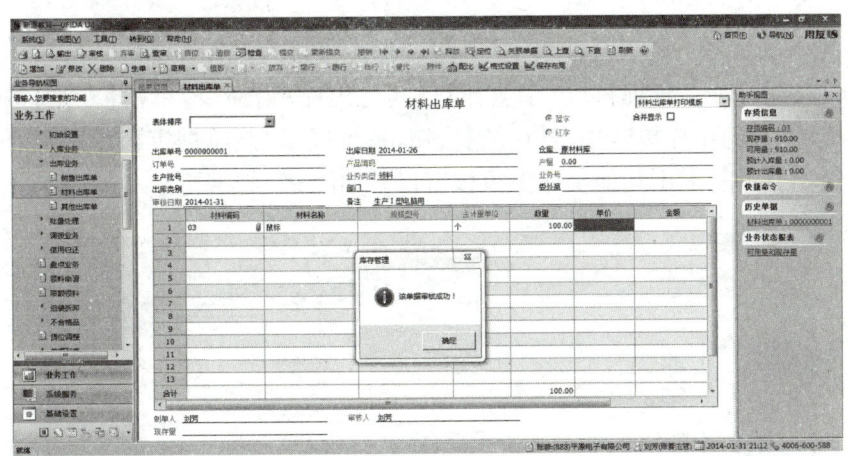

图9-62　材料出库单窗口

提　示

● 此项材料出库业务在库存管理系统录入出库单并审核后，还应在存货核算系统执行记账并生成"生产领料"的记账凭证，这一步骤将在后续存货核算系统中完成。

(二) 存货盘点

1. 填制盘点单

(1) 执行【供应链】|【库存管理】|【盘点业务】命令，打开"盘点单"窗口。

(2) 单击【增加】按钮，选择盘点仓库为"原材料库"，输入存货编码"02"，显示账面数量"650"，修改盘点数量为"648"，显示盘亏2个。单击【保存】按钮。

(3) 单击【审核】按钮，审核填制的盘点单。如图9-63所示。

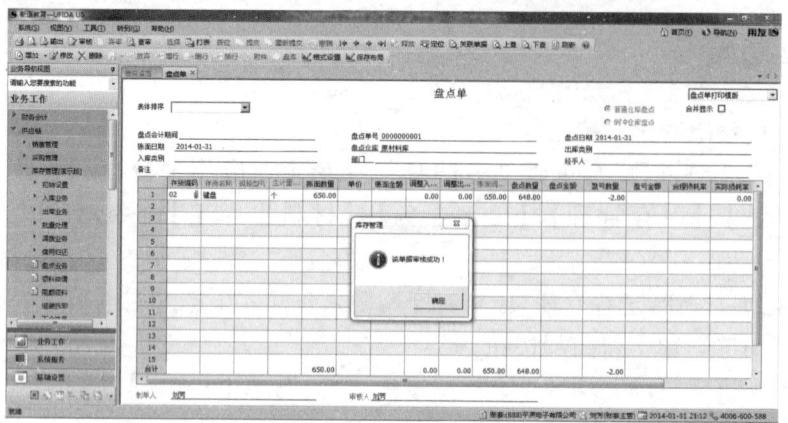

图 9 - 63　盘点单窗口

2. 审核其他出库单

执行【供应链】|【库存管理】|【出库业务】|【其他出库单】命令,单击【末张】按钮,找到盘点单自动生成的"其他出库单",单击【审核】按钮,系统提示"该单据审核成功!",单击【确定】按钮,单击【退出】按钮,退出其他出库单审核窗口。如图 9 - 64 所示。

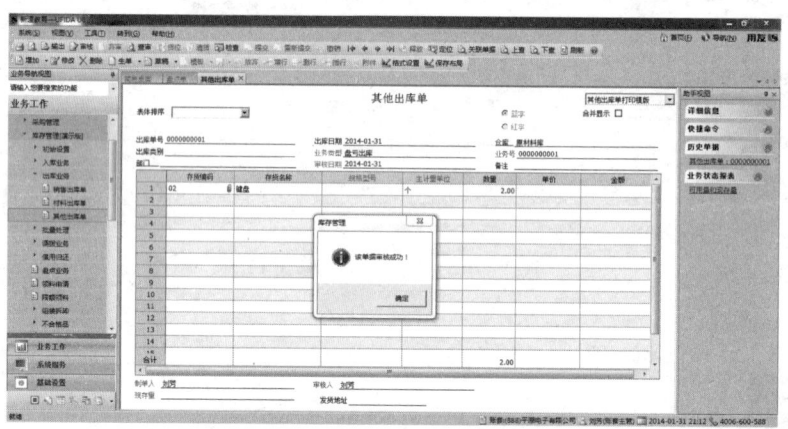

图 9 - 64　其他出库单审核窗口

提　示

- 盘点单的账面数量系统自动带出,不可修改。
- 盘点单的盘点数量默认显示为账面数量,如果实盘数与账面数不一致,可进行修改。
- 盘点单审核后,系统自动根据盘点结果生成其他入库单或其他出库单。
- 对其他入库单和其他出库单审核后,才能在存货核算系统编制记账凭证。

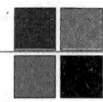

任务六　存货核算系统日常业务处理

一、任务描述

1月份平原电子有限公司已启用了供应链管理系统。以账套主管刘芳的身份登录企业应用平台，操作日期2014-01-31，在存货核算系统进行如下业务处理。

1. 1月26日，原材料库发出鼠标100个，用于Ⅰ型电脑的生产，对此业务进行记账，编制生产领料记账凭证。

2. 1月28日，键盘盘亏2个，对此业务进行记账，并编制盘亏记账凭证。

二、知识链接

存货核算系统以各种入库单据、出库单来体现存货进出仓库的业务，主要核算企业日常存货的各项入库成本、出库成本以及结余成本。同时监督反映存货的进出、保管情况，存货资金的占用情况。总结来讲，存货核算系统的日常业务就是进行存货核算业务数据的录入与成本核算。在与其他供应链子系统集成使用时，本系统主要是对库存管理系统传递来的出入库单据进行查询、修改和成本计算。而独立使用时则是完成各出入库单据的增加、修改、查询、调整及成本计算。

（1）入库业务

入库业务涉及的单据有从外部采购物资形成的"采购入库单"；自制产品形成的"产成品入库单"；盘点、调拨、组装等业务形成的"其他入库单"。入库业务流程有三个步骤：一是单据录入。当存货核算系统独立使用时，直接录入各项单据即可。集成应用时，在库存管理子系统中录入入库单，其中入库单只录入存货数量，传递至存货核算系统后录入单价与金额。二是入库单记账。三是入库单制单，并将凭证传递至账务子系统。

（2）出库业务

出库业务涉及的单据有销售商品形成的"销售出库单"；生产领用材料形成的"材料出库单"；盘点、调拨、组装等业务形成的其他出库单。出库业务流程有三个步骤：一是单据录入，录入形式同入库业务一样。二是出库单记账。三是出库单制单，并将凭证传递至账务子系统。

（3）调整业务

当企业发生了录入错误、某些原因造成出库成本不准确、库存数量为0但仍有金额等情况时，我们需要做出入库调整业务。调整业务涉及的单据主要是"出库调整单"与"入库调整单"等。出库调整单是对存货的出库成本进行调整的单据，它只调整金额而不调整数量。入库调整单是对存货的入库成本进行调整的单据，它同样只调整金额而不调整数量。

三、任务实施

1. 执行【供应链】|【存货核算】|【业务核算】|【正常单据记账】命令,打开"过滤条件选择对话框"窗口,单击【过滤】按钮,打开"正常单据记账列表"窗口。如图 9-65 所示。

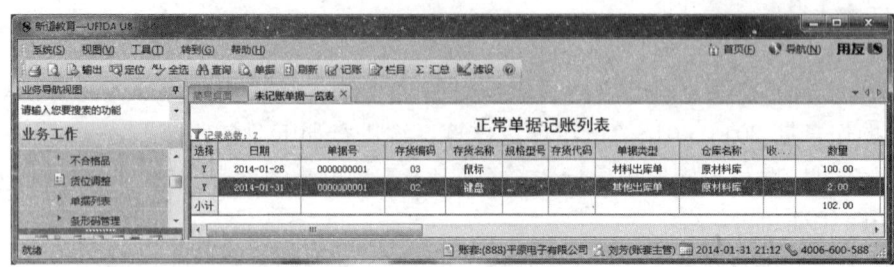

图 9-65　正常单据记账列表窗口

2. 选择要记账的单据,单击【记账】按钮,系统提示"记账成功"。单击【确定】按钮,单击【退出】按钮,退出正常单据记账窗口。

3. 执行【供应链】|【存货核算】|【财务核算】|【生成凭证】命令,打开"生成凭证"命令窗口。单击【选择】按钮,打开"查询"条件对话框,单击【全消】按钮,勾选"材料出库单"与"其他出库单"前的复选框,单击【确定】按钮,打开"选择单据"窗口。如图 9-66 所示。

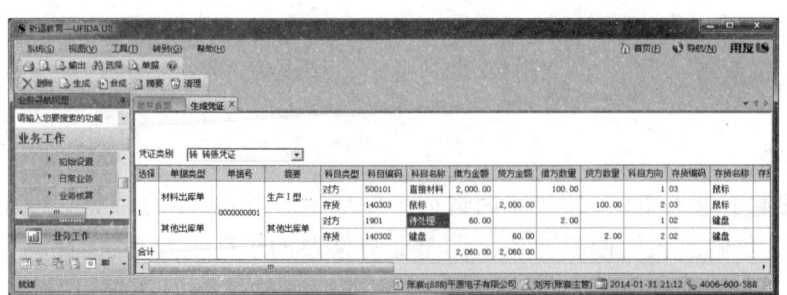

图 9-66　未生成凭证单据一览表窗口

4. 选择要生成凭证的单据,单击【确定】按钮。打开"生成凭证"窗口,单击【全选】按钮,单击【生成】按钮,打开"生成凭证"窗口,选择凭证类别"转　转账凭证",分别输入两张原始凭证对应的对方科目编码"500101"、"1901"。如图 9-67 所示。

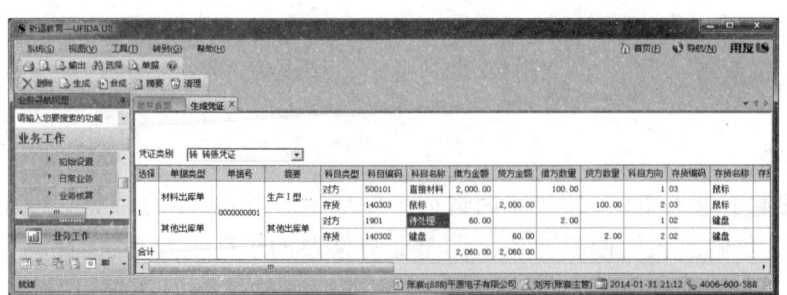

图 9-67　生成凭证窗口

5. 单击【生成】按钮,系统生成原材料盘亏的记账凭证。单击【保存】按钮,凭证上出现

"已生成"标志。单击【下张】按钮,显示领用原材料凭证,添加"生产成本——直接材料"科目项目大类为"Ⅰ型电脑",单击【保存】按钮,凭证上出现"已生成"标志,系统自动将当期凭证传递到总账管理系统,以待审核记账。如图9-68、9-69所示。

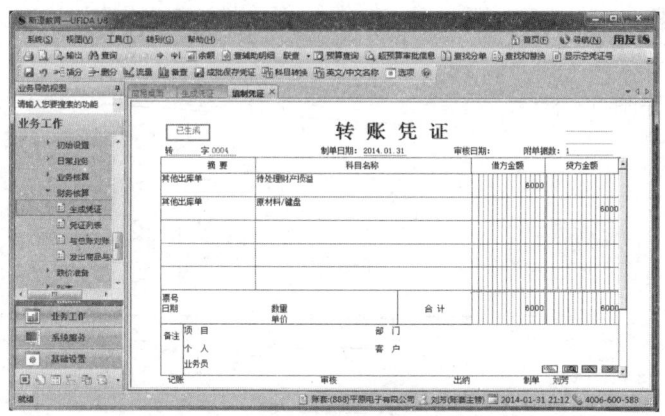

图9-68 "生成凭证"窗口

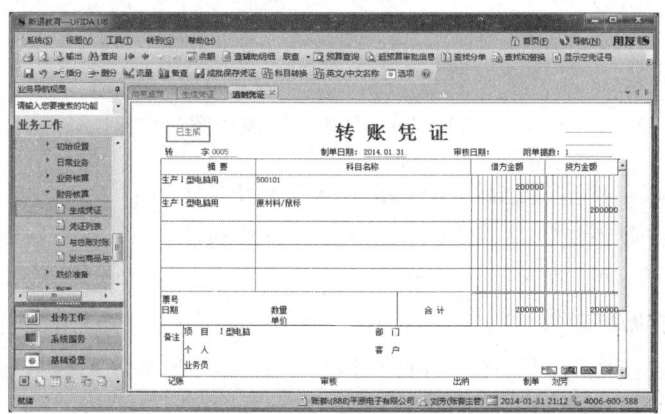

图9-69 "生成凭证"窗口

任务七 供应链各系统期末处理

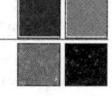

一、任务描述

1月份平原电子有限公司的日常业务已处理完毕,1月31日以账套主管刘芳的身份登录企业应用平台,进行如下操作:

1. 办理销售管理系统月末结账。
2. 办理采购管理系统月末结账。
3. 办理库存管理系统月末结账。
4. 在存货核算系统进行期末处理,办理存货核算系统月末结账。

二、知识链接

当企业启用了用友 ERP 系统,对总账管理系统、应收款管理系统、应付款管理系统、采购管理系统、销售管理系统、库存管理系统、存货核算系统,集成使用时,月末结账需要遵循一定的结账顺序。

具体要求见流程图 9-70:

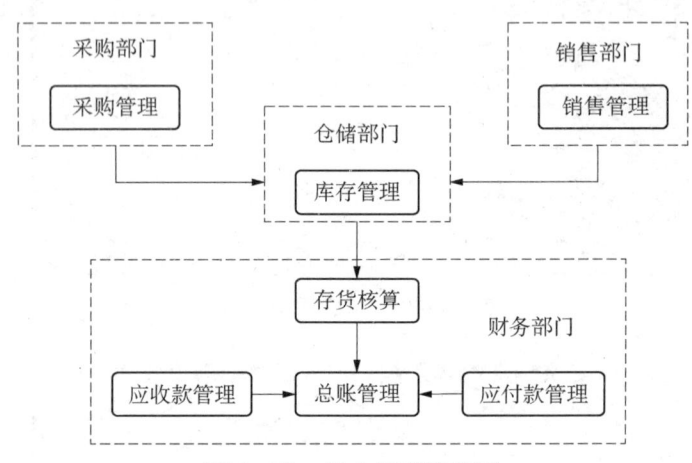

图 9-70　月末结账流程图

除按照以上结账顺序进行结账外,还需注意以下几个方面:

(1) 用户须检查业务核算是否完整,是否有漏处理的业务,只有当月所有工作全部完成,才能进行月末结账。

(2) 结账前注意做好数据备份工作,否则数据一旦发生错误,将给工作带来很大的难度。

(3) 结账月份要按照时间顺序,不可跨月,且上月未结账本月不能结账。

(4) 取消结账时也要按照相反的时间顺序,只能从最后一个月逐月取消。

(5) 期初未记账,本月不能结账。

三、任务实施

(一) 销售管理系统月末结账

1. 在企业应用平台"业务工作"选项卡下,执行【供应链】|【销售管理】|【月末结账】命令,打开"结账"对话框。

2. 系统默认要结账的月份为 1 月,单击【结账】按钮,系统会弹出提示对话框,单击【否】按钮,完成结账。如图 9-71 所示。退出结账窗口。

(二) 采购管理系统月末结账

在企业应用平台"业务工作"选项卡下,执行【供应链】|【采购管理】|【月末结账】命令,打开"结账"对话框。单击【结账】按钮,完成结账。如图 9-72 所示。单击【退出】按钮,退出结账窗口。

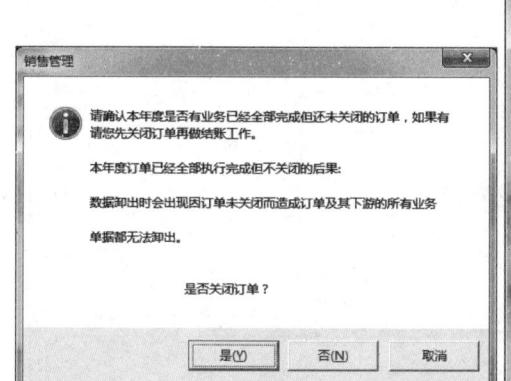

图 9 - 71 结账窗口

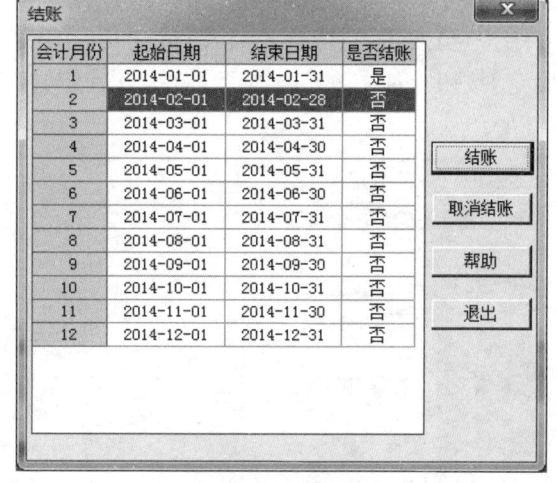

图 9 - 72 结账窗口   图 9 - 73 结账窗口

（三）库存管理系统月末结账

1. 在企业应用平台"业务工作"选项卡下，执行【供应链】|【库存管理】|【月末结账】命令，打开"结账处理"对话框。

2. 单击【结账】按钮，完成结账。如图 9 - 73 所示。单击【退出】按钮，退出结账窗口。

（四）存货核算系统期末处理与月末结账

1. 在企业应用平台"业务工作"选项卡下，执行【供应链】|【存货核算】|【业务核算】|【期末处理】命令，打开"期末处理"对话框，系统默认未进行处理的仓库为原材料库和产成品库。

2. 单击【处理】按钮，系统提示"期末处理完毕！"，单击【确定】按钮。如图 9 - 74 所示。单击【退出】按钮，退出期末处理窗口。

3. 执行【供应链】|【存货核算】|【业务核算】|【月末结账】命令，打开"结账"对话框，单击

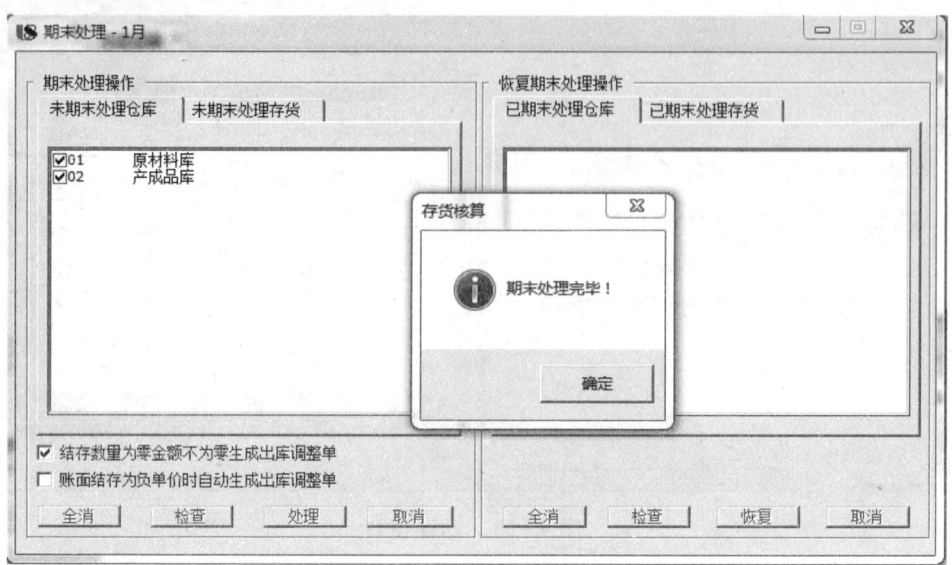

图 9 - 74   期末处理完毕窗口

【月结检查】按钮,系统提示"检测成功!",单击【结账】按钮,显示"月末结账完成"对话框单击【确定】按钮。如图 9 - 75 所示。单击【确定】按钮,退出结账窗口。

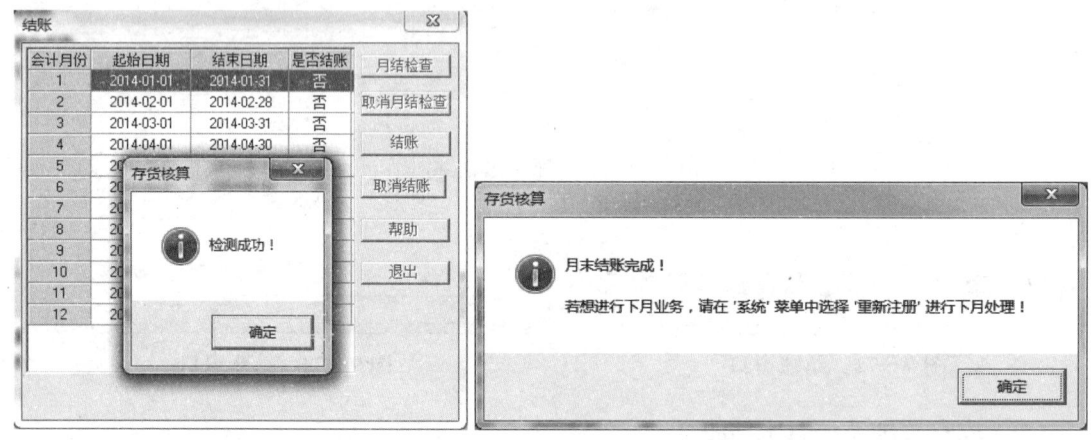

图 9 - 75   结账窗口

★★★★★ 小结 ★★★★★

本模块主要介绍了供应链管理系统的主要功能,讲解了供应链管理系统初始设置的主要内容和方法,重点讲解了采购管理系统、销售管理系统、库存管理系统、存货核算系统的基本业务处理流程和期末业务处理方法。

思考题

1. 供应链管理系统主要包括哪些功能？
2. 供应链管理系统初始化设置包括哪些内容？
3. 采购管理系统期初记账是如何操作的？
4. 普通销售业务的处理流程是怎样的？
5. 存货核算管理系统月末是如何结账的？

项目十
UFO 报表管理系统

知识目标

1. 熟悉报表系统的基本功能。

2. 理解报表编制的原理及流程。

3. 掌握报表系统格式设计的内容与方法。

4. 掌握报表系统数据处理、表页管理及图表功能等操作。

能力目标

1. 能结合企业实际,通过自定义报表生成报表数据。

2. 能结合企业实际,利用报表模板生成报表数据。

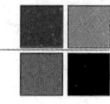

任务一 认知 UFO 报表管理系统

会计报表是综合反映企业某一特定日期或某一会计期间经营成果、现金流量的书面文件,是财务部门提供给内部与外部机构会计信息的一种重要方式。日常会计核算资料如凭证、账簿反映的财务信息较分散,难以帮助经营者宏观掌握企业基本运营情况,因此通过编制会计报表对企业整体核算信息进行归类总结能更加直观简明地反映企业财务信息。所以会计信息化中 UFO 报表管理子系统在整个会计信息系统中占据非常重要的地位。下面我们先来了解 UFO 报表管理系统的相关知识。

一、UFO 报表管理系统的主要功能

用友 ERP-U8V10.1 软件中的 UFO 报表管理系统可提供多个行业的常用会计报表,其主要功能包括:文件管理、格式管理、数据处理、图表、打印等。如图 10-1 所示。

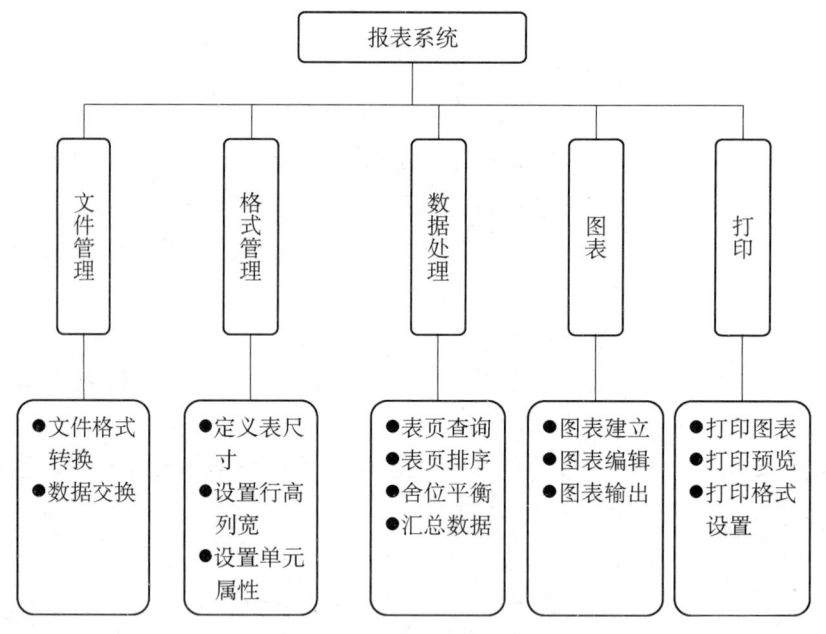

图 10-1 报表系统功能图

1. 文件管理功能。提供对报表文件的创建、读取、保存和备份,并对多种文件格式提供转换功能,如 txt 文件、Excel 文件、MDB 文件等。可以通过导入、导出功能实现不同财务软件之间的数据交换。

2. 格式管理功能。提供多种格式设计功能,如定义组合单元、画表格线、调整行高列宽、设置字体颜色等,满足报表编制的各种需要。

3. 数据处理功能。通过固定的格式来管理大量不同数据的表页,最多能达到 99 999 张同一格式的报表资料在一个报表文件中进行管理。每张表页之间还可以建立有机联系。同

时提供查询、排序、舍位平衡、汇总等功能。

4.图表功能。将数据以图形的方式表示出来,包括直方图、立体图、圆饼图、折线图等十多种图式的分析图表,并能对图表的位置、标题、大小、颜色等进行编辑、打印输出。

5.打印功能。提供打印图表功能,打印时还能选择打印格式或数据,可设置表头表尾,可缩放打印、横向纵向打印。

二、UFO 报表管理系统与其他子系统的关系

UFO 报表管理系统主要从其他财务子系统中提取数据汇总生成。包括:总账管理系统、应收应付款管理系统、固定资产款管理系统、薪资管理系统、供应链管理系统。数据来源主要是总账管理系统的会计账簿和会计凭证、其他报表或者人工直接输入的数据。报表系统通过数据传递功能,生成财务所需的各种会计报表。各子系统是报表生成的基础,报表是各子系统数据的综合体现。

三、UFO 报表管理系统的基本操作流程

UFO 报表管理系统的基本操作流程包括:(1)创建新表;(2)设计报表格式;(3)定义数据公式;(4)数据录入与采集;(5)报表运算;(6)报表生成;(7)报表审核与汇总;(8)报表图形处理;(9)报表输出。

任务二 UFO 报表管理系统初始化设置

一、任务描述

平原电子有限公司已成功完成了账套号为"888"的公司账套的建立。从 2014 年 1 月 1 日起,启用了 UFO 报表管理系统,并在总账管理系统中进行了相关业务的实际操作,月末进行如下操作:

自定义一张报表。报表格式如表 10-1 所示。

表 10-1 货币资金表

编制单位:平原电子有限公司　　　　　　年　月　日　　　　　　单位:元

项目	行次	期初数	期末数
库存现金	1		
银行存款	2		
合计			

填表人:

报表格式要求：
(1) 行数为 7,列数为 4；
(2) 行高为 8 毫米、列宽 30 毫米；
(3) 第一行设为组合单元；
(4) "货币资金表"字体为黑体,字号为 16；
(5) A2 单元格"年""月""日"为关键字,设置偏移量分别为"-160""-120""-90"。

报表公式要求：
(1) 库存现金期初数：＝QC("1001",月)；
(2) 库存现金期末数：＝QM("1001",月)；
(3) 银行存款期初数：＝QC("1002",月)；
(4) 银行存款期末数：＝QM("1002",月)；
(5) 期初数合计：C6＝C4＋C5；
(6) 期末数合计：D6＝D4＋D5。

二、知识链接

UFO 报表管理系统中有诸多基本术语,了解其基本概念有助于我们对本章节的学习。

1. 报表结构。资产负债表、利润表、现金流量表的格式一般由四个基本要素组成：标题、表头、表体和表尾。

2. 格式状态与数据状态。在格式状态下设置报表的格式,如表尺寸、行高列宽、单元属性、关键字等。在数据状态下管理报表的数据,如数据的输入、增加、审核,舍位平衡,计算汇总,制作图形等。

3. 单元及单元属性。表中的方格称为单元,用于填制数据。每个单元可用一个名字来标识,称为单元名。单元属性包括单元类型、对齐方式、字体颜色、表格边框等。单元类型有数值型、字符型和表样型。

4. 区域与组合单元。区域由一张表页上的一组单元组成,在 UFO 表中,最大的区域是整个表页,最小的区域是一个单元。组合单元由相邻的两个或多个单元组成,UFO 表在处理报表时将组合单元视为一个单元。

5. 关键字。关键字是一种特殊的数据单元,可以用来标识唯一的表页。关键字的显示位置在格式状态下设置,关键字的值则是在数据状态下录入,每个报表可以定义多个关键字。UFO 报表提供的关键字有：单位名称、单位编号、年、季、月、日等。

三、任务实施

以账套主管刘芳的身份注册企业应用平台,操作日期"2014-01-31"。

(一) 启动 UFO 报表管理系统

1. 执行【财务会计】|【UFO 报表】命令,打开"UFO 报表"对话框,系统提示"日积月累",单击【关闭】按钮。

2. 单击工具栏中的【新建】按钮,打开一张空白表页,报表名默认为 report1。如图 10-2 所示。

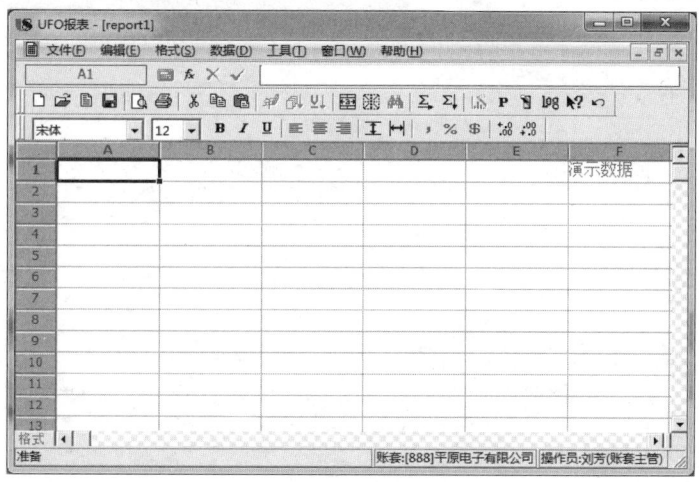

图 10-2　UPO 报表——report1

(二) 自定义货币资金表

1. 报表格式定义

(1) 执行【格式】|【表尺寸】命令,打开"表尺寸"设置窗口。输入报表的行数"7",列数"4",单击【确认】按钮,系统自动将报表显示区域的空白表按照所设置的行列数进行显示,而不显示整张空白表页。如图 10-3 所示。

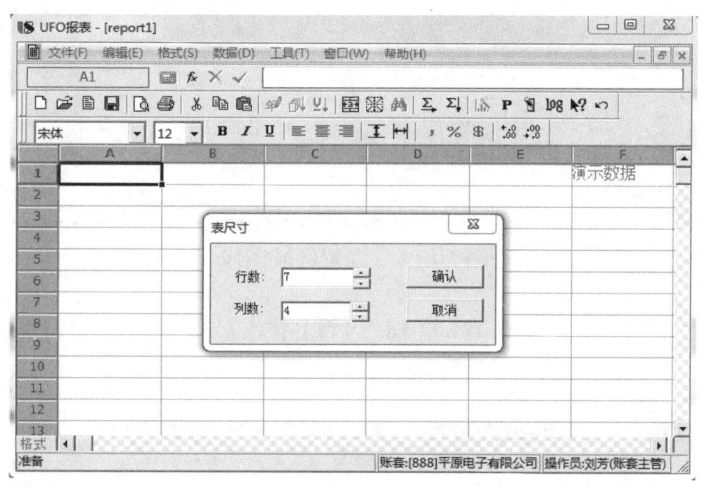

图 10-3　设置表尺寸

(2) 执行【格式】|【行高】命令,选中 A1 单元格,打开"行高"设置窗口,输入报表行高"8",单击【确认】按钮。

(3) 选中第一行各单元,执行【格式】|【组合单元】命令,打开"组合单元"对话框,单击【整体组合】按钮,该行的所有单元被合并为一个组合单元。同理组合第二行各单元。如图 10-4 所示。

(4) 选中 A3：D6 区域,执行【格式】|【区域画线】命令,打开"区域画线"对话框,勾选线型"网线"前的单选框,单击【确认】按钮。如图 10-5 所示。

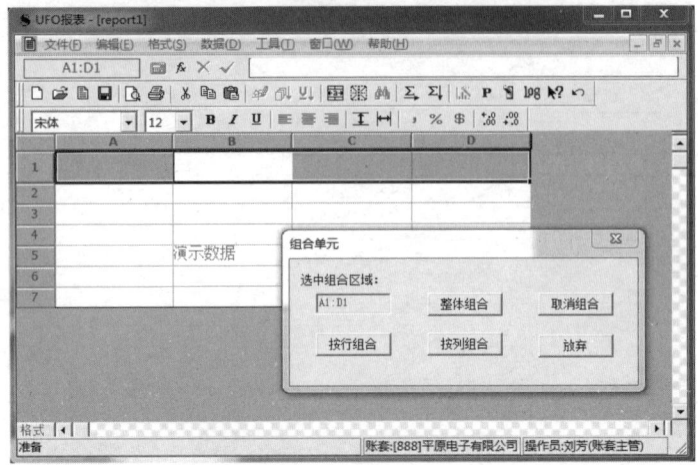

图 10-4　设置组合单元

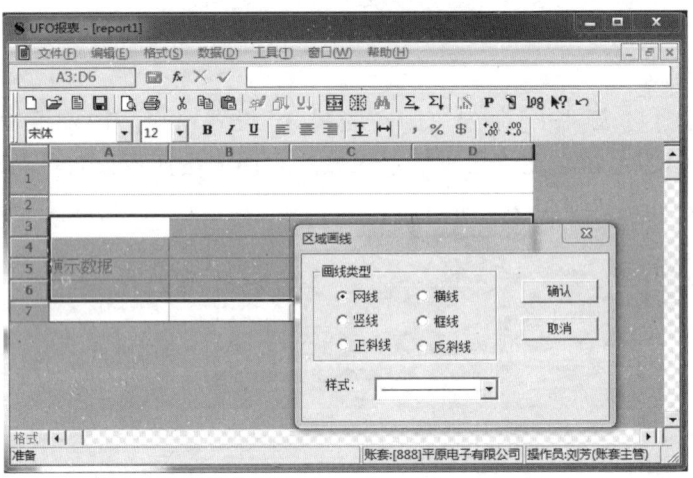

图 10-5　设置区域画线

　　（5）输入报表文字内容。选中 A：D 列，执行【格式】|【列宽】命令，输入列宽"30"。如图 10-6 所示。

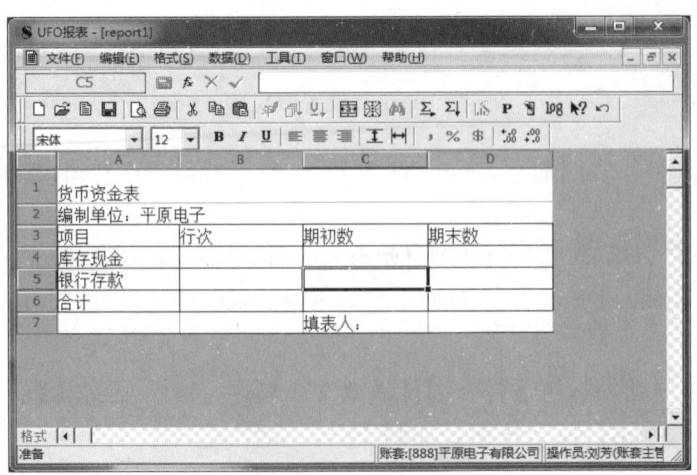

图 10-6　设置列宽

（6）选中单元格 A1，执行【格式】|【单元属性】命令，打开"单元格属性"对话框。单击"字体图案"选项卡，字体选择"黑体"，字号选择"16"，单击"对齐"选项卡，水平与垂直方向都选"居中"，单击【确认】按钮。如图 10 - 7 所示。

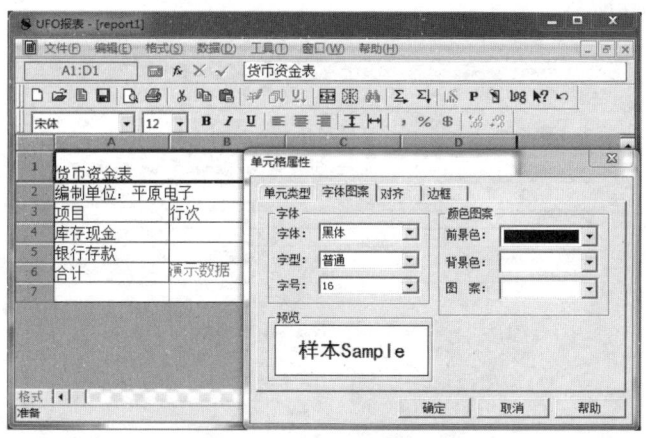

图 10 - 7　设置单元格属性

（7）选中单元格 D7，执行【格式】|【单元属性】命令，打开"单元格属性"对话框。单击"单元类型"选项卡，单击"字符"选项。如图 10 - 8 所示。单击【确定】按钮。

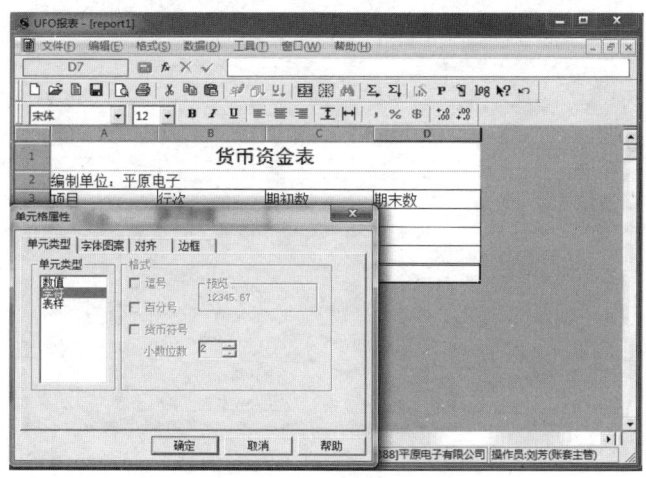

图 10 - 8　设置字符

提　示

- 格式状态下输入内容的单元格是表样单元，对所有表页有效。
- 未输入数据的单元格默认为数值单元，在数据状态下可以输入数值。如果想输入字符，比如姓名，则需要将此空白格定义为字符单元。

（8）选择单元格 A2，执行【数据】|【关键字】|【设置】命令，打开"设置关键字"窗口，选择关键字"年"前的复选框，单击【确定】按钮。如图 10-9 所示。执行【数据】|【关键字】|【偏移】命令，打开"定义关键字偏移"对话框，输入偏移量年"-160"，月"-120"，日"-90"，输入单位"元"。如图 10-10 所示。

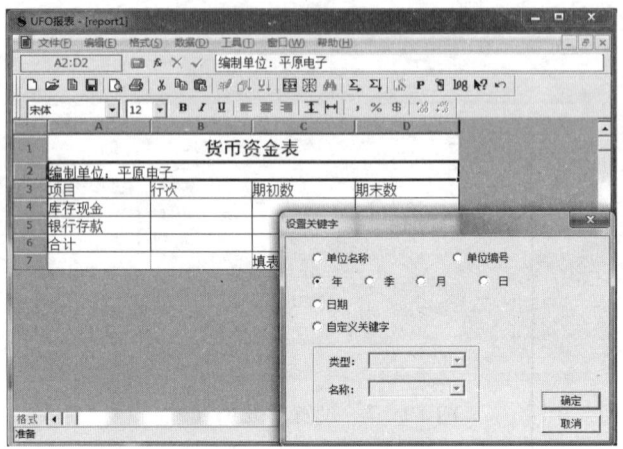

图 10-9 设置关键字

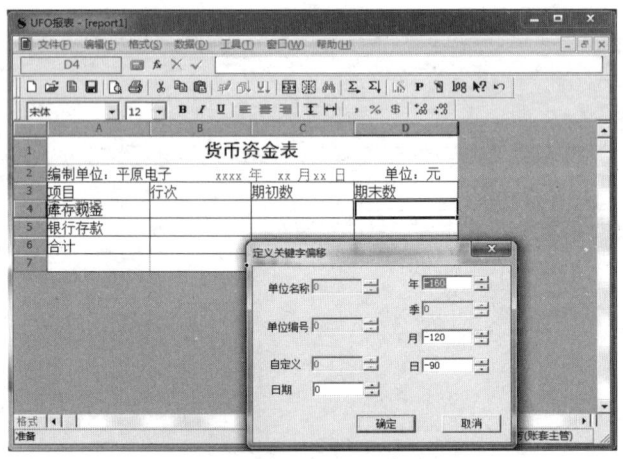

图 10-10 设置关键字偏移

提 示

- 单位和日期都可以被设置为关键字，关键字的位置可以通过偏移量来表示，负数值表示左移，正数值表示右移。
- 关键字设置不合理的，可以执行【数据】|【关键字】|【取消】命令，选择需要取消的项目的复选框，单击【确定】按钮。

2. 报表公式定义

(1) 选定单元格 C4，执行【数据】|【编辑公式】命令，打开"定义公式"对话框。输入总账期初函数公式：QC("1001"，月)，单击【确定】按钮。如图 10-11 所示。

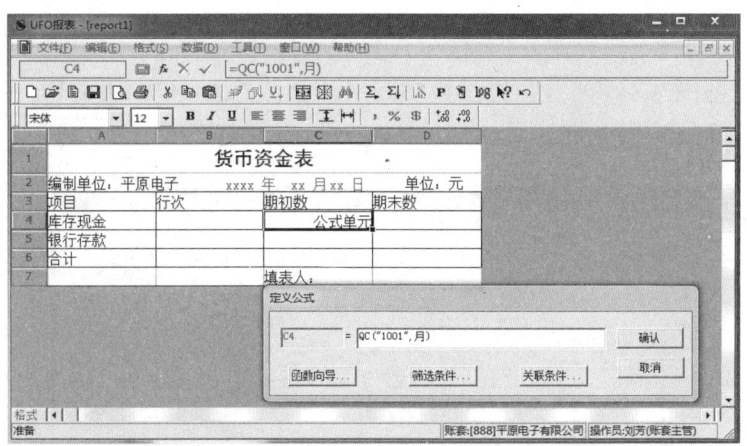

图 10-11 设置单元格公式

(2) 选定单元格 D4，单击键盘"="符号，打开"定义公式"对话框，单击【函数向导】按钮，打开"函数导向"对话框，函数分类选择"用友财务函数"，函数名选择"期末（QM）"，单击【下一步】按钮，打开"账务函数"对话框，单击【确定】按钮。如图 10-12 所示。

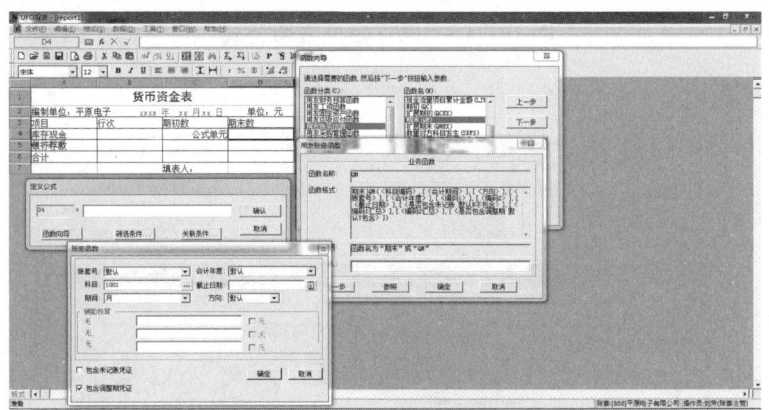

图 10-12 设置函数

提 示

- 公式中的符号都是英文半角字符。
- 公式可直接输入，也可通过函数向导设置。
- 单击"="符号或者" 𝑓𝑥 "按钮也可以打开"定义公式"对话框。

（3）重复上述操作，根据题设要求设置 C6 和 D6 的公式。

（4）如果想审核报表内或报表间的数据钩稽关系是否正确，可以执行【数据】|【编辑公式】|【审核公式】命令，如资产负债表中的"资产＝负债＋所有者权益"，本货币资金表不需设置。

（5）执行【数据】|【编辑公式】|【舍位公式】命令，打开"舍位平衡公式"对话框。输入舍位表名"swb"，舍位范围"C4：D6"，舍位位数"3"，平衡公式"C6＝C4＋C5，D6＝D4＋D5"，单击【完成】按钮。如图 10-13 所示。

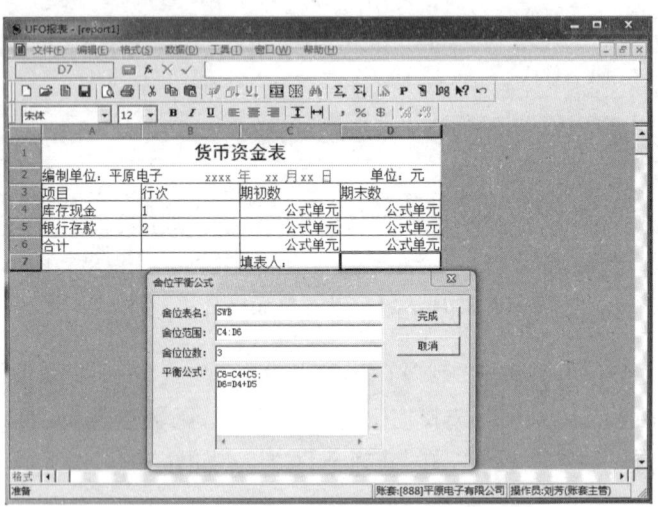

图 10-13 设置舍位平衡公式

3. 保存报表格式

执行【文件】|【保存】命令，选择要保存的文件夹，输入报表文件名"货币资金表"，默认保存类型为"＊rep"。如图 10-14 所示。

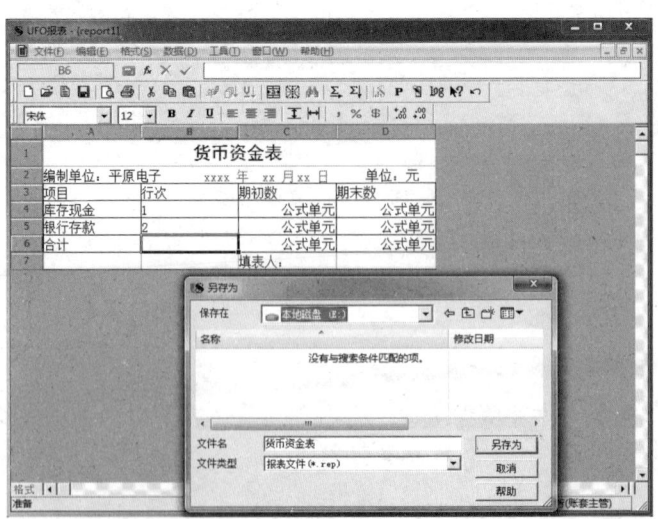

图 10-14 文件保存

● 报表格式设置完毕后要及时保存下来,方便后期随时调取。
● 如果没有保存报表就退出,系统会提示:"是否保存报表?",以防止误操作。
● 用友报表的类型统一是"＊rep"。

任务三　UFO 报表数据处理

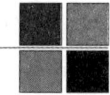

一、任务描述

1. 在自定义报表的基础上,生成 2014 年 1 月 31 日的货币资金表。
2. 了解表页管理与图表功能。

二、知识链接

在报表格式设计工作完成以后,就可以进行报表数据处理了。报表数据处理主要包括报表数据生成、报表审核、报表舍位平衡处理、图标处理、报表输出等内容。

1. 报表编制的主要任务是根据预先设定的公式完成报表数据的采集和计算,得到完整的数据表。利用报表子系统编制报表的一般步骤如下所示:

(1) 打开报表文件。

(2) 输入关键字:不同会计期间企业经营的数据有所不同,如何判定本表页数据取自哪个单位、哪个会计期呢? 在系统中是通过设置关键字来识别的,因此在生成报表数据前的重要步骤就是录入关键字的值。

(3) 输入基本数据。

(4) 生成报表:在完成基本数据输入和关键字录入后,系统将自动根据计算公式从账务子系统中或其他子系统中采集数据,进行计算,生成报表。在生成报表的过程中,系统将对公式的格式进行检查,如有语法或句法错误,系统将给予提示。

(5) 报表审核:报表设计生成后,如果设置了审核公式,系统将根据审核公式中设定的逻辑关系进行检查。

(6) 舍位平衡处理:如果设计了舍位平衡公式,还可以进行舍位平衡处理,生成舍位表。

2. 图表处理可以实现以图表的方式对数据进行直观分析的功能。报表子系统提供的图表格式一般包括直方图、圆饼图、折线图、面积图等,不同格式的图表的建立方法是类似的。由于图表是利用报表文件中的数据生成的,因此图表与报表存在着密切的联系,当报表中的源数据发生变化时,图表也随之变化。当报表文件被删除,由该报表生成的图表也同时被删除。

图表以图表窗口的形式存在,图表并不是独立的文件,它的存在依附于源数据所在的报表文件,只有打开报表文件后,才能打开相应的图表。我们对图表可以进行命名、修改、保存或删除等操作,也可以进行打印输出。

3. 表页管理包括插入、追加、删除表页功能,还可以对表页进行排序。表页排序是指报表子系统可以按照表页关键字的值或按照报表中任何一个单元的值重新排列表页,以方便用户查询和管理。

4. 报表数据管理主要包括对报表数据进行透视、汇总等。

(1)报表透视:在报表子系统中,大量的数据是以表页的形式分布的,正常情况下每次只能看到一张表页。如想对各个表页的数据进行比较,可以利用数据透视功能,将多张表页的多个区域的数据显示在一个平面上。数据透视的结果可以保存在报表中。

(2)数据汇总:是报表数据不同形式的叠加。通过数据汇总功能可以把结构相同、数据不同的两张报表经过简单叠加生成一张新的报表。在实际工作中,主要用于同一报表不同时期的汇总,以便得到某一期间的汇总数据,或者同一单位不同部门,同一张报表的汇总,以得到整个单位的合计数字。

三、任务实施

(一)启动财务报表系统

启动 UFO 报表系统,执行【文件】|【打开】命令,选择需要的报表文件"货币资金表. rep",单击【打开】按钮。单击表格左下角【格式】按钮,切换成【数据】状态。

(二)生成货币资金表数据

1. 执行【数据】|【关键字】|【录入】命令,打开"录入关键字"对话框,输入年"2014"、月"1"、日"31",单击【确认】按钮。如图 10 - 15 所示。

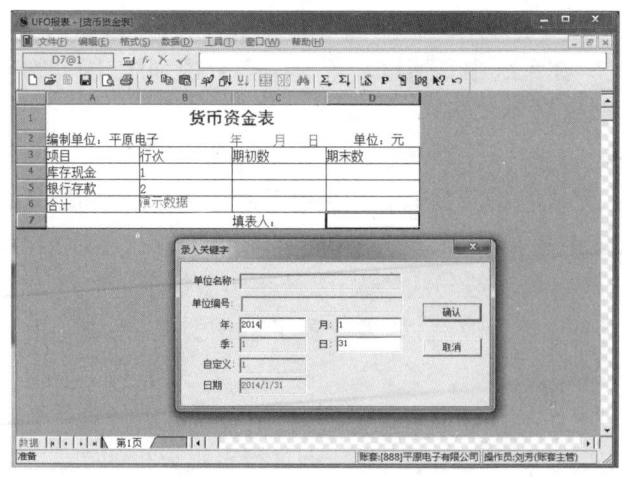

图 10 - 15　设置关键字

2. 弹出"是否重算第 1 页?"对话框,单击【是】按钮。系统会自动在初始账套和会计年度范围内根据单元公式计算生成数据。如图 10 - 16 所示。

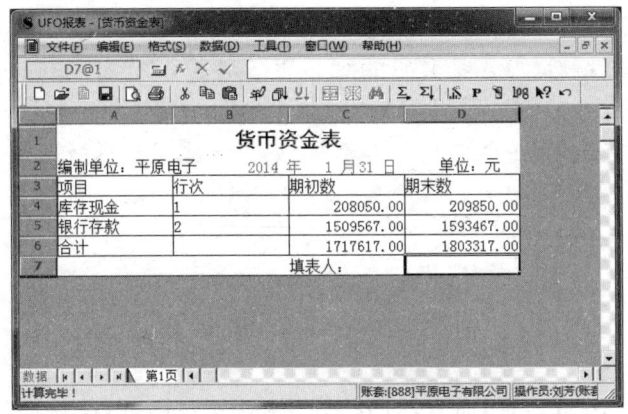

图 10 - 16 报表重算

提 示

- 报表系统有"格式"与"数据"两种状态,两种状态的切换可以通过左下角图标切换实现。
- 弹出"是否重算第 1 页?"对话框,如果单击【否】按钮,可以再通过执行【数据】|【整表重算】命令,重新获得报表数据。

3. 执行【数据】|【舍位平衡】命令,系统会自动根据前面设置的舍位要求进行舍位,并将舍位后的报表保存在"swb. rep"中。如图 10 - 17 所示。

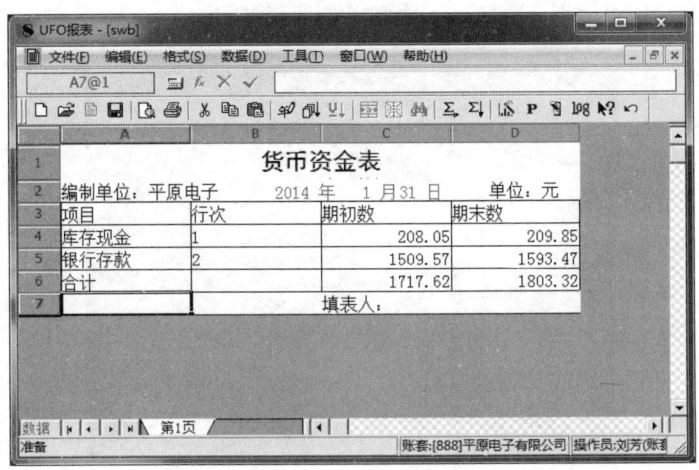

图 10 - 17 报表舍位操作

提 示

● 报表对外报送时,需按照要求对报表进行单位转换,如"元"转换成"千元",这时可以通过"舍位平衡"功能达到这一要求。
● 如果舍位公式有误,系统状态栏会提示"无效命令或错误参数"。

(三) 表页管理

1. 表页排序

执行【数据】|【排序】|【表页】命令,打开"表页排序"对话框,确认如下信息:选择第一关键值为"年",第二关键值为"月",排序方式都为"递增"。单击【确认】按钮。系统将自动把表页按年份递增顺序自动排列。如图 10-18 所示。

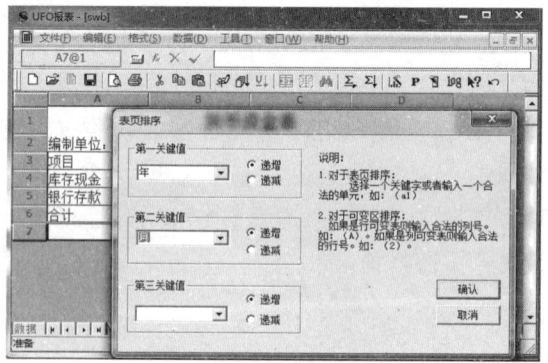

图 10-18 表页排序

2. 表页查找

执行【编辑】|【查找】命令,打开"查找"对话框。确认查找内容"表页"、查找条件"月＝1"。如图 10-19 所示。单击【查找】按钮,可查找到需要的表页。

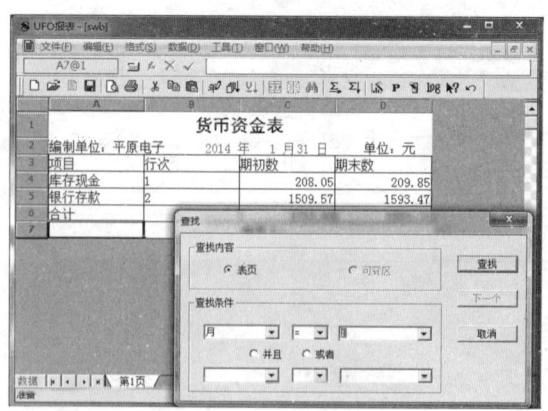

图 10-19 表页查找

（四）图表功能

1. 在格式状态下，执行【编辑】|【追加】|【行】命令，打开"追加行"对话框。输入追加行数"5"。如图 10 - 20 所示。

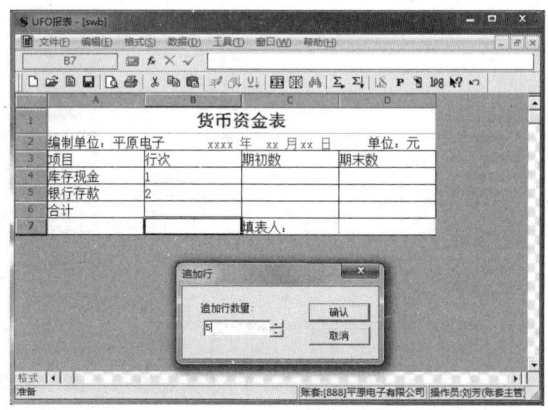

图 10 - 20　设置追加行

提　示

● 如果要删除多余行，只需执行【编辑】|【删除】|【行】命令即可。

2. 在数据状态下，选定区域 A3：D6，执行【工具】|【插入图标对象】命令，数据组选定"行"，操作范围"当前表页"，输入图表名称"货币资金分析图"，图表标题"资金分析"，X 轴标题"期间"，Y 轴标题"金额"，"选择成组折线图"。如图 10 - 21、10 - 22 所示。

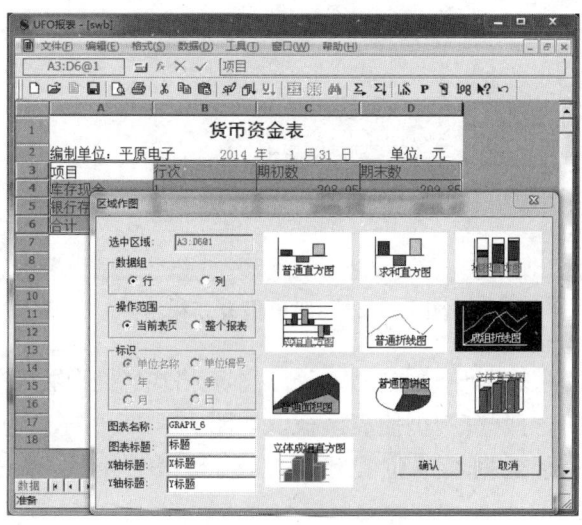

图 10 - 21　设置区域制图

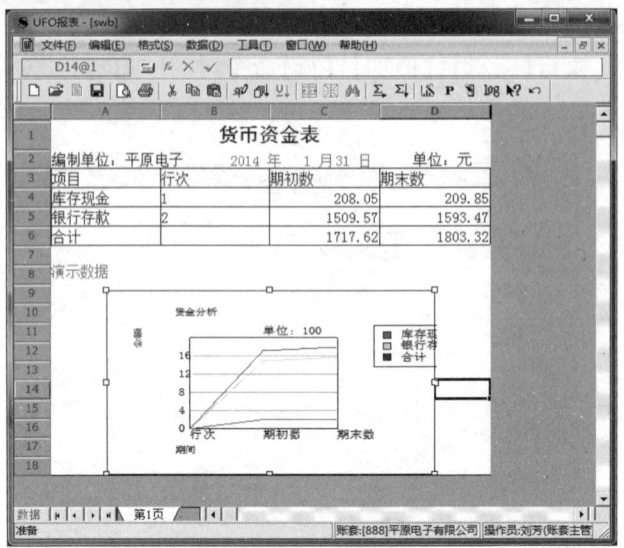

图 10 - 22　设置区域图

四、拓展提高

(一) 调用报表模板生成资产负债表

1. 在格式状态下,新建一张空白报表。

2. 执行【格式】|【报表模板】命令,打开"报表模板"对话框。

3. 选择"2007 年新会计制度科目",财务报表"资产负债表"。如图 10 - 23 所示。

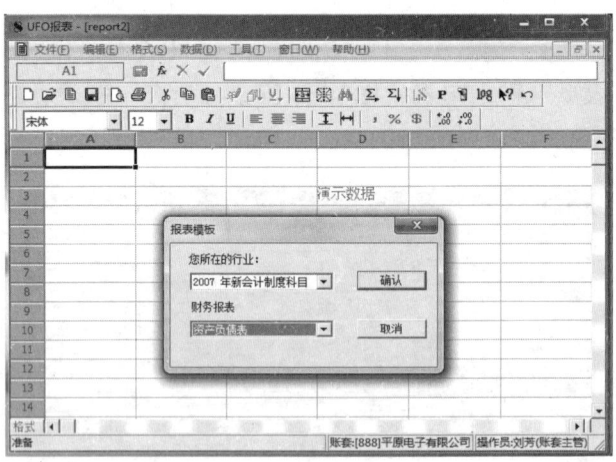

图 10 - 23　调用报表新模板

4. 单击【确认】按钮,系统弹出"模板格式将覆盖本表格式! 是否继续?"。如图 10 - 24 所示。

5. 单击【确定】按钮,打开资产负债表模板。如图 10 - 25 所示。

6. 在【格式】状态下,根据本单位实际情况,调整报表格式,修改公式。如图 10 - 26 所示。

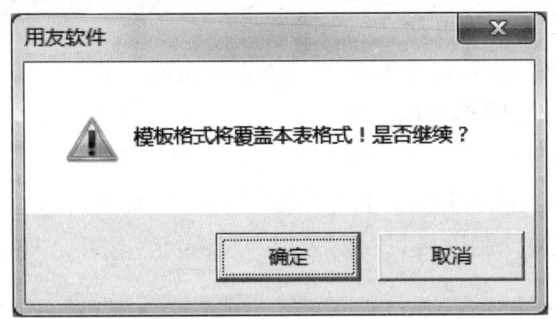

图 10 - 24　对话框

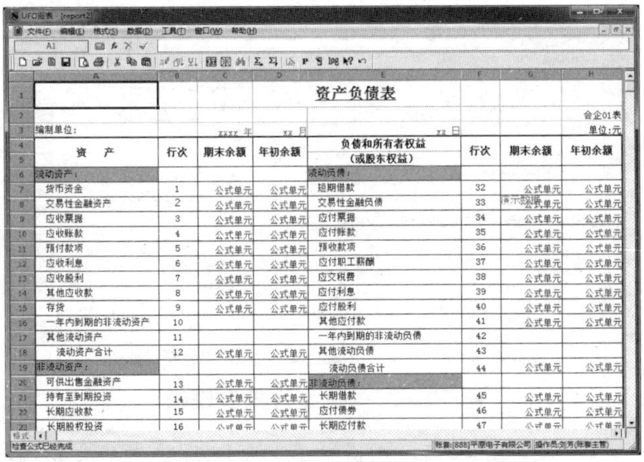

图 10 - 25　资产负债表模板

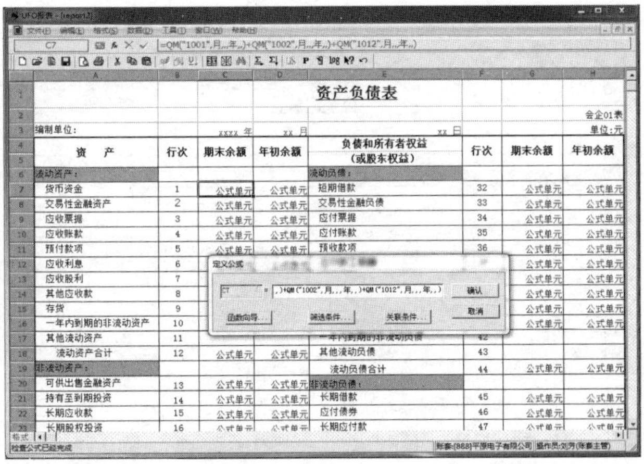

图 10 - 26　公式设置

7. 单击【格式】按钮,切换成"数据"状态,执行【数据】|【关键字】|【录入】命令,打开"录入关键字"对话框,输入关键字:年"2014",月"01",日"31"。单击【确认】按钮,弹出"是否重算第1页?"提示框,单击【是】按钮。系统会自动根据单元公式计算1月份数据。再执行【文件】|【保存】命令,保存文件。

（二）调用报表模板生成利润表

调用报表模板生成利润表，可参照资产负债表的生成方式。

（三）调用报表模板生成现金流量表

1. 在格式状态下，新建一张空白报表。

2. 执行【格式】|【报表模板】命令，打开"报表模板"对话框。

3. 选择"2007年新会计制度科目"，财务报表"现金流量表"。如图10-27所示。

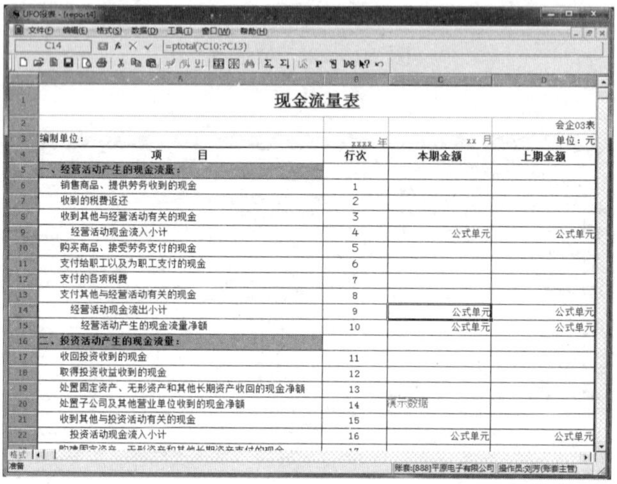

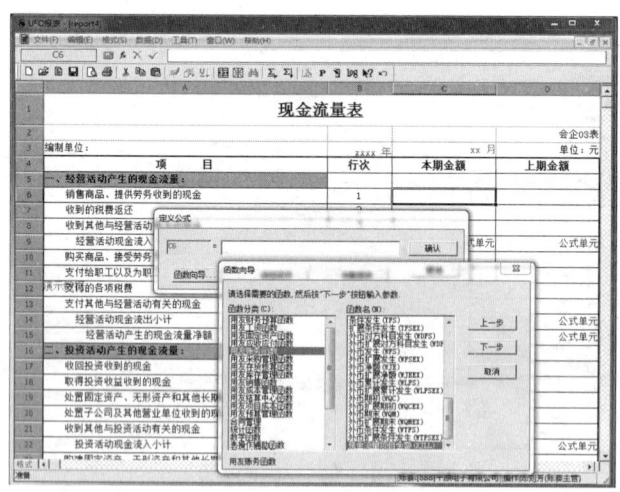

图10-27 现金流量表模板

4. 选中C6单元格，单击"＝"，函数分类选择"用友账务函数"，函数名选择"现金流量项目金额（XJLL）"。如图10-28所示。

图10-28 修改报表模板

5. 单击【下一步】按钮，弹出"用友账务函数"窗口，单击【参照】按钮。如图10-29所示。

6. 弹出"账务函数"窗口，"现金流量项目编码"选择"01"，单击【确定】按钮。如图10-30所示。

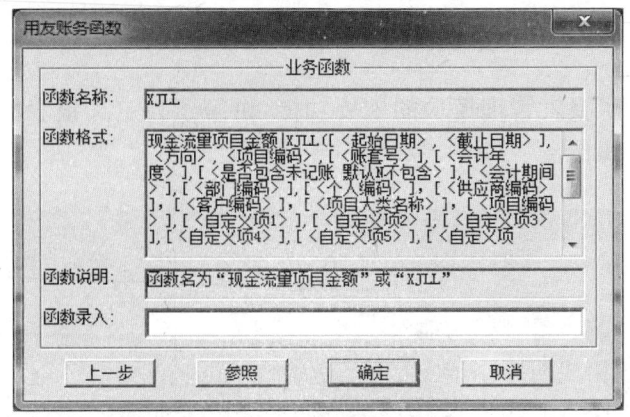

图 10－29　修改报表模板

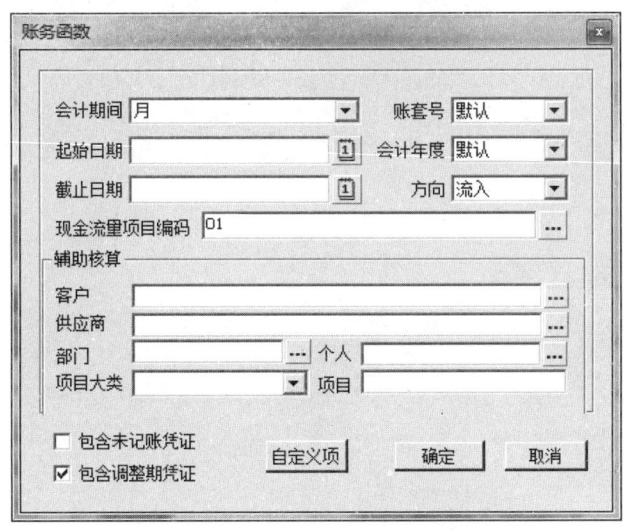

图 10－30　输入账务函数

7. 参照上述步骤设置其他现金流量项目公式。然后将状态切换成"数据"状态,执行【数据】|【关键字】|【录入】命令,输入关键字:年"2014",月"01",日"31"。单击【确认】按钮,弹出"是否重算第 1 页?"提示框,单击【是】按钮,系统自动计算出 1 月份数据。再执行【文件】|【保存】命令,保存文件。

提　　示

● 现金流量表中除加计汇总的项目有公式外,其余公式需要自行设置。

● 当设置的现金流量项目为支出项目时,注意在"账务函数"窗口,将方向设置成"流出";当设置的现金流量项目为流入项目时,注意在"账务函数"窗口,将方向设置成"流入"。

★★★★★ 小结 ★★★★★

本模块主要介绍了报表管理模块的主要功能，讲解了自定义报表、生成报表数据、调用模板生成报表的实务操作。

思考题

1. 报表管理系统具备哪些功能？
2. 自定义报表格式的操作步骤是什么？
3. 报表管理系统有哪些状态，其各自特点是什么？如何进行切换？

附录
企业会计信息化工作规范

第一章 总则

第一条 为推动企业会计信息化,节约社会资源,提高会计软件和相关服务质量,规范信息化环境下的会计工作,根据《中华人民共和国会计法》、《财政部关于全面推进我国会计信息化工作的指导意见》(财会〔2009〕6 号),制定本规范。

第二条 本规范所称会计信息化,是指企业利用计算机、网络通信等现代信息技术手段开展会计核算,以及利用上述技术手段将会计核算与其他经营管理活动有机结合的过程。

本规范所称会计软件,是指企业使用的,专门用于会计核算、财务管理的计算机软件、软件系统或者其功能模块。会计软件具有以下功能:

(一)为会计核算、财务管理直接采集数据;

(二)生成会计凭证、账簿、报表等会计资料;

(三)对会计资料进行转换、输出、分析、利用。

本规范所称会计信息系统,是指由会计软件及其运行所依赖的软硬件环境组成的集合体。

第三条 企业(含代理记账机构,下同)开展会计信息化工作,软件供应商(含相关咨询服务机构,下同)提供会计软件和相关服务,适用本规范。

第四条 财政部主管全国企业会计信息化工作,主要职责包括:

(一)拟订企业会计信息化发展政策;

(二)起草、制定企业会计信息化技术标准;

(三)指导和监督企业开展会计信息化工作;

(四)规范会计软件功能。

第五条 县级以上地方人民政府财政部门管理本地区企业会计信息化工作,指导和监督本地区企业开展会计信息化工作。

第二章 会计软件和服务

第六条 会计软件应当保障企业按照国家统一会计准则制度开展会计核算,不得有违背国家统一会计准则制度的功能设计。

第七条 会计软件的界面应当使用中文并且提供对中文处理的支持,可以同时提供外国或者少数民族文字界面对照和处理支持。

第八条 会计软件应当提供符合国家统一会计准则制度的会计科目分类和编码功能。

第九条　会计软件应当提供符合国家统一会计准则制度的会计凭证、账簿和报表的显示和打印功能。

第十条　会计软件应当提供不可逆的记账功能，确保对同类已记账凭证的连续编号，不得提供对已记账凭证的删除和插入功能，不得提供对已记账凭证日期、金额、科目和操作人的修改功能。

第十一条　鼓励软件供应商在会计软件中集成可扩展商业报告语言（XBRL）功能，便于企业生成符合国家统一标准的 XBRL 财务报告。

第十二条　会计软件应当具有符合国家统一标准的数据接口，满足外部会计监督需要。

第十三条　会计软件应当具有会计资料归档功能，提供导出会计档案的接口，在会计档案存储格式、元数据采集、真实性与完整性保障方面，符合国家有关电子文件归档与电子档案管理的要求。

第十四条　会计软件应当记录生成用户操作日志，确保日志的安全、完整，提供按操作人员、操作时间和操作内容查询日志的功能，并能以简单易懂的形式输出。

第十五条　以远程访问、云计算等方式提供会计软件的供应商，应当在技术上保证客户会计资料的安全、完整。对于因供应商原因造成客户会计资料泄露、毁损的，客户可以要求供应商承担赔偿责任。

第十六条　客户以远程访问、云计算等方式使用会计软件生成的电子会计资料归客户所有。

软件供应商应当提供符合国家统一标准的数据接口供客户导出电子会计资料，不得以任何理由拒绝客户导出电子会计资料的请求。

第十七条　以远程访问、云计算等方式提供会计软件的供应商，应当做好本厂商不能维持服务情况下，保障企业电子会计资料安全以及企业会计工作持续进行的预案，并在相关服务合同中与客户就该预案做出约定。

第十八条　软件供应商应当努力提高会计软件相关服务质量，按照合同约定及时解决用户使用中的故障问题。

会计软件存在影响客户按照国家统一会计准则制度进行会计核算问题的，软件供应商应当为用户免费提供更正程序。

第十九条　鼓励软件供应商采用呼叫中心、在线客服等方式为用户提供实时技术支持。

第二十条　软件供应商应当就如何通过会计软件开展会计监督工作，提供专门教程和相关资料。

第三章　企业会计信息化

第二十一条　企业应当充分重视会计信息化工作，加强组织领导和人才培养，不断推进会计信息化在本企业的应用。

除本条第三款规定外，企业应当指定专门机构或者岗位负责会计信息化工作。

未设置会计机构和配备会计人员的企业，由其委托的代理记账机构开展会计信息化工作。

第二十二条 企业开展会计信息化工作,应当根据发展目标和实际需要,合理确定建设内容,避免投资浪费。

第二十三条 企业开展会计信息化工作,应当注重信息系统与经营环境的契合,通过信息化推动管理模式、组织架构、业务流程的优化与革新,建立健全适应信息化工作环境的制度体系。

第二十四条 大型企业、企业集团开展会计信息化工作,应当注重整体规划,统一技术标准、编码规则和系统参数,实现各系统的有机整合,消除信息孤岛。

第二十五条 企业配备的会计软件应当符合本规范第二章要求。

第二十六条 企业配备会计软件,应当根据自身技术力量以及业务需求,考虑软件功能、安全性、稳定性、响应速度、可扩展性等要求,合理选择购买、定制开发、购买与开发相结合等方式。

定制开发包括企业自行开发、委托外部单位开发、企业与外部单位联合开发。

第二十七条 企业通过委托外部单位开发、购买等方式配备会计软件,应当在有关合同中约定操作培训、软件升级、故障解决等服务事项,以及软件供应商对企业信息安全的责任。

第二十八条 企业应当促进会计信息系统与业务信息系统的一体化,通过业务的处理直接驱动会计记账,减少人工操作,提高业务数据与会计数据的一致性,实现企业内部信息资源共享。

第二十九条 企业应当根据实际情况,开展本企业信息系统与银行、供应商、客户等外部单位信息系统的互联,实现外部交易信息的集中自动处理。

第三十条 企业进行会计信息系统前端系统的建设和改造,应当安排负责会计信息化工作的专门机构或者岗位参与,充分考虑会计信息系统的数据需求。

第三十一条 企业应当遵循企业内部控制规范体系要求,加强对会计信息系统规划、设计、开发、运行、维护全过程的控制,将控制过程和控制规则融入会计信息系统,实现对违反控制规则情况的自动防范和监控,提高内部控制水平。

第三十二条 对于信息系统自动生成且具有明晰审核规则的会计凭证,可以将审核规则嵌入会计软件,由计算机自动审核。未经自动审核的会计凭证,应当先经人工审核再进行后续处理。

第三十三条 处于会计核算信息化阶段的企业,应当结合自身情况,逐步实现资金管理、资产管理、预算控制、成本管理等财务管理信息化。

处于财务管理信息化阶段的企业,应当结合自身情况,逐步实现财务分析、全面预算管理、风险控制、绩效考核等决策支持信息化。

第三十四条 分公司、子公司数量多、分布广的大型企业、企业集团应当探索利用信息技术促进会计工作的集中,逐步建立财务共享服务中心。

实行会计工作集中的企业以及企业分支机构,应当为外部会计监督机构及时查询和调阅异地储存的会计资料提供必要条件。

第三十五条 外商投资企业使用的境外投资者指定的会计软件或者跨国企业集团统一部署的会计软件,应当符合本规范第二章要求。

第三十六条 企业会计信息系统数据服务器的部署应当符合国家有关规定。数据服务器部署在境外的,应当在境内保存会计资料备份,备份频率不得低于每月一次。境内备份的会计资料应当能够在境外服务器不能正常工作时,独立满足企业开展会计工作的需要以及外部会计监督的需要。

第三十七条　企业会计资料中对经济业务事项的描述应当使用中文,可以同时使用外国或者少数民族文字对照。

第三十八条　企业应当建立电子会计资料备份管理制度,确保会计资料的安全、完整和会计信息系统的持续、稳定运行。

第三十九条　企业不得在非涉密信息系统中存储、处理和传输涉及国家秘密,关系国家经济信息安全的电子会计资料;未经有关主管部门批准,不得将其携带、寄运或者传输至境外。

第四十条　企业内部生成的会计凭证、账簿和辅助性会计资料,同时满足下列条件的,可以不输出纸面资料:

(一)所记载的事项属于本企业重复发生的日常业务;

(二)由企业信息系统自动生成;

(三)可及时在企业信息系统中以人类可读形式查询和输出;

(四)企业信息系统具有防止相关数据被篡改的有效机制;

(五)企业对相关数据建立了电子备份制度,能有效防范自然灾害、意外事故和人为破坏的影响;

(六)企业对电子和纸面会计资料建立了完善的索引体系。

第四十一条　企业获得的需要外部单位或者个人证明的原始凭证和其他会计资料,同时满足下列条件的,可以不输出纸面资料:

(一)会计资料附有外部单位或者个人的、符合《中华人民共和国电子签名法》的可靠的电子签名;

(二)电子签名经符合《中华人民共和国电子签名法》的第三方认证;

(三)满足第四十条第(一)项、第(三)项、第(五)项和第(六)项规定的条件。

第四十二条　企业会计资料的归档管理,遵循国家有关会计档案管理的规定。

第四十三条　实施企业会计准则通用分类标准的企业,应当按照有关要求向财政部报送 XBRL 财务报告。

第四章　监督

第四十四条　企业使用会计软件不符合本规范要求的,由财政部门责令限期改正。限期不改的,财政部门应当予以公示,并将有关情况通报同级相关部门或其派出机构。

第四十五条　财政部采取组织同行评议,向用户企业征求意见等方式对软件供应商提供的会计软件遵循本规范的情况进行检查。

省、自治区、直辖市人民政府财政部门发现会计软件不符合本规范规定的,应当将有关情况报财政部。

任何单位和个人发现会计软件不符合本规范要求的,有权向所在地省、自治区、直辖市人民政府财政部门反映,财政部门应当根据反映开展调查,并按本条第二款规定处理。

第四十六条　软件供应商提供的会计软件不符合本规范要求的,财政部可以约谈该供应商主要负责人,责令限期改正。限期内未改正的,由财政部予以公示,并将有关情况通报相关部门。

第五章　附则

第四十七条　省、自治区、直辖市人民政府财政部门可以根据本规范制定本地区具体实施办法。

第四十八条　自本规范施行之日起,《会计核算软件基本功能规范》(财会字〔1994〕27号)、《会计电算化工作规范》(财会字〔1996〕17号)不适用于企业及其会计软件。

第四十九条　本规范自2014年1月6日起施行,1994年6月30日财政部发布的《商品化会计核算软件评审规则》(财会字〔1994〕27号)、《会计电算化管理办法》(财会字〔1994〕27号)同时废止。

图书在版编目(CIP)数据

会计信息化教程/任春英,曹艳艳主编.—上海:华东师
范大学出版社,2017
ISBN 978-7-5675-6157-1

Ⅰ.①会… Ⅱ.①任… ②曹… Ⅲ.①会计信息－
财务管理系统－教材 Ⅳ.①F232

中国版本图书馆 CIP 数据核字(2017)第 029744 号

会计信息化教程

主 编 任春英 曹艳艳
项目编辑 孙小帆
特约审读 陈春梅
责任校对 王丽平
版式设计 卢晓红
封面设计 俞 越

出版发行 华东师范大学出版社
社 址 上海市中山北路 3663 号 邮编 200062
网 址 www.ecnupress.com.cn
电 话 021-60821666 行政传真 021-62572105
客服电话 021-62865537 门市(邮购)电话 021-62869887
地 址 上海市中山北路 3663 号华东师范大学校内先锋路口
网 店 http://hdsdcbs.tmall.com

印 刷 者 浙江临安曙光印务有限公司
开 本 787 毫米×1092 毫米 1/16
印 张 17.75
字 数 398 千字
版 次 2017 年 6 月第 1 版
印 次 2023 年 1 月第 3 次
书 号 ISBN 978-7-5675-6157-1/F·383
定 价 38.80 元

出版人 王 焰

(如发现本版图书有印订质量问题,请寄回本社客服中心调换或电话 021-62865537 联系)